AF453464

MUSIQUE

DES CHANSONS

DE BÉRANGER

PROCÉDÉ TYPOGRAPHIQUE D'EUGÈNE DUVERGER

IMPRIMÉ PAR E. DUVERGER

RUE SAINT-BENOÎT, 7

MUSIQUE

DES CHANSONS

DE BÉRANGER

AIRS NOTÉS ANCIENS ET MODERNES

Cinquième Édition

AUGMENTÉE DE LA MUSIQUE DES NOUVELLES CHANSONS

ET DE TROIS AIRS AVEC ACCOMPAGNEMENT DE PIANO

PAR HALEVY ET Mme MAINVIELLE-FODOR

PARIS

PERROTIN, LIBRAIRE-ÉDITEUR

41, RUE FONTAINE-MOLIERE.

M DCCC LI

MUSIQUE

DES CHANSONS

DE BÉRANGER

RECTIFICATION. — Le n° 211 *ter*, indiqué par erreur à la table page 156, et le n° 267 *bis*, indiqué à la page 217, se trouvent à la fin du volume.

PARIS. — J. CLAYE, IMPRIMEUR, RUE SAINT-BENOIT, 7.

MUSIQUE

DES CHANSONS

DE BÉRANGER

AIRS NOTÉS ANCIENS ET MODERNES

NEUVIÈME ÉDITION, REVUE

PAR FRÉDÉRIC BÉRAT

AUGMENTÉE DE LA MUSIQUE DES CHANSONS POSTHUMES

D'AIRS COMPOSÉS PAR

BÉRANGER, HALÉVY, GOUNOD ET LAURENT DE RILLÉ

AVEC DEUX TABLES, L'UNE ALPHABÉTIQUE, L'AUTRE HISTORIQUE,
DES 150 AIRS DU RECUEIL.

PARIS

PERROTIN, LIBRAIRE-ÉDITEUR

RUE FONTAINE-MOLIÈRE, 41

—

M DCCC LXV

AIRS

DES

CHANSONS DE BÉRANGER

LE ROI D'YVETOT.

Air : *Quand un tendron vient en ces lieux.*

Allegretto.
N° 1.
Il é--tait un roi d'Y - ve – tot Peu con – nu dans l'his
toi - re Se le-vant tard se cou-chant tôt Dor-mant fort bien sans
gloi-re Et cou-ron - - né par Jean- ne - - ton D'un sim-ple
bon-net de co - - ton dit-on. Oh! oh! oh! oh! ah! ah! ah!
ah! Quel bon pe - tit roi c'é-tait là la la.

LA BACCHANTE.

Air : *Fournissez un canal au ruisseau.*

Allegretto.
N° 2.
Cher a - mant je cède à tes dé-sirs De cham-
pagne en- i - vre Ju - li- e In-ven-tons s'il se peut des plai-

sirs Des amours é - pui - sons la fo - li - - e Ver-se-moi
ce joyeux poison Mais surtout bois à ta maî-tres-se Je rou-gi-
rais de mon i - - - vres-se Si tu con-ser - vais ta rai - son.

LE SÉNATEUR.

Air : *J'ons un curé patriote.*

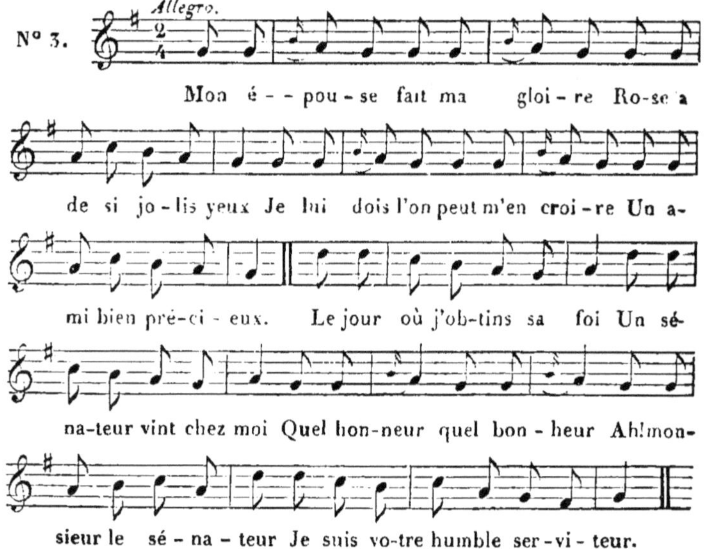
N° 3.   Allegro.
Mon é - - pou - se fait ma gloi - re Ro-se a
de si jo - lis yeux Je lui dois l'on peut m'en croi - re Un a-
mi bien pré-ci - eux. Le jour où j'ob-tins sa foi Un sé-
na-teur vint chez moi Quel bon-neur quel bon - heur Ah!mon-
sieur le sé - na - teur Je suis vo-tre humble ser - vi - teur.

L'ACADÉMIE ET LE CAVEAU.

Air : *Tout le long de la rivière.*

N° 4.   Allegro.
Au Ca-veau je n'o-sais frap-per Des méchans

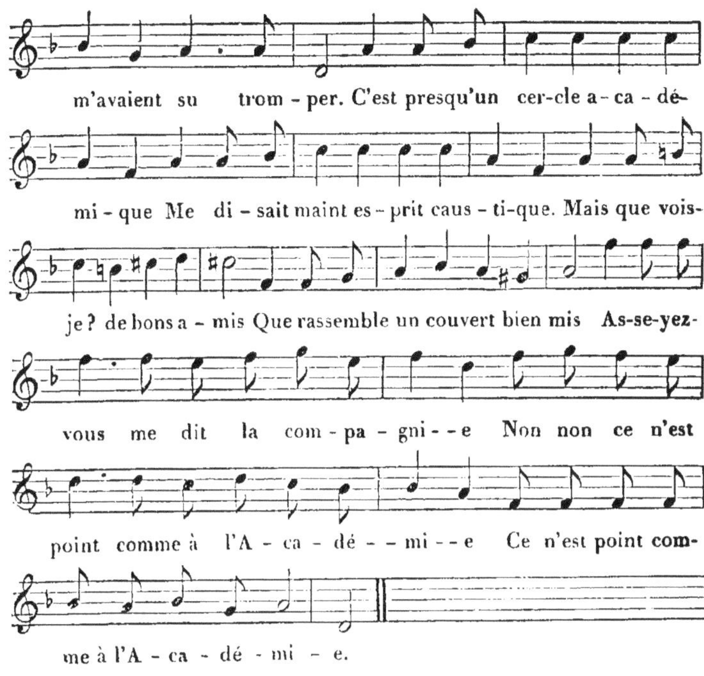

m'avaient su trom - per. C'est presqu'un cer-cle a - ca - dé-
mi - que Me di - sait maint es - prit caus - ti-que. Mais que vois-
je ? de bons a - mis Que rassemble un couvert bien mis As-se-yez-
vous me dit la com - pa - gni - - e Non non ce n'est
point comme à l'A - ca - dé - - mi - - e Ce n'est point comme à l'A - ca - dé - mi - e.

LA GAUDRIOLE.

Air : *La bonne aventure.*

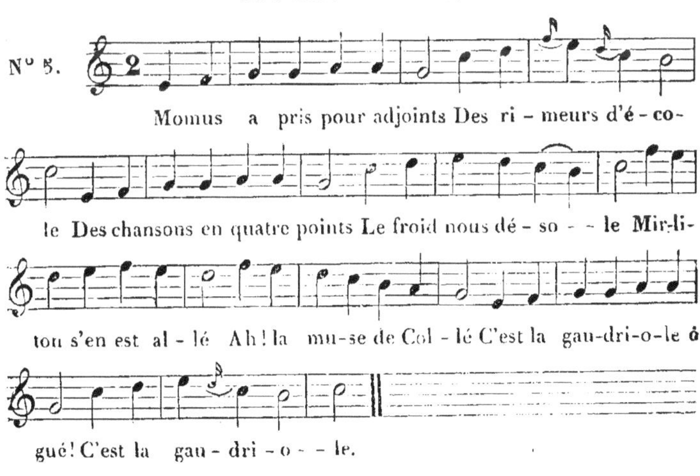

N° 5.
Momus a pris pour adjoints Des ri - meurs d'é - co-
le Des chansons en quatre points Le froid nous dé - so - - le Mir-li-
ton s'en est al - lé Ah! la mu-se de Col - lé C'est la gau-dri-o-le ô
gué! C'est la gau - dri - o - - le.

ROGER BONTEMPS.

Air de la ronde du camp de Grandpré.

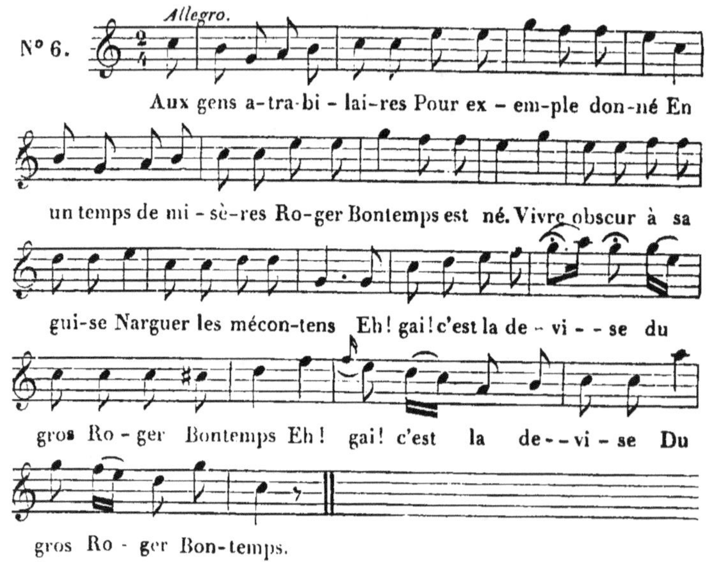

N° 6.
Allegro.
Aux gens a-tra-bi-lai-res Pour ex — em-ple don-né En
un temps de mi-sè-res Ro-ger Bontemps est né. Vivre obscur à sa
gui-se Narguer les mécon-tens Eh! gai! c'est la de — vi — se du
gros Ro - ger Bontemps Eh! gai! c'est la de — vi - se Du
gros Ro - ger Bon-temps.

MÊME CHANSON,

Musique de M. Amédée de Beauplan.

N°6 bis.
Gaiment.
Aux gens a — tra-bi — lai — — — — — res Pour
ex-em-ple don-né En un temps de mi — sè — — — res Ro-
ger Bontemps est né Vivre obscur à sa gui — — se Nar-
guer les mécon-tens Narguer les mé-con-tens Eh! gai! c'est la de

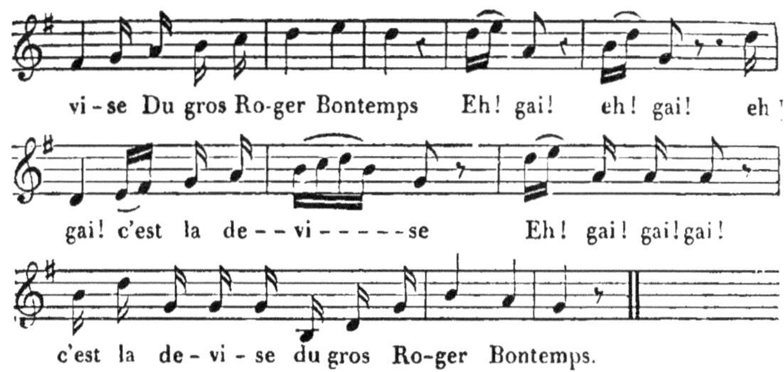
vi - se Du gros Ro-ger Bontemps   Eh! gai!   eh! gai!   eh!
gai! c'est la de - - vi - - - - - se   Eh! gai! gai! gai!
c'est la de - vi - se du gros Ro-ger Bontemps.

PARNY N'EST PLUS!

Musique de M. B. Wilhem.

Je disais aux fils d'Épi-cu - - - - re Réveillez par vos joyeux
chants Par - ny qui sait de la na-tu - - re Célébrer les plus doux penchans Par - ny   qui sait de la na - tu - - re Cé - lé-
brer les plus doux   penchans. Mais les chants que la   joie in-
spi - re Font place aux regrets super-flus   Par - - - ny n'est
plus Par-ny n'est plus Il vient d'expi - rer sur sa ly - - -
re Par - - - - ny n'est plus Par - ny   n'est plus!

MA GRAND'MÈRE.

Air : *En revenant de Bâle en Suisse.*

Ma grand'mè-re un soir à sa fê - te De vin pur
a - yant bu deux doigts Nous di - sait en bran-lant la
tê - te Que d'a-mou-reux j'eus au - tre-fois. Combien je re-
gret- -te Mon bras si do - - du Ma jam - be bien
faite Et le temps per-du Combien je re-gret-te Mon bras si do-
du Ma jam - be bien fai-te Et le temps per-du.

LE MORT VIVANT.

RONDE DE TABLE.

Air des Bossus.

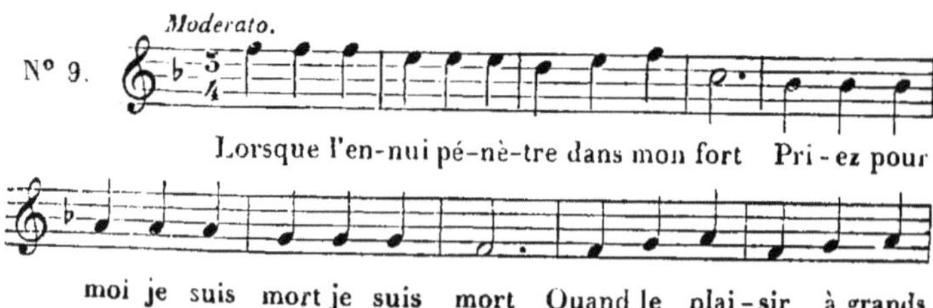

Moderato.
Lorsque l'en-nui pé-nè-tre dans mon fort Pri - ez pour
moi je suis mort je suis mort Quand le plai-sir à grands

coups m'abreuvant   Gaîment m'as-sié-ge et der-riè-re et de-vant
Je   suis vi - vant bien vi - vant très vi - vant.

LE PRINTEMPS ET L'AUTOMNE.

Air de Lantara (de Doche).

Nº 10.
Deux   saisons rè-glent toutes   cho - ses Pour qui sait
vi-vre en s'a - mu - sant   Au   prin-temps nous de-vons les
ro - - ses   A   l'au - tomne un jus bien-fai - sant   A l'au-
tomne un jus bien-fai - sant Les jours crois-sent le cœur s'é-
veil - le   On fait le   vin quand ils sont courts Au   printemps a-dieu la bou - teil - le En   au-tomne a-dieu les a-
mours Au printemps a - dieu la bou teil - le En   au-
tom-ne a-dieu les amours En   au-tomne a-dieu les a-mours.

LA MÈRE AVEUGLE.

Air : *Une fille est un oiseau.*

N° 11.
Allegro.
Tout en fi-lant vo-tre lin É-cou-tez-moi bien ma
fil-le Dé-jà vo-tre cœur sau - til-le Au nom du jeu-ne Colin Craignez ce qu'il vous con-seil-le Quoiqu'a-veu-gle je sur-
veil-le A tout je prê-te l'o-reil-le Et vous sou-pi-rez tout
bas Vo-tre Co-lin n'est qu'un trai-tre Mais vous ou-vrez la fe-
nê-tre Li-se vous ne fi-lez pas Li-se vous ne fi-lez pas.

LE PETIT HOMME GRIS.

Air : *Toto, carabo.*

N° 12.
Allegro.
Il   est un pe-tit hom-me Tout ha-bil-lé de
gris Dans Paris Jouf-flu comme u-ne pomme Qui sans un sou comp-
tant Vit con-tent Et dit moi je m'en... Et dit moi je m'en... Ma

foi moi je m'en ris　Oh! qu'il est gai Oh! qu'il est gai Le pe-tit
hom - me gris.

LA BONNE FILLE

OU LES MŒURS DU TEMPS.

Air : *Il est toujours le même.*

Allegro.
N°13.
Je sais fort bien que sur moi l'on ba-bil-le Que
soi - di - sant j'ai le ton trop plaisant Mais cet air a-mu-sant sied
si bien à Ca - mil - le. Phi - lo-sophe par goût Et toujours et de
tout Je ris je ris tant je suis bon-ne fil - le.

AINSI SOIT-IL.

Air : *Alleluia.*

Andantino.
N° 14.
Je suis de - vin mes chers a - mis L'a - ve - nir
qui nous est pro-mis Se dé-cou-vre à mon art sub-
til Ain - si soit - il!

L'ÉDUCATION DES DEMOISELLES.

Air : *Tra la la, l'Amour est là.*

N° 15.
Allegretto.
Le bel in - sti - - tu-teur des fil-les Que ce monsieur de Fé - né - lon Il par-le de messe et d'ai-
guilles Maman c'est un sot tout du long Concerts bals et pièces nou
vel-les Nous in-strui-sent mieux que ce - la. Tra la la
la les de - moi-sel-les Tra la la la se for - ment là.

DEO GRATIAS D'UN ÉPICURIEN.

Air : *Tout le long de la rivière.*

N° 16.
Allegro.
Dans ce siè - cle d'im-pi - é - - té L'on rit du
Be - ne - di - ci - te Faut-il qu'à pei-ne il m'en sou-
vien-ne Mais pour que l'ap-pé-tit re - vien-ne Je dis mes
gra-ces lors-qu'en - fin Je n'ai plus soif je n'ai plus

faim Toujours l'es-poir suit le plai-sir qui pas-se. Que vous ê-tes
bon mon Dieu je vous rends gra - ce O mon Dieu mon
Dieu je vous rends gra - - ce.

MADAME GRÉGOIRE.

Air: *C'est le gros Thomas.*

N° 17.
Allegretto.
C'é-tait de mon temps Que bril-lait ma - da - me Gré-
goi-re J'al-lais à vingt ans Dans son ca - ba - ret ri-re et
boi-re. Elle at- ti - rait les gens Par des airs en-ga-geans Plus d'un
brun à lar-ge poi-tri-ne A-vait là crédit sur sa mi-ne. Ah! comme on en - trait Boire à son ca - ba - ret!

CHARLES VII.

Musique de M. B. Wilhem.

N° 18.
Allegro.
Je vais com--battre Agnès l'or-don - ne Adieu re-

pos plai - sir a - dieu J'au - rai pour ven - ger ma couronne Des hé-ros l'a-mour et mon Dieu Anglais que le nom de ma
bel - le Dans vos rangs por-te la ter-reur. J'ou-bli-
ais l'hon - neur auprès d'el - le A-gnès me rend tout à l'hon-
neur J'ou-bli - ais l'hon - neur au-près d'el - le Agnès me
rend tout à l'hon - neur.

MES CHEVEUX.

Air du vaudeville de Décence.

Moderato.
N° 19.
Mes bons a - mis que je vous prêche à ta - ble
Moi l'a - - pô - tre de la gai - té Op - po - sez
tous au des-tin peu trai - ta - ble Le re-pos et la
li - ber - té A la gran - deur à la ri - ches - se

Pré - - fé - rez des loi - sirs heu-reux C'est mon a - vis moi
de qui la sa - ges - se A fait tom-ber tous mes che - veux.

LES GUEUX.

Air de la première ronde du Départ pour Saint-Malo

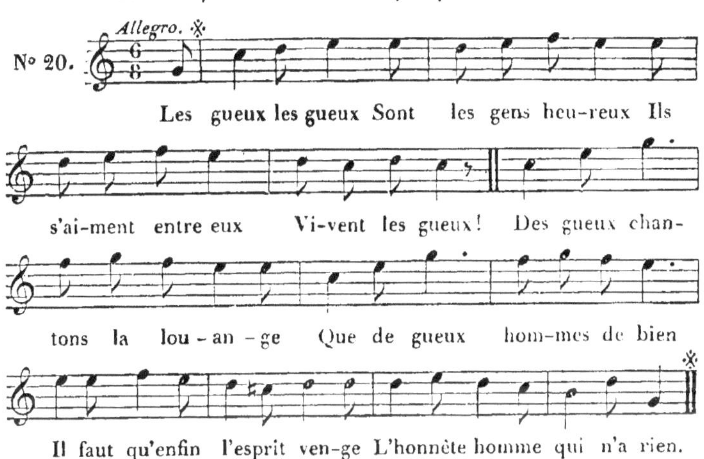

Allegro.
N° 20.
Les gueux les gueux Sont les gens heu-reux Ils
s'ai-ment entre eux Vi-vent les gueux! Des gueux chan-
tons la lou - an - ge Que de gueux hom-mes de bien
Il faut qu'enfin l'esprit ven-ge L'honnête homme qui n'a rien.

LA DESCENTE AUX ENFERS.

Air : *Boira qui voudra, larirette.*

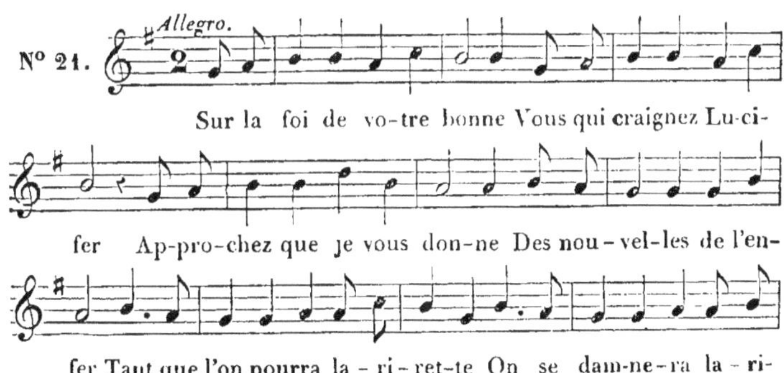

Allegro.
N° 21.
Sur la foi de vo-tre bonne Vous qui craignez Lu-ci-
fer Ap-pro-chez que je vous don-ne Des nou-vel-les de l'en-
fer Tant que l'on pourra la - ri - ret-te On se dam-ne-ra la - ri-

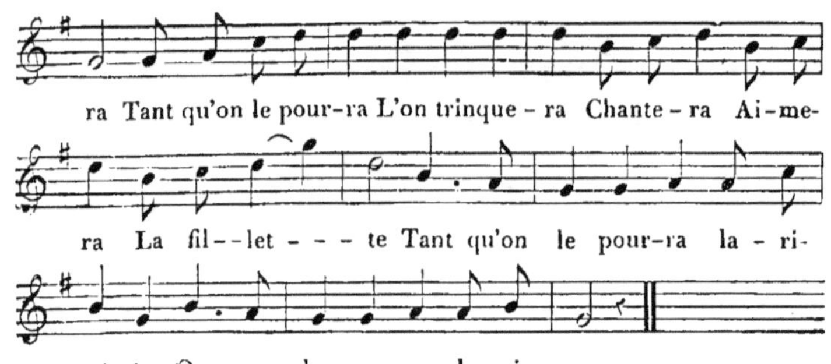

ra Tant qu'on le pour-ra L'on trinque - ra Chante - ra Ai-me-
ra La fil--let - - - te Tant qu'on le pour-ra la - ri-
ret - te On se dam-ne - ra la - ri - - ra.

LE COIN DE L'AMITIÉ.

*Air du Vaudeville de la **Partie carrée**.*

N° 22.
Andante.
L'amour l'hy-men l'in-té-rèt la fo - li - e Aux quatre
coins se dis-pu-tent nos jours L'a-mi - tié vient complé-ter la par-
ti - - e Mais qu'on lui fait de mau-vais tours Lorsqu'aux plai-
sirs l'a-me se livre en-tiè-re No-tre rai-son ne bril-le qu'à moi-
tié Et la Fo - li-e at-ta-que la pre-miè-re Le coin de l'a-mi-
tié Le coin de l'a-mi - tié Le coin de l'a-mi - tié.

L'AGE FUTUR,

OU CE QUE SERONT NOS ENFANS.

Air : *Allez-vous-en, gens de la noce.*

Allegro.
N° 23.
Je le dis sans bles-ser per - son--ne No-tre à-ge
n'est point l'â - ge d'or Mais nos fils qu'on me le par-
don - ne Vau-dront bien moins que nous en - cor Pour peu-
pler la ma-chi - ne ron-de Qu'on est fou de met-tre du
sien Ah! pour un rien Oui pour un rien Nous lais - se-
rions fi - nir le mon-de Si nos fem - mes le voulaient bien.

LE VIEUX CÉLIBATAIRE.

Air : *Contentons-nous d'une simple bouteille.*

Allegretto.
N° 24.
Allons Ba-bet il est bien-tôt dix heu-res Pour un gout-
teux c'est l'in - stant du re - pos De-puis un an qu'a-vec
moi tu de-meu-res Ja-mais je crois je ne fus si dis-pos

A mon coucher ton ai - ma-ble pré-sen - ce Pour ton bonheur ne se-
ra pas sans fruit Al-lons Ba - bet un peu de complai-san - ce
Un lait de pou-le et mon bon-net de nuit.

L'AMI ROBIN

Air : *La Monaco.*

N° 23.
Allegro.
De tout Cy - thè - re Sois le cour - tier On pai-ra
bien ton mi - nis - - tè - re De tout Cy - thè - re Sois le cour-
tier A - mi Ro - bin quel bon mé - - tier Ro - bin connaît tou - tes nos bel-les Et jusqu'où leur prix peut aller Messieurs qui vou - - lez des pu - cel-les C'est à Ro-
bin qu'il faut par - - ler.

LES GAULOIS ET LES FRANCS.

Air : *Gai! gai! marions-nous.*

N° 26.
Allegro.
Gai! gai! serrons nos rangs Es-pé - ran-ce De la
fin.
France Gai! gai! serrons nos rangs En a - vant Gaulois et Francs.

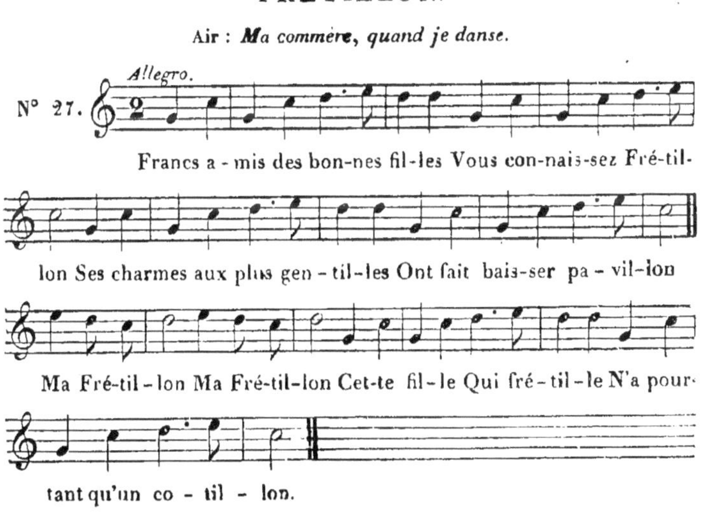
D'At-ti - la suivant la voix Le bar - ba-re Qu'elle é-ga-re Vient u -
ne se-con-de fois Pé - rir dans les champs gau - lois.

FRÉTILLON.

Air : *Ma commère, quand je danse.*

N° 27.
Allegro.
Francs a - mis des bon-nes fil-les Vous con-nais-sez Fré-til-
lon Ses charmes aux plus gen - til-les Ont fait bais-ser pa - vil-lon
Ma Fré-til - lon Ma Fré-til-lon Cet-te fil-le Qui fré - til - le N'a pour-
tant qu'un co - til - lon.

3

UN TOUR DE MAROTTE.

Air : *La marmotte a mal au pied.*

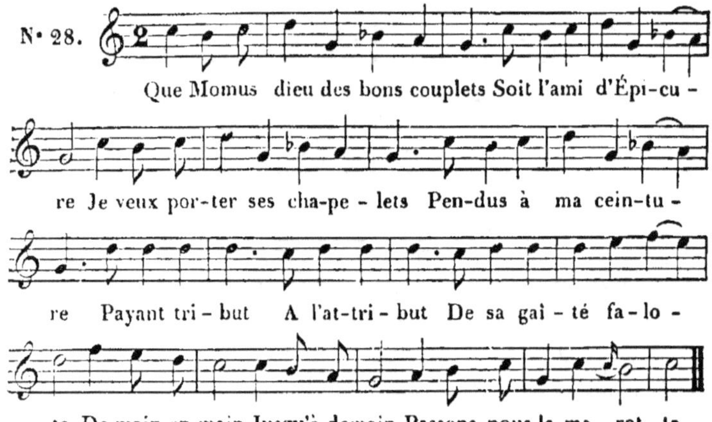

N° 28.
Que Momus dieu des bons couplets Soit l'ami d'Épi-cu -
re Je veux por-ter ses cha-pe - lets Pen-dus à ma cein-tu -
re Payant tri - but A l'at-tri - but De sa gai - té fa-lo -
te De main en main Jusqu'à demain Passons-nous la ma - rot - te.

LA DOUBLE IVRESSE.

Air : *Que ne suis-je la fougère !*

N° 29.
Andante.
Je re - po-sais sous l'om - bra - ge Quand Nœ-
ris vint m'é-veil - ler Je crus voir sur son vi - sa - ge Le feu
du dé-sir bril - ler Sur son front Zéphire a - gi - te La ro-
se et le pampre vert Et de son sein qui pal - pi - - te Flot-te
le voile entr'ou - vert.

VOYAGE AU PAYS DE COCAGNE.

Air de la Contredanse de la Rosière.

Allegretto.
N° 30.
Ah! vers u - ne ri - ve Où sans peine on vi - ve Qui
m'aime me sui - ve Vo - yageons gaiment I - vre de champa-gne Je
bats la campa-gne Et vois de Co - ca-gne Le pa - ys charmant.
Ter - re ché - rie Sois ma pa - trie Qu'i - ci je rie Du
sort in-con-stant Pour moi tout change Bonheur é - tran-ge Je
bois et man - ge Sans un sou comptant.

LE COMMENCEMENT DU VOYAGE.

Air du Vaudeville des Chevilles de Maître Adam.

Allegretto
N° 31.
Vo - yez a - mis cet - te bar-que lé - gè - re Qui
de la vi - e es - saie en - cor les flots El - le con-
tient gen - til - le pas-sa - gè-re Ah! so - yons-en les

pre-miers ma-te-lots Dé-jà les eaux l'en-lè-vent au ri-
va--ge Que dou-ce-ment el-le fuit pour tou-jours.
Nous qui vo-yons com-men-cer le vo-ya-ge Par
nos chan-sons é-ga-yons-en le cours.

LA MUSIQUE.

Air : *La farira dondaine, gai.*

Allegretto.
N° 32.
Pur-geons nos des-serts Des chan-sons à boi-re
Vivent les grands airs Du Con-ser-va-toi-re Bon! La fa-ri-
ra don-dai-ne Gai! La fa-ri-ra don-dé.

LES GOURMANDS.

Air : *Tout le long de la rivière.*

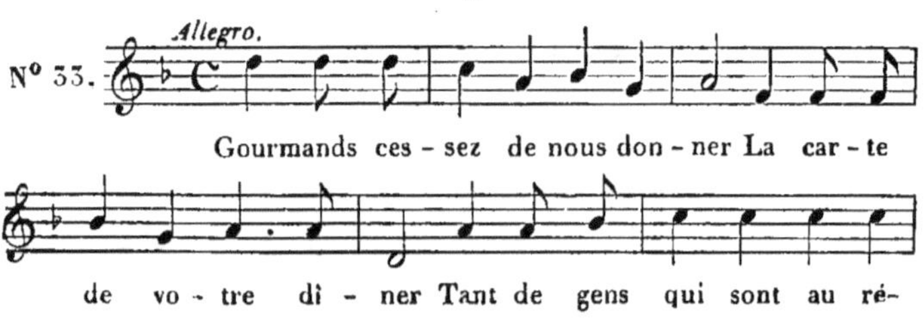
Allegro.
N° 33.
Gourmands ces-sez de nous don-ner La car-te
de vo-tre dî-ner Tant de gens qui sont au ré-

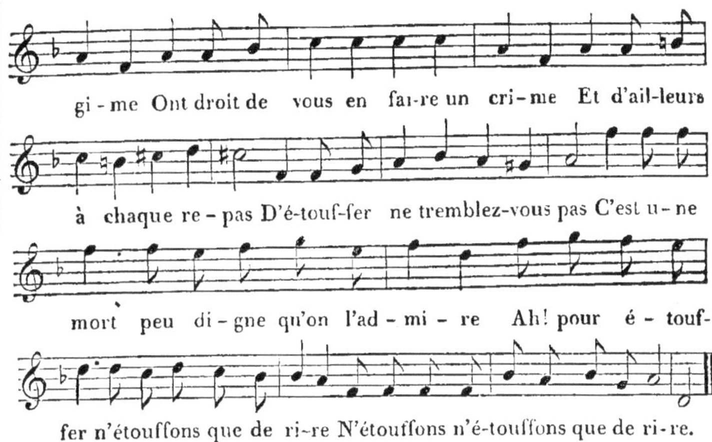
gi - me Ont droit de vous en fai-re un cri-me Et d'ail-leurs
à chaque re - pas D'é-touf-fer ne tremblez-vous pas C'est u - ne
mort peu di - gne qu'on l'ad - mi - re Ah! pour é - touf-
fer n'étouffons que de ri-re N'étouffons n'é-touffons que de ri-re.

MA DERNIÈRE CHANSON, PEUT-ÊTRE.

Air : *Eh quoi! vous sommeillez encore?* (de Fanchon.)

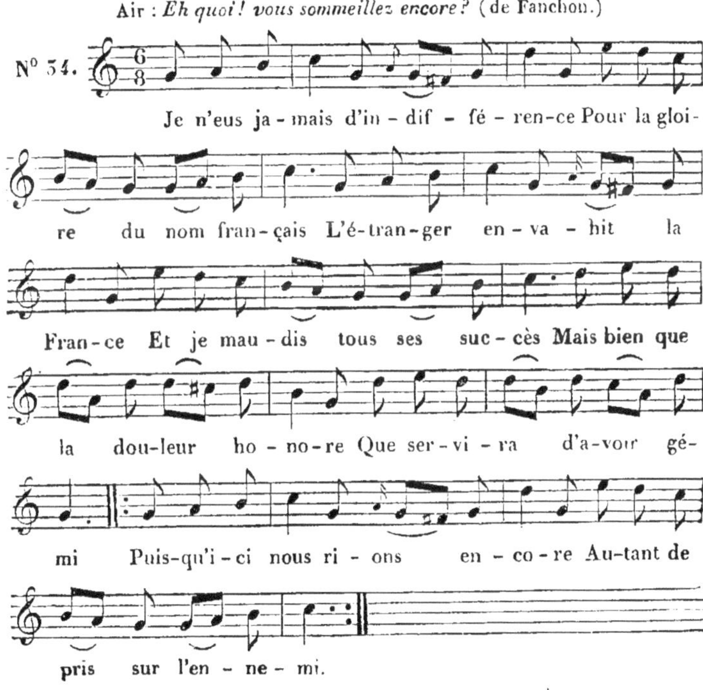
N° 54.
Je n'eus ja - mais d'in - dif - fé - ren-ce Pour la gloi-
re du nom fran - çais L'é-tran-ger en - va - hit la
Fran-ce Et je mau - dis tous ses suc - cès Mais bien que
la dou-leur ho - no - re Que ser - vi - ra d'a-voir gé-
mi Puis-qu'i - ci nous ri - ons en - co - re Au-tant de
pris sur l'en - ne - mi.

ÉLOGE DES CHAPONS.

Air : *Ah! le bel oiseau, maman.*

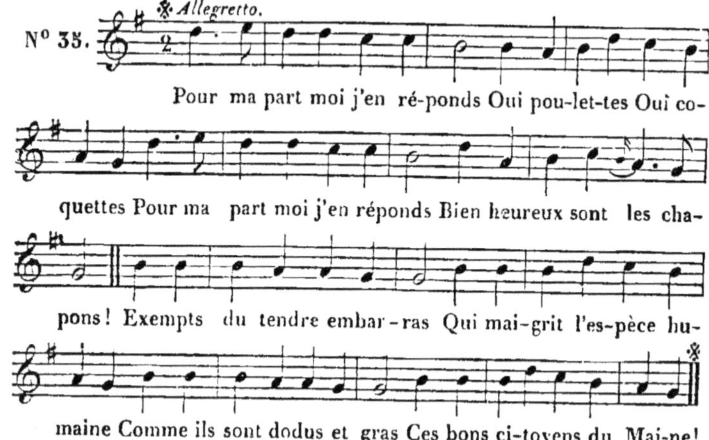
N° 35.
Allegretto.
Pour ma part moi j'en ré-ponds Oui pou-let-tes Oui coquettes Pour ma part moi j'en réponds Bien heureux sont les cha-
pons! Exempts du tendre embar-ras Qui mai-grit l'es-pèce hu-
maine Comme ils sont dodus et gras Ces bons ci-toyens du Mai-ne!

LE BON FRANÇAIS.

Air : *J'ons un curé patriote.*

N° 36.
Allegro.
J'ai-me qu'un Russe soit Russe Et qu'un Anglais soit An-
glais Si l'on est Prussien en Prusse En Fran-ce soyons Fran-
çais Lorsqu'i-ci nos cœurs é-mus Comptent des Français de
plus Mes a - mis mes a - - mis So-yons de no-tre pays Oui so-yons de no-tre pa - ys.

LA GRANDE ORGIE.

Air : *Vive le vin de Ramponneau.*

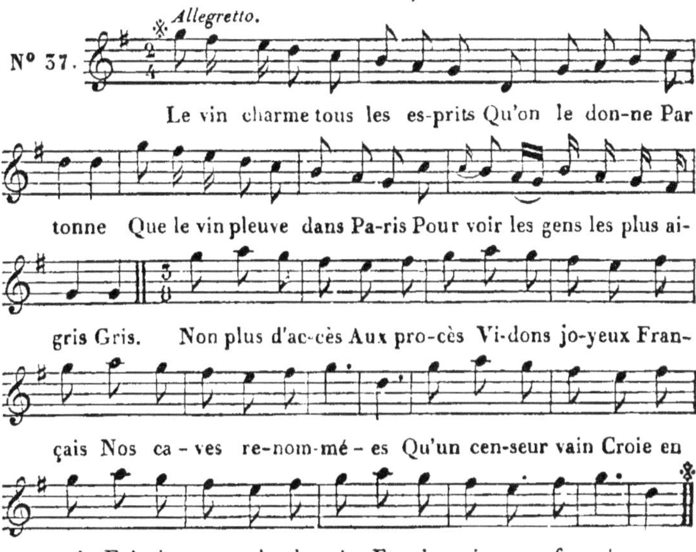
N° 37.
Allegretto.
Le vin charme tous les es-prits Qu'on le don-ne Par
tonne Que le vin pleuve dans Pa-ris Pour voir les gens les plus ai-
gris Gris. Non plus d'ac-cès Aux pro-cès Vi-dons jo-yeux Fran-
çais Nos ca - ves re-nom-mé – es Qu'un cen-seur vain Croie en
vain Fuir le pou-voir du vin Et s'en- ivre aux fu mé - es.

LE JOUR DES MORTS.

Air : *Mirliton.*

N° 38.
Allegretto.
A - mis en-ten - dez les clo-ches Qui par leurs sons
gé - mis - - sans Nous font de bru - yans re - - pro-ches
Sur nos ri-res in-dé - - cens Il est des a - mes en pei-ne
Dit le prêtre in-té ~ res - sé C'est le jour des morts mir - li-

ton mir - li - tai - ne Re - qui - es - cant in pa - - ce.

REQUÊTE

PRÉSENTÉE PAR LES CHIENS DE QUALITÉ.

Air : *Faut d'la vertu, pas trop n'en faut.*

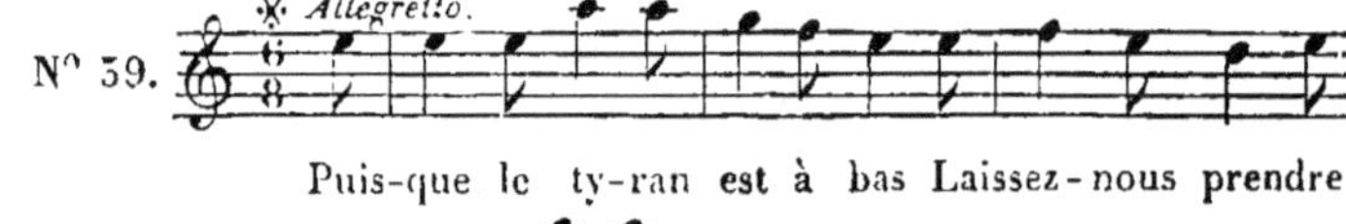

N° 39. Allegretto.
Puis-que le ty-ran est à bas Laissez-nous prendre

nos é - bats Puisque le ty-ran est à bas Lais-sez-nous prendre

nos é - bats. Aux maî - tres des cé - ré - mo - ni - es Plai-

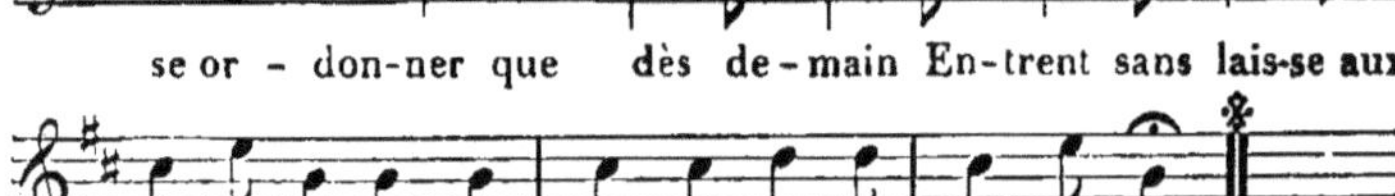

se or - don-ner que dès de - main En-trent sans lais-se aux

Tui-le - ri - es Les chiens du faubourg Saint-Germain.

LA CENSURE.

Air : *Qu'est-ce que ça m'fait à moi.*

N° 40. Allegretto.
Que sous le joug des li - - - braires On li-
vre en-cor nos au - - teurs Aux cen-seurs aux inspec-
teurs Rats-de - ca - ve lit - té - rai - res Ri - ez-en a - vec

'moi. Ah! pour rire Et pour tout di-re Il n'est be-soin ma
foi D'un pri - vi - lé - - ge du roi!

BEAUCOUP D'AMOUR.

Musique de B. Wilhem.

Andante
N° 41.
Mal-gré la   voix de la   sa - ges -
se Je vou-drais   a - mas - ser   de l'or Sou-
dain aux pieds de ma mai-tres - - se J'i - rais   dé - po -
ser   mon tré - sor A - dè - le à ton moindre ca-
pri - - - ce Je sa - tis - fe - rais cha-que jour   Non
non je   n'ai point d'a-va - ri - - - ce Non non je
n'ai point d'a-va - ri - - ce Mais j'ai   beau-coup beau-
coup   d'a-mour Non non je   n'ai point d'a-va - ri -

4

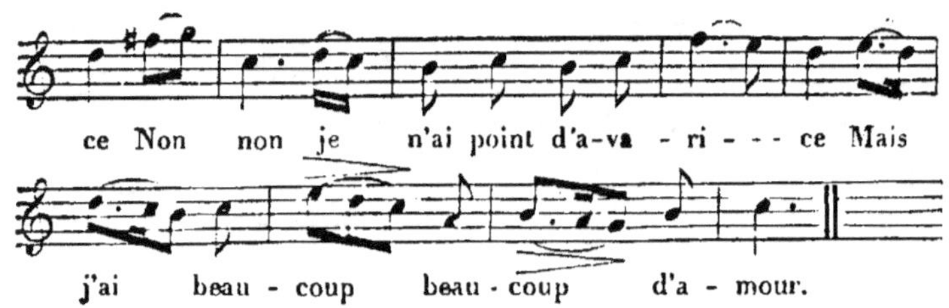

ce Non   non je   n'ai point d'a-va - ri - - - - ce Mais
j'ai   beau - coup   beau - coup   d'a - mour.

LES BOXEURS ou L'ANGLOMANE.

Air : *A coups d'pied, à coups d'poing.*

Allegretto.
N° 42.
Quoique leurs chapeaux soient bien laids Goddam ! moi
j'ai-me les An - glais Ils ont un si   bon ca - rac-tè-
re Com-me ils sont   po - lis et sur - tout Que leurs plai-
sirs sont de bon goût. Non chez nous point Point de ces coups de
poing Qui font tant d'hon-neur à l'An-gle - ter - re.

LE TROISIÈME MARI.

Air : *Ah! ah! qu'elle est bien.*

Moderato.
N° 43.
Mal heu - - reu se a-vec deux ma - ris Au troi-siè-
me enfin je com-mande. Jean est   grondeur mais je m'en ris Il est tout

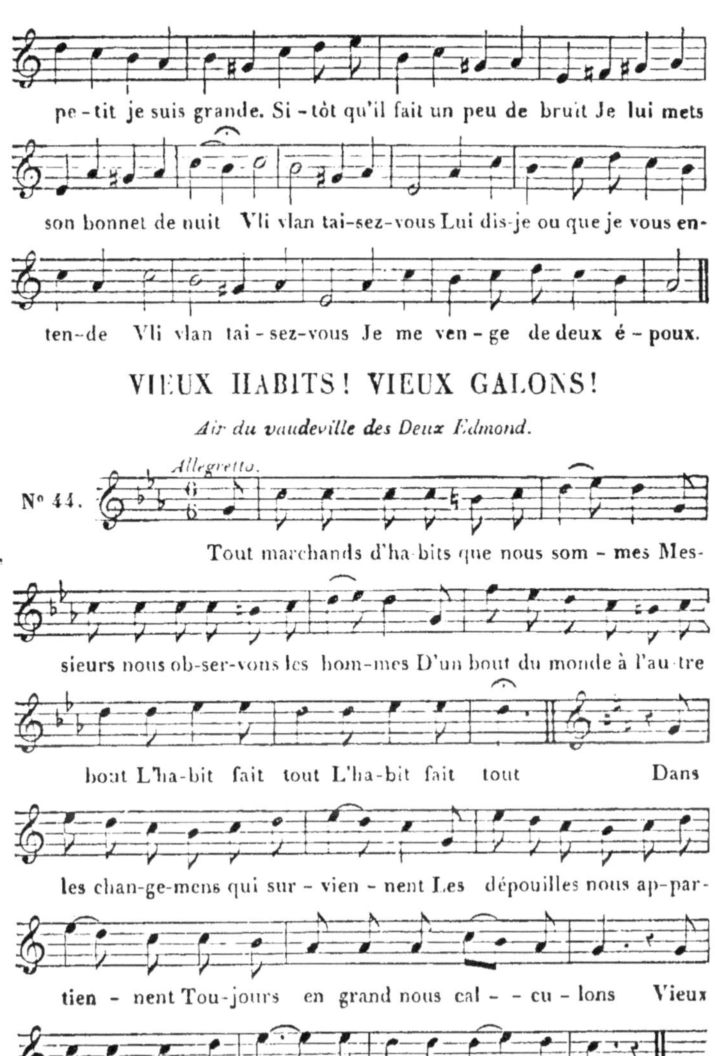
pe - tit je suis grande. Si - tôt qu'il fait un peu de bruit Je lui mets
son bonnet de nuit Vli vlan tai-sez-vous Lui dis-je ou que je vous en-
ten-de Vli vlan tai - sez-vous Je me ven - ge de deux é - poux.
Tout marchands d'ha-bits que nous som - mes Messieurs nous ob-ser-vons les hom-mes D'un bout du monde à l'au-tre
bout L'ha-bit fait tout L'ha-bit fait tout Dans
les chan-ge-mens qui sur - vien - nent Les dépouilles nous ap-par-
tien - nent Tou-jours en grand nous cal - - cu - lons Vieux
ha-bits vieux ga - lons Vieux ha-bits vieux ga - lons.

VIEUX HABITS! VIEUX GALONS!

Air du vaudeville des Deux Edmond.

N° 44.
Allegretto.

LE NOUVEAU DIOGÈNE.

Air : *Bon voyage, cher Dumolet.*

N° 45.

Allegro.
Di - o - gè - ne Sous ton man-teau Libre et con-
tent je ris et bois sans gè - ne Di - o - gè - ne Sous ton man-
teau Libre et con - tent je rou - le mon ton-neau. Dans l'eau dit-
on tu pui - sas ta ru - des - se Je n'en bois
pas et censeur plus joyeux En moins d'un mois pour lo - ger ma sa-
ges - se J'ai mis à sec un ton-neau de vin vieux.

LE MAITRE D'ÉCOLE.

Air : *Pan, pan, pan.*

N° 46.

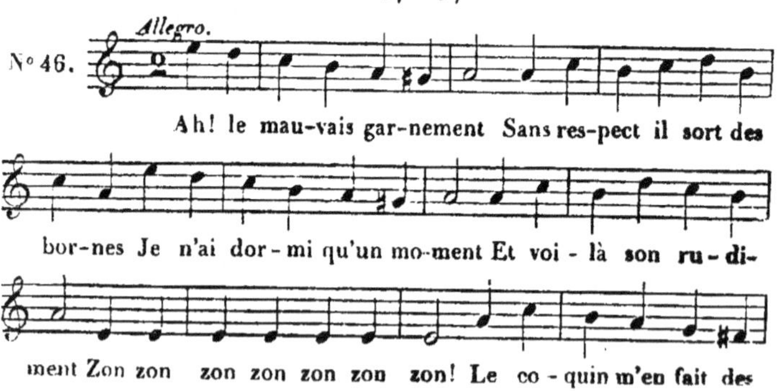

Allegro.
Ah! le mau-vais gar-nement Sans res-pect il sort des
bor-nes Je n'ai dor-mi qu'un mo-ment Et voi - là son ru - di-
ment Zon zon zon zon zon zon zon! Le co - quin m'en fait des

cor-nes Zon zon zon zon zon zon zon! Le fouet pe-tit po-lis-son.

LE CÉLIBATAIRE.

Air : *Eh! le cœur à la danse.*

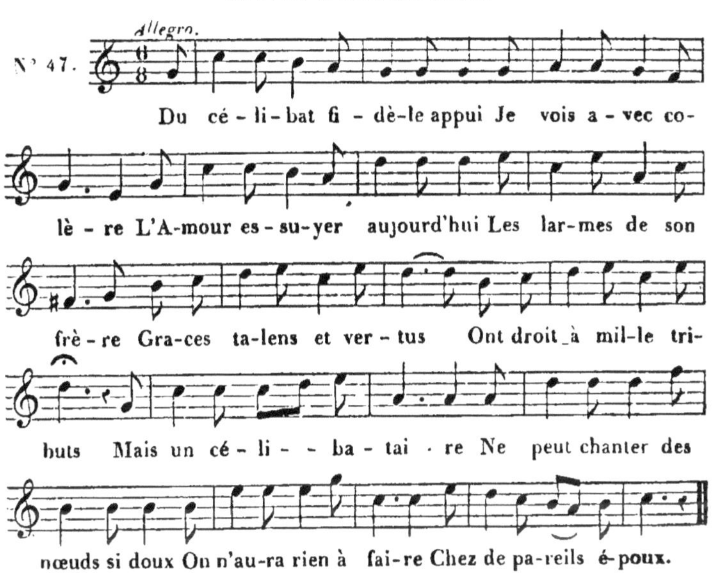

N° 47.
Allegro.
Du cé-li-bat fi-dè-le appui Je vois a-vec co-
lè-re L'A-mour es-su-yer aujourd'hui Les lar-mes de son
frè-re Gra-ces ta-lens et ver-tus Ont droit à mil-le tri-
buts Mais un cé-li-ba-tai-re Ne peut chanter des
nœuds si doux On n'au-ra rien à fai-re Chez de pa-reils é-poux.

TRINQUONS.

Air : *La Cataçoua.*

N° 48.
Allegro.
Trinquer est un plai-sir fort sa-ge Qu'au-jourd'hui
l'on trai-te d'a-bus Quand du mé-pris d'un tel u-
sa-ge Les gens du mon-de sont im-bus De le sui-

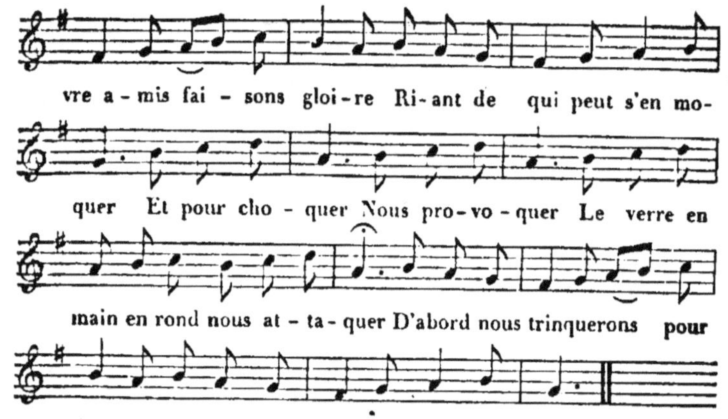

vre a-mis fai-sons gloi-re Ri-ant de qui peut s'en mo-
quer Et pour cho-quer Nous pro-vo-quer Le verre en
main en rond nous at-ta-quer D'abord nous trinquerons pour
boi-re Et puis nous boi-rons pour trin-quer.

PRIÈRE D'UN ÉPICURIEN.

Air : *Ce magistrat irréprochable.*

Allegretto.
N° 49
Du champ que ton pouvoir fé-con-de Vois la Mort
trancher les é - - pis Amour ré-pa-ra-teur du
mon-de Ré-veil-le les cœurs as-sou-pis Ré-veil-le
les cœurs as-sou-pis A l'horreur qui nous en-vi-
ron-ne Op-po-se le be-soin d'ai-mer Et si la
Mort tou-jours mois-son-ne Ne te las-se pas de se-

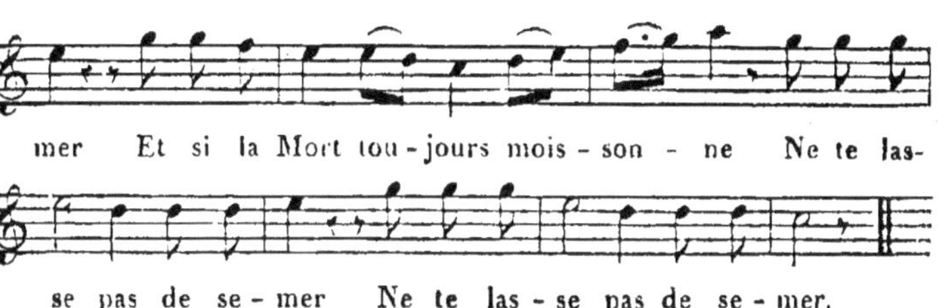

mer   Et si la Mort tou - jours mois - son - ne   Ne te las-
se pas de se - mer   Ne te las - se pas de se - mer.

LES INFIDÉLITÉS DE LISETTE.

Air : *Ermite, bon ermite.*

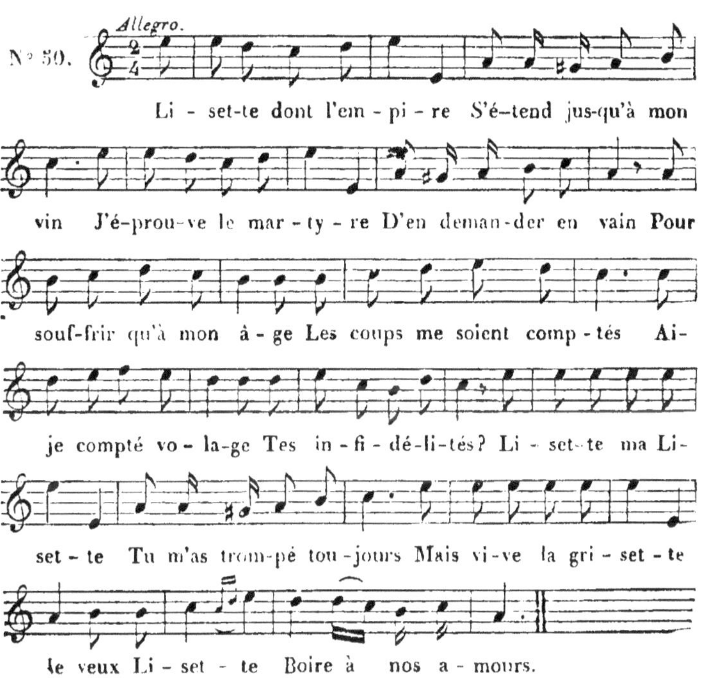

N° 50.   Allegro.
Li - set-te dont l'em - pi - re   S'é-tend jus-qu'à mon
vin   J'é-prou-ve le mar - ty - re   D'en deman-der en   vain Pour
souf-frir qu'à mon   à - ge   Les coups me soient comp - tés   Ai-
je compté vo - la-ge Tes in - fi - dé-li-tés? Li - set-te   ma Li-
set - te   Tu m'as trom-pé tou -jours Mais vi-ve la gri - set - te
Je veux Li - set - te   Boire à   nos a - mours.

LA CHATTE.

Air : *La petite Cendrillon.*

Andantino.
N° 51.   Tu ré - veilles ta mai-tres-se Mi-net - te par tes longs

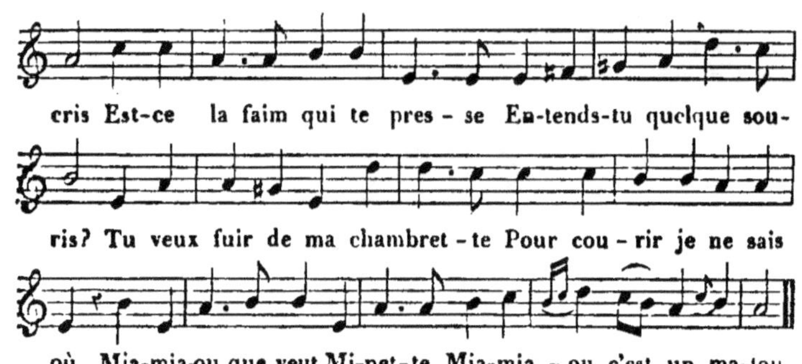
cris Est-ce la faim qui te pres - se En-tends-tu quelque sou-
ris? Tu veux fuir de ma chambret - te Pour cou - rir je ne sais
où Mia-mia-ou que veut Mi-net-te Mia-mia - ou c'est un ma-tou.

ADIEUX DE MARIE STUART.

Musique de M. B. Wilhem.

N° 52.   Moderato.
Adieu charmant pa - ys de Fran - ce Que je
dois tant ché - rir Ber - ceau de mon heu - reuse en-
fan - ce A-dieu te quit-ter c'est mou-rir Charmant pa - ys de
Fran - - ce Ber - ceau de mon en - - fan - - ce A-
dieu te quit-ter c'est mou-rir Te quit - ter c'est mou - rir Te quitter c'est mou-rir. Toi que j'a-dop-tai pour pa-tri - e Et
d'où je crois me voir ban - nir En - tends les a-dieux de Ma-

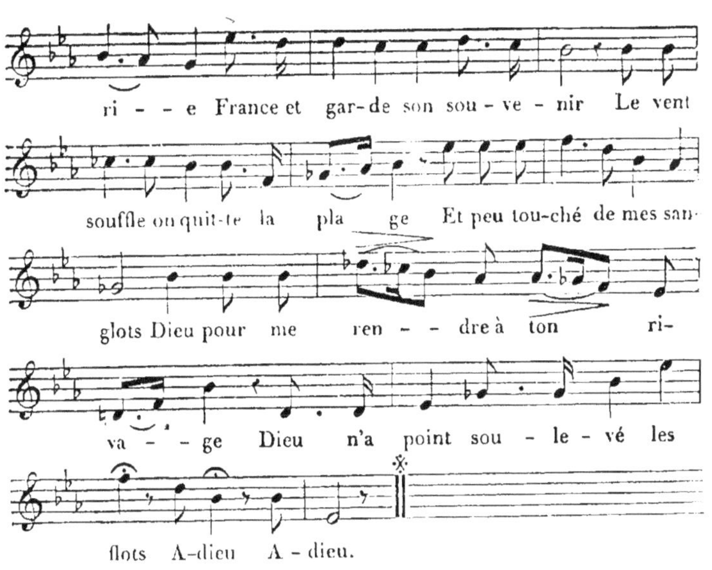

ri - - e France et gar-de son sou - ve - nir Le vent
souffle on quit-te la pla ge Et peu tou-ché de mes san-
glots Dieu pour me ren - - dre à ton ri-
va - - ge Dieu n'a point sou - le - vé les
flots A-dieu A - dieu.

LES PARQUES

Air : *Elle aime à rire, elle aime à boire.*

Allegretto.

N° 53.

Sa - ges et fous gueux et mo-nar-ques Ap-pre-nez
un fait tout nouveau Bacchus a vi - dé son ca-veau Pour remplir
la cou-pe des Par - ques C'est a - fin de plaire aux A-
mours Qui chantaient d'u-ne voix so - no - re Que tout mor-
tel a-joute en-co-re Des jours heu-reux à ses beaux jours!

MON CURÉ.

Air : *Un chanoine de l'Auxerrois.*

Allegretto.
N° 54.
Le cu – ré de no – tre ha – meau S'empres-se à
vi-der son ton-neau Pour quand viendra l'autom - - ne Bé-nis-sant
Dieu de ses pré-sens A sa nièce enfant de sei-ze ans Il dit par-
fois mi - gnon - ne Ca-che-moi bien ce qu'on fe - ra Le diable au-
ra ce qu'il pour-ra Eh! zon zon zon Bai-se - moi Suzon Et ne dam - nons per-son - - ne.

LA BOUTEILLE VOLÉE.

Air : *La fête des bonnes gens.*

Allegro.
N° 55.
Sans bruit dans ma re - trai - te Hi - er l'a-mour pé - né-
tra Cou – rut à ma ca - chet - te Et de mon vin s'em-pa-
ra De-puis lors ma voix som-meil-le A-dieu tous mes joyeux

sons Amour rends-moi ma bou-teille Ma bou-teille et mes chansons.

LE BOUQUET.

Air : *La catacoua.*

Allegro.
N° 56.
Lais-sons la mu-si-que nou-vel-le No-tre a-mie
est du bon vieux temps Sur un air aus-si sim-ple
qu'el-le Chantons des cou-plets bien chan-tans L'es-prit du
jour a son mé-ri-te Mais c'est sur-tout lui que je
crains Ses traits si fins Me sem-blent vains Pour les entendre il faudrait des de-vins A-mis chan-tons à Mar-gue-

ri-te De vieux airs et de gais re-frains.

L'HOMME RANGÉ.

Air : *Eh! lon lon la, landerirette.*

Andante.
N° 57
Maint vieux pa-rent me ré-pè-te Que je

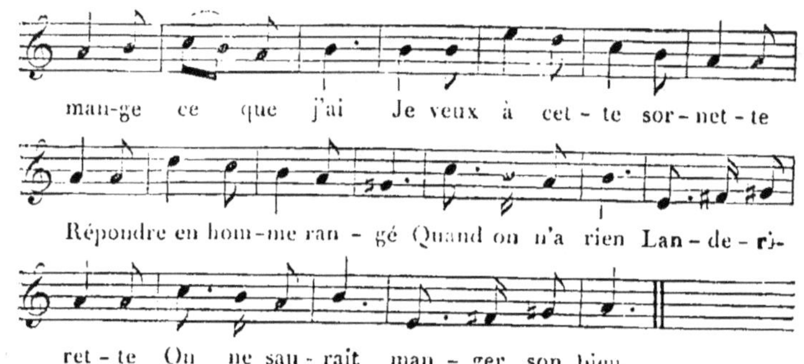
man-ge ce que j'ai Je veux à cet-te sor-net-te
Répondre en hom-me ran - gé Quand on n'a rien Lan-de-ri-
ret - te On ne sau - rait man - ger son bien.

BON VIN ET FILLETTE.

Air: *Ma tante Urlurette.*

N° 58.
Allegro.
L'Amour l'a-mi-tié le vin Vont é - ga-yer ce fes-
tin Nargue de toute é-ti - quet-te Tur - lu - ret - te
Tur-lu-ret - te Bon vin et fil-let - - te!

LE VOISIN.

Air: *Eh! qu'est-ce que ça m'fait a moi.*

N° 59.
Allegretto.
Je veux voi - sin et voi - - si - ne Quit-ter
le ton li - - ber - - tin J'ai pour oncle un sa-cris-
tain Et pour sœur u-ne bé - gui - ne Mais le diable est bien

fin Qu'en di - tes-vous ma voi - si - ne Mais le diable est bien
fin Qu'en di - tes-vous mon voi-sin.

LE CARILLONNEUR.

Air : *Mon système est d'aimer le bon vin.*

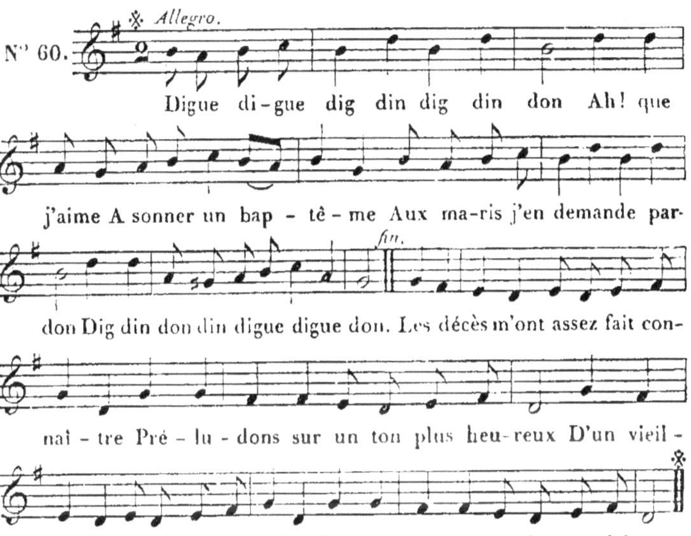

N° 60. *Allegro.*
Digue di - gue dig din dig din don Ah! que
j'aime A sonner un bap - tê - me Aux ma-ris j'en demande par-
fin.
don Dig din don din digue digue don. Les décès m'ont assez fait con-
nai - tre Pré - lu - dons sur un ton plus heu-reux D'un vieil-
lard l'héritier vient de naître Sonnons fort c'est un fait scandaleux.

LA VIEILLESSE.

Air de la *Pipe de tabac.*

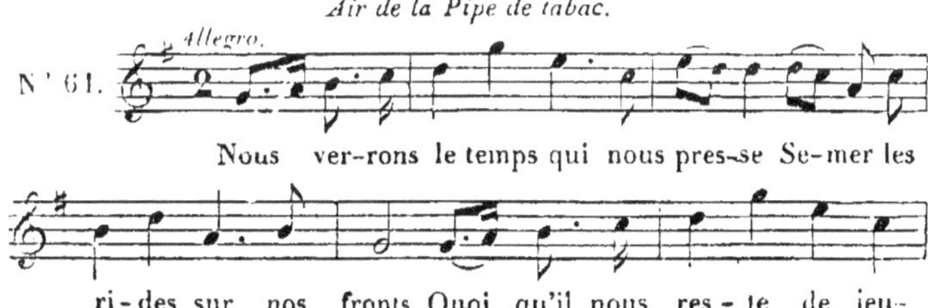

N° 61. *Allegro.*
Nous ver-rons le temps qui nous pres-se Se-mer les
ri - des sur nos fronts Quoi qu'il nous res - te de jeu-

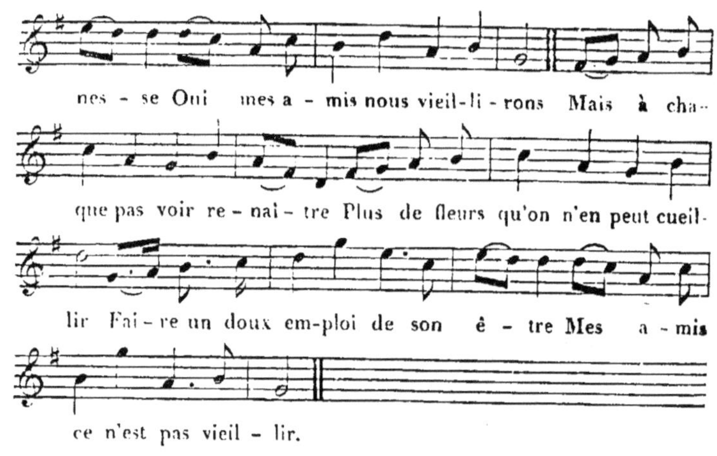
nes - se Oui mes a - mis nous vieil-li - rons Mais à cha-
que pas voir re - nai - tre Plus de fleurs qu'on n'en peut cueil-
lir Fai - re un doux em-ploi de son ê - tre Mes a - mis
ce n'est pas vieil - lir.

LES BILLETS D'ENTERREMENT.

Air : *C'est un lanla , landerirette.*

No 62. Andante.
Notre al - lé-gres-se est trop vi - ve A - mis pendant
nos é - bats Sa-chez qu'un jo - li con - vi-ve Sent approcher son tré - pas Faut-il qu'à la fleur de l'à-ge Il ait
ce pres-sen-ti - ment Tous nos bil - lets de ma - ri - a-ge
Sont des bil - lets d'en - ter - re - ment Tous nos bil - lets
de ma - ri - a - ge Sont des bil - lets d'en - ter - re - ment.

LA DOUBLE CHASSE.

Air : *Tonton, tontaine, tonton.*

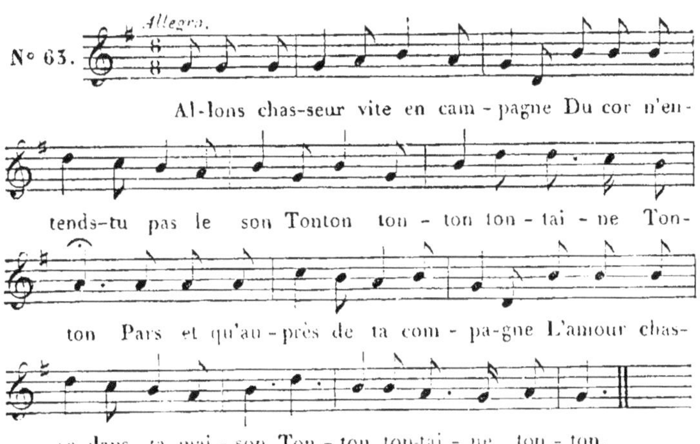

N° 63.
Al-lons chas-seur vite en cam - pagne Du cor n'en-
tends-tu pas le son Tonton ton - ton ton - tai - ne Tonton Pars et qu'au - près de ta com - pa-gne L'amour chasse dans ta mai - son Ton - ton ton-tai - ne ton - ton.

LES PETITS COUPS.

Air : *Tout ça passe en même temps.*

N° 64.
Maî-tres de tous nos dé - sirs Réglons-les sans les con-
train - dre Plus l'ex - cès nuit aux plai - - sirs A - - mis
plus nous de - vons crain - - dre Au - tour d'u - ne pe-ti - te
ta-ble Dans ce pe - tit coin fait pour nous Du vin vieux d'un hôte ai-
ma - ble Il faut boi-re Il faut boi-re Il faut boire à pe-tits

coups Il faut boi-re Il faut boi-re Il faut boire à pe - tits coups.

ÉLOGE DE LA RICHESSE.

Air du vaudeville d'Arlequin Cruello.

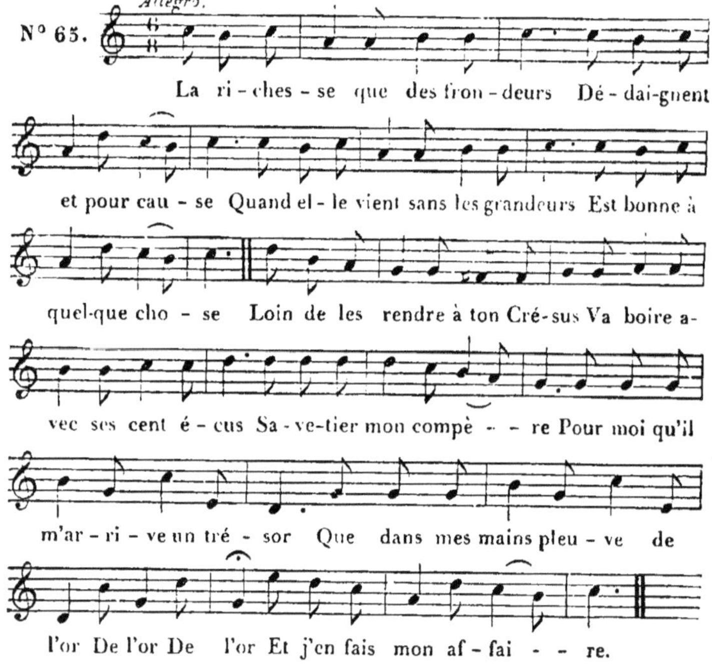
N° 65.
Allegro.
La ri - ches - se que des fron - deurs Dé - dai-gnent
et pour cau - se Quand el - le vient sans les grandeurs Est bonne à
quel-que cho - se Loin de les rendre à ton Cré-sus Va boire a-
vec ses cent é - cus Sa - ve-tier mon compè - - - re Pour moi qu'il
m'ar - ri - ve un tré - sor Que dans mes mains pleu - ve de

l'or De l'or De l'or Et j'en fais mon af - fai - - re.

LA PRISONNIÈRE ET LE CHEVALIER.

Musique de Karr.

N° 66.
« Ah ! s'il pas-sait un che-va - lier Dont le cœur
fut ten-dre et fi - dè - le Et qu'il tri-om-phât du geô-

lier Qui me re - tient dans ma tou - rel-le Je bé - ni -
rais ce che - va - lier Je bé - ni - rais ce che - va -
lier Je bé - ni - rais ce che - va - lier. »

LES MARIONNETTES.

Air : *La marmotte a mal au pied.*

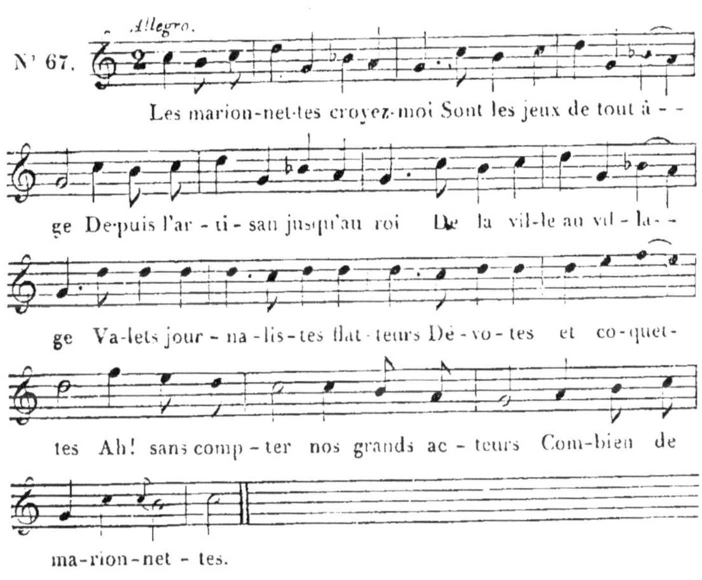
N° 67. Allegro.
Les marion-net-tes croyez-moi Sont les jeux de tout à - -
ge Depuis l'ar - ti - san jusqu'au roi De la vil-le au vil - la - -
ge Va-lets jour - na -lis-tes flat-teurs Dé-vo-tes et co-quet-
tes Ah! sans comp - ter nos grands ac - teurs Com-bien de

ma-rion-net - tes.

LE SCANDALE.

Air : *La farira dondaine, gai.*

N° 68. Allegretto
Aux dra - mes du jour Lais - sons la mo - ra - le

Sans vi-vre à la cour J'ai-me le scan-da-le Bon! La fa-ri-
ra don-dai-ne Gai! La fa-ri-ra don-dé.

LE DOCTEUR ET SES MALADES.

Air : *Ainsi jadis un grand prophète.*

N° 69.
Allegretto.
Sa-lu-ons de main-tes ra-sa-des Ce docteur à qui je dois tant Mais pour vi-si-ter ses ma-
la-des Je crains qu'il n'é-chap-pe à l'in-stant A ces
soins son art le con-dam-ne S'il vient un mes-sa-ge en-ne-
mi Fiévreux bu-vez vo-tre ti-san-ne Lais-sez-
nous fê-ter no-tre a-mi.

A ANTOINE ARNAULT.

Air du ballet des Pierrots.

N° 70.
Allegro.
Je viens d'Montmartre avec ma bê-te Pour fê-ter

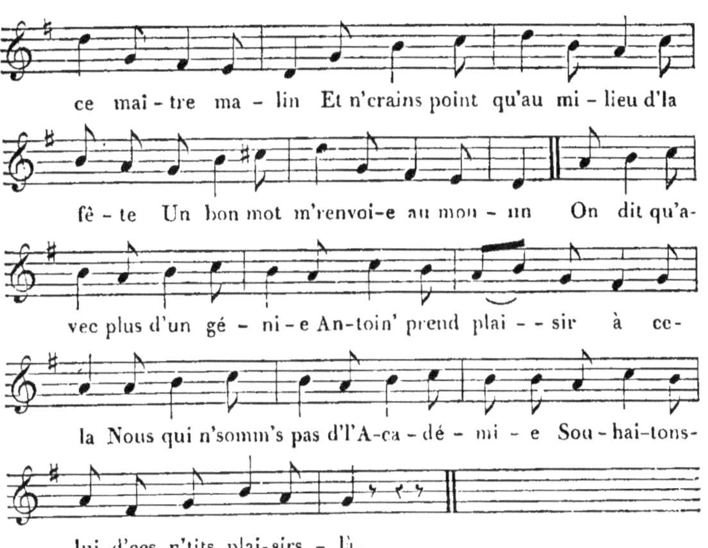

ce mai - tre ma - lin Et n'crains point qu'au mi - lieu d'la
fê - te Un bon mot m'renvoi-e au mou - lin On dit qu'a-
vec plus d'un gé - ni-e An-toin' prend plai - - sir à cela Nous qui n'somm's pas d'l'A-ca - dé - mi - e Sou - hai-tons-
lui d'ces p'tits plai-sirs - là.

LE BEDEAU.

Air : *Sens devant derrière, sens dessus dessous.*

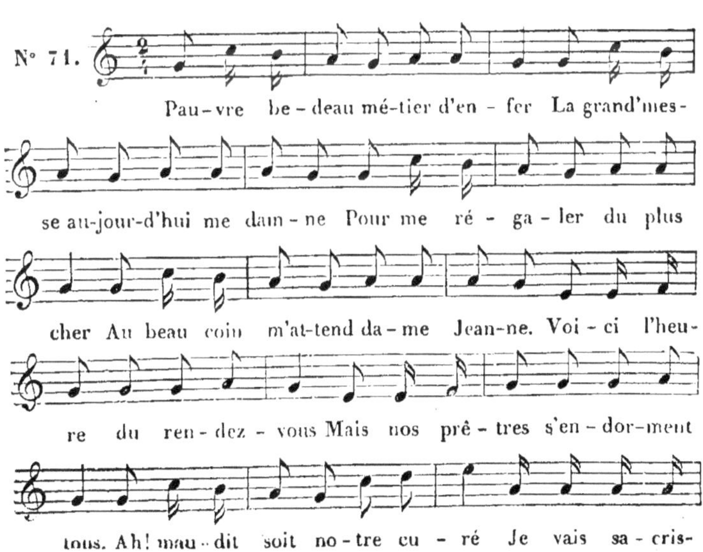

N° 71.
Pau - vre be - deau mé-tier d'en - fer La grand'messe au-jour-d'hui me dam - ne Pour me ré - ga - ler du plus
cher Au beau coin m'at-tend da - me Jean-ne. Voi - ci l'heu-
re du ren - dez - vous Mais nos prê - tres s'en - dor-ment
tous. Ah! mau - dit soit no - tre cu - ré Je vais sa - cris-

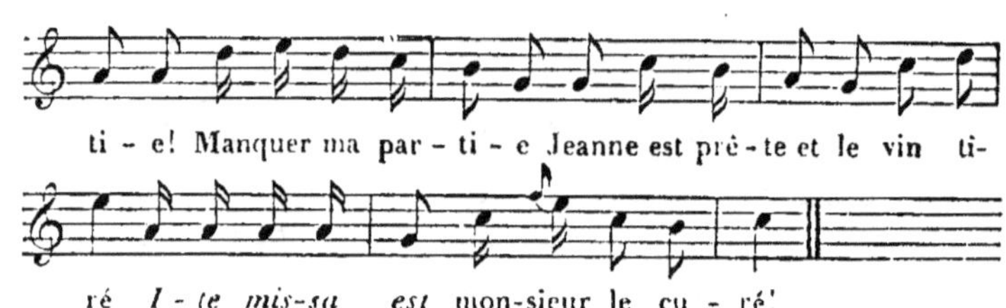
ti - e! Manquer ma par - ti - e Jeanne est pré - te et le vin ti-
ré I - te mis-sa est mon-sieur le cu - ré!

ON S'EN FICHE!

Air : *Le fleuve d'oubli.*

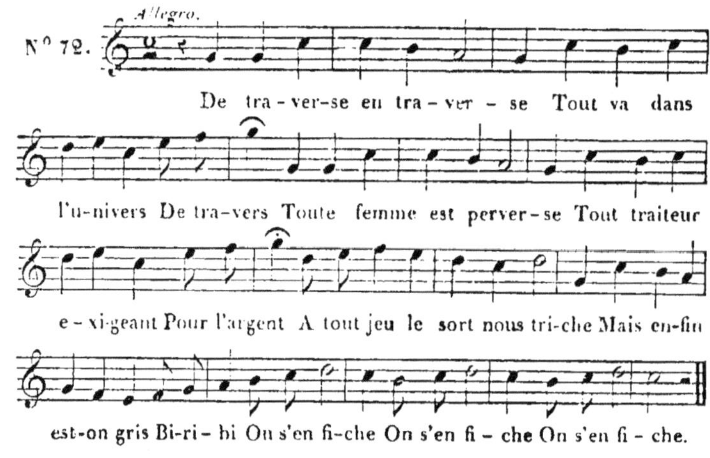
Allegro.
N° 72.
De tra - ver-se en tra - ver - se Tout va dans
l'u-nivers De tra-vers Toute femme est perver-se Tout traiteur
e - xi-geant Pour l'argent A tout jeu le sort nous tri-che Mais en-fin
est-on gris Bi-ri - bi On s'en fi-che On s'en fi - che On s'en fi - che.

JEANNETTE.

Musique de Karr.

N° 73.
Fi des co - quettes ma - nié - ré-es Fi des bé-
gueules du grand ton Je pré-fère à ces mijau - ré-es Ma Jean-
net - te ma Jean-ne - ton. Jeu-ne gen - til - le et bien

fai - te El - le est fraîche et ron - de - let - te Son œil
noir est pé - til - lant Pru - des vous di - tes sans
ces-se Qu'el-le a le sein trop sail - lant C'est pour ma
main qui le pres-se Un dé - faut bien at - tra-yant.

LES ROMANS.

Air : *J'ai vu partout dans mes voyages.*

N° 74 — *Andante*

Tu veux que pour toi je com-po - se Un long ro-
man qui fas-se ef - fet A tes vœux ma rai - son s'op-
po-se Un long ro-man n'est plus mon fait Un long ro-
man n'est plus mon fait Quand l'homme est loin de son au-
ro - - re Tous les ro - mans de-vien-nent courts Et je ne
puis long-temps en- co-re Prolonger ce-lui des a - mours Et je ne

puis long-temps en - co-re Prolon-ger ce-lui des a - mours.

TRAITÉ DE POLITIQUE.

Air : *Ce magistrat irréprochable.*

Allegretto.
N° 75.
Li - se qui rè-gne par la gra - ce Du Dieu qui
nous rend tous é - - gaux Ta beau-té que rien ne sur -
pas - se Enchaine un peu-ple de ri - - vaux En-chaine un
peu - ple de ri - - vaux Mais si grand que soit ton em-
pi - re Li-se tes a - mans sont Fran - çais De tes er-
reurs per - mets de ri - - re Pour le bon-heur de tes su-
jets De tes er-reurs per-mets de ri - re Pour le bon-
heur de tes su - jets Pour le bon-heur de tes su - jets.

L'OPINION DE CES DEMOISELLES.

Air: *Nom d'un chien, j'veut'être épicurien.*

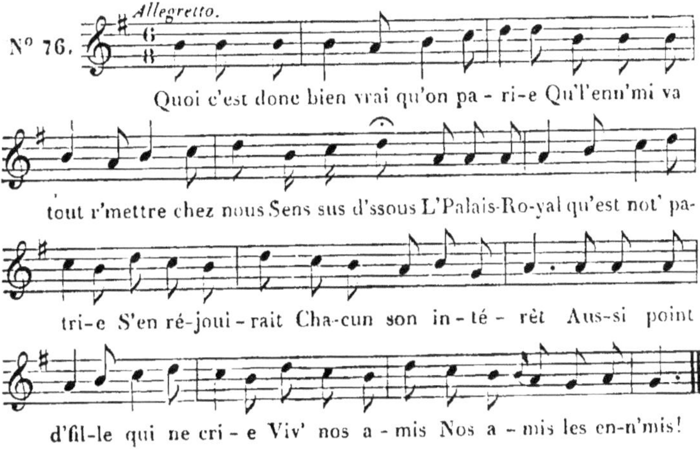

N° 76.
Allegretto.
Quoi c'est donc bien vrai qu'on pa - ri - e Qu'l'enn'mi va
tout r'mettre chez nous Sens sus d'ssous L'Palais-Ro-yal qu'est not' pa-
tri-e S'en ré-joui - rait Cha-cun son in - té - rêt Aus-si point
d'fil-le qui ne cri - e Viv' nos a - mis Nos a - mis les en-n'mis!

L'HABIT DE COUR,

OU VISITE A UNE ALTESSE.

Air: *Allez-vous-en, gens de la noce.*

N° 77.
Allegro.
Ne ré - pon-dez plus de per - son - ne Je veux de-
ve - nir cour - ti - san Fri - pier vi - te que l'on me
don - ne La dé - fro - que d'un cham-bel - lan Un grand
prince à moi s'in - té - res - se Cou - rons as - sié - ger son sé-

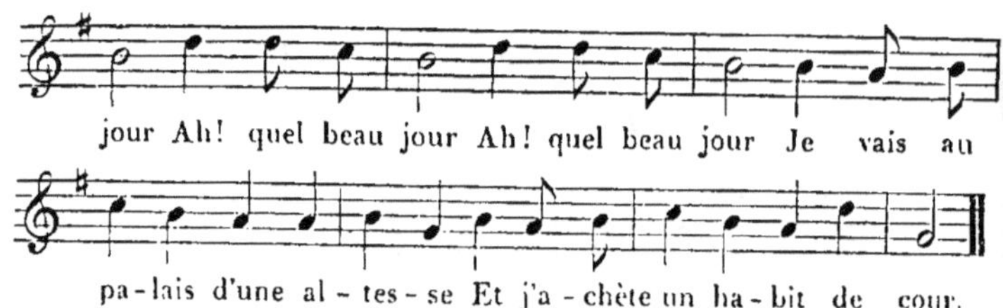

jour Ah! quel beau jour Ah! quel beau jour Je vais au
pa-lais d'une al-tes-se Et j'a-chète un ha-bit de cour.

PLUS DE POLITIQUE.

Air : *Ce jour-là, sous son ombrage.*

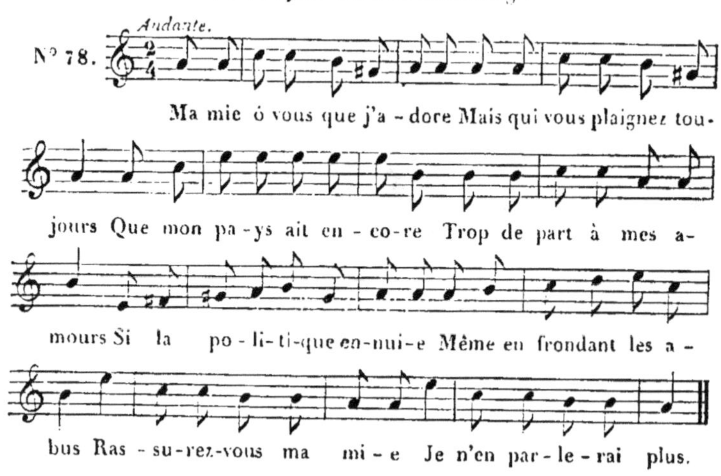

Andante.
N° 78.
Ma mie ô vous que j'a-dore Mais qui vous plaignez tou-
jours Que mon pa-ys ait en-co-re Trop de part à mes a-
mours Si la po-li-ti-que en-nui-e Même en frondant les a-
bus Ras-su-rez-vous ma mi-e Je n'en par-le-rai plus.

MARGOT.

Air : *C'est une bouteille.*

N° 79.
Chantons Mar-got nos a-mours Mar-got les-te et
bien tour-né - e Que l'on peut bai-ser tou-jours Qui toujours est
chif-fon-né - - e Quoi l'em-bras-ser dit un sot Oui c'est

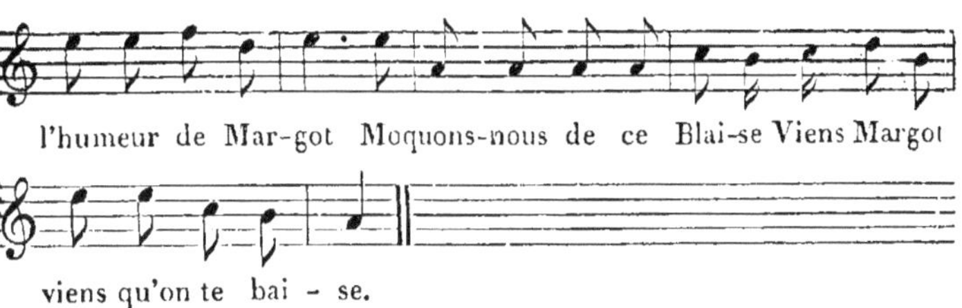
l'humeur de Mar-got Moquons-nous de ce Blai-se Viens Margot
viens qu'on te bai - se.

A MON AMI DÉSAUGIERS.

Air: *La Catacoua.*

N° 80. Allegro.
Bon Dé-sau-giers mon ca-ma - ra-de Mets dans tes
po - ches deux fla - cons Puis ras - semble en ver-sant ra-
sa - de Nos au-teurs pi-quans et fé - conds Ra - mè - ne-
les dans l'humble a - si - le Où re - naît le jo - yeux re-
frain Eh! va ton train Gai bou-te-en-train! Mets-nous en
train bien en train tous en train Et rends en - fin au Vau - de-
vil - le Ses gre-lots et son tam-bou - rin.

MA VOCATION.

Air : Attendez-moi sous l'orme.

Allegro.
N° 81.
Je - té sur cet - te bou - le Laid ché - tif et souf-
frant É - touf - fé dans la fou - le Fau - te d'être as-sez
grand U - ne plain-te tou - chan-te De ma bou-che sor-
tit Le bon Dieu me dit chan-te Chan-te pau-vre pe - tit.

LE VILAIN.

Air de Ninon chez madame de Sévigné.

Allegretto.
N° 82.
Eh! quoi j'apprends que l'on cri-ti - - - - - - -
que Le de qui pré-cè-de mon nom Êtes-vous de no-blesse an-
ti - - - - - - - que Moi noble oh! vraiment mes-sieurs mon
- - - Non d'au-cu - ne che - va - le - ri - - - e Je n'ai le
bre-vet sur vé - lin Je ne sais

qu'ai-mer ma pa - tri - - - - e Ma pa - tri - - - -
e Je suis vi - lain et très vi - lain Je ne sais
qu'ai-mer ma pa - tri - - - - - - - - e Je suis vi -
lain et très vi - lain Je suis vi - lain et très vi - lain Je
suis vi - lain Vi - lain vi - lain.

LE VIEUX MÉNÉTRIER.

Air : *C'est un lanla, landerirette.*

Andante.
N° 83.
Je ne suis qu'un vieux bon-homme Mé-né - tri-er
du ha - meau Mais pour sage on me re-nomme Et je
bois mon vin sans eau Au-tour de moi sous l'om-bra-ge Accou-
rez vous dé-las - ser Eh! lon lan la gens du vil-la-ge
Sous mon vieux chê-ne il faut dan - ser.

LES OISEAUX.

Air de l'Entrevue (de Doche).

Allegretto.
No 84.
L'hi-ver re-dou-blant ses ra-va-ges Dé-
so-le nos toits et nos champs Les oi-seaux sur d'autres ri-
va-ges Por-tent leurs a-mours et leurs chants Mais
le cal-me d'un autre a-si-le Ne les ren-dra pas in-con-
stans. Les oi-seaux que l'hi-ver ex-i-le Re-viendront a-vec le prin-temps Les oi-seaux que l'hi-ver ex-
i-le Re-viendront a-vec le prin-temps.

MÊME CHANSON,

Musique de M. Charles Maurice.

No 84 bis.
L'hi-ver re-doublant ses ra-va- -ges Dé-
so-le nos toits et nos champs Les oi-seaux sur d'autres ri-

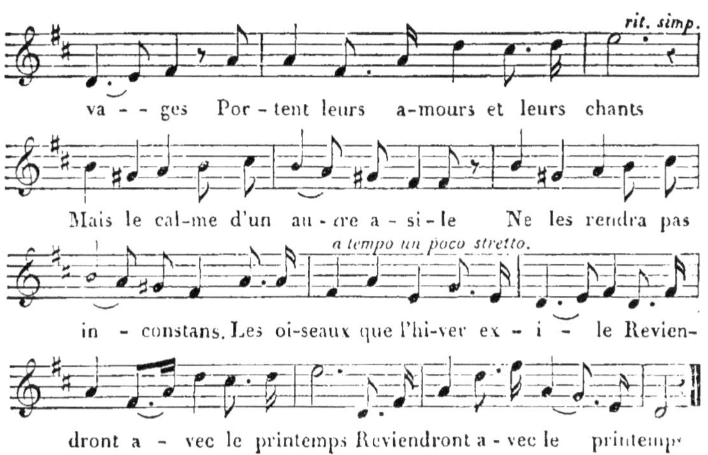
rit. simp.
va - - ges Por - tent leurs a-mours et leurs chants
Mais le cal-me d'un au-tre a - si - le Ne les rendra pas
a tempo un poco stretto.
in - constans. Les oi-seaux que l'hi-ver ex - i - le Reviendront a - vec le printemps Reviendront a - vec le printemps

LES DEUX SOEURS DE CHARITÉ.

Air de la Treille de sincérité.

Allegretto.
N° 85.
Dieu lui - même Ordon-ne qu'on ai - me Je vous le
dis en vé-ri - té. Sau-vez-vous par la cha-ri - té Sau-
fin.
vez-vous par la cha-ri - té. Vier-ge dé - funte u - ne sœur
gri - se Aux por-tes des cieux ren - con-tra U - ne beau-
té les-te et bien mi-se Qu'on re-gret-tait à l'O-pé-
ra Qu'on re-gret - tait à l'O-pé - ra Tou-tes deux

di-gnes de lou - an - ges Ar - ri-vaient a - près d'heureux
jours L'u - ne sur les ai - les des an - - ges L'au-tre dans
les bras des a - mours.

COMPLAINTE D'UNE DE CES DEMOISELLES.

Air : *Faut d'la vertu, pas trop n'en faut.*

Nº 86.
Allegretto.
Faut qu'lord Villain-ton ait tout pris Gn'a plus d'argent dans
c'gueux d'Pa-ris Faut qu'lord Villain - ton ait tout pris Gn'a
plus d'argent dans c'gueux d'Pa-ris. _ Du mé - tier d'fil-le
j'me dé goû-te C'com-mer - ce n'rap-por-te plus rien Mais
si l'public nous fait banqu'route C'est qu'les affaires n'vont pas bien.

CE N'EST PLUS LISETTE.

Air : *Eh! non, non, non, vous n'êtes pas Ninette.*

Allegretto.
Nº 87.
Quoi Li-set - te est - ce vous Vous en ri - che toi-

let - te Vous a - vec des bi - joux Vous a - vec u - ne ai-
gret - te Eh! non non non Vous n'ê - tes plus Li - set - te Eh!
non non non Ne por - tez plus ce nom.

L'HIVER.

Air : *Une fille est un oiseau.*

Allegretto.

N.º 88.

Les oiseaux nous ont quit - té Dé-jà l'hiver qui les
chasse Étend son manteau de gla-ce Sur nos champs et nos ci-
tés A mes vi - tres scin-til - lan-tes Il tra - ce des fleurs bril-
lan - tes Il rend mes portes bru-yan-tes Et fait gre-lo - ter mon
chien Réveillons sans plus at - ten-dre Mon feu qui dort sous la
cen - - dre Chauf - fons - nous chauf - fons - nous
bien Chauf-fons-nous chauf-fons-nous bien.

LE MARQUIS DE CARABAS.

Air du roi Dagobert.

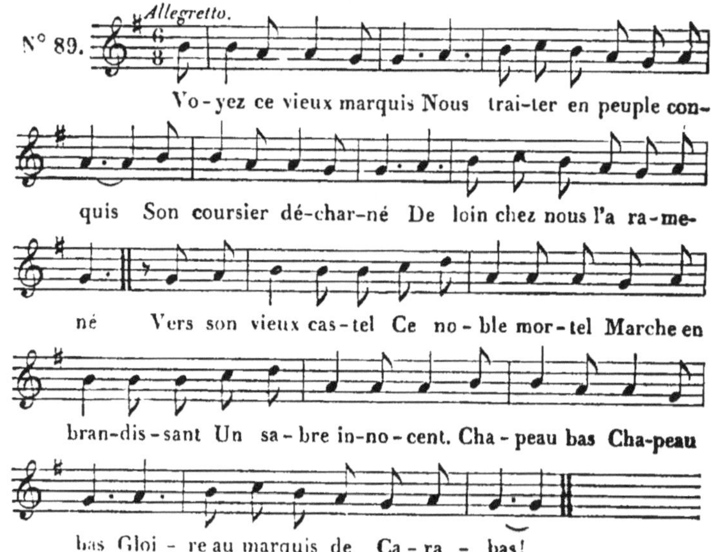
N° 89.
Allegretto.
Vo-yez ce vieux marquis Nous trai-ter en peuple con-
quis Son coursier dé-char-né De loin chez nous l'a ra-me-
né Vers son vieux cas-tel Ce no-ble mor-tel Marche en
bran-dis-sant Un sa-bre in-no-cent. Cha-peau bas Cha-peau
bas Gloi-re au marquis de Ca-ra-bas!

MA RÉPUBLIQUE.

Air du vaudeville de la petite Gouvernante.

N° 90.
Andante.
J'ai pris goût à la ré-pu-blique De-puis que
j'ai vu tant de rois Je m'en fais gloire et je m'ap-
pli-que A lui don-ner de bon-nes lois On n'y com-
mer-ce que pour boi-re On n'y ju-ge qu'avec gai-

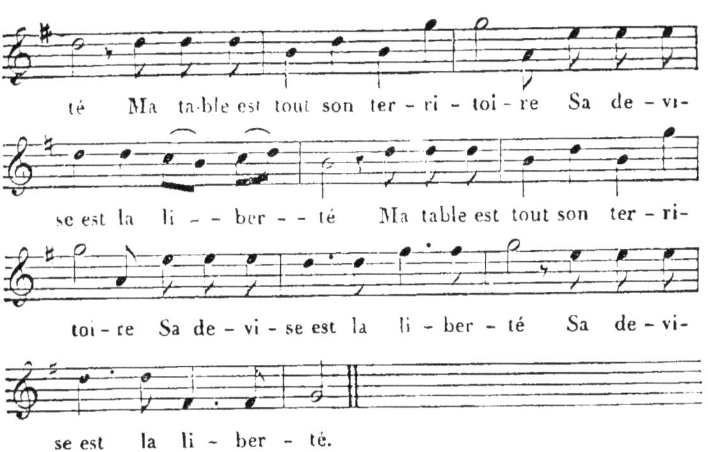
té Ma ta-ble est tout son ter - ri - toi - re Sa de-vi-
se est la li - - ber - - té Ma table est tout son ter - ri-
toi - re Sa de - vi - se est la li - ber - té Sa de - vi-
se est la li - ber - té.

L'IVROGNE ET SA FEMME.

Air: *Quand les bœufs vont deux à deux.*

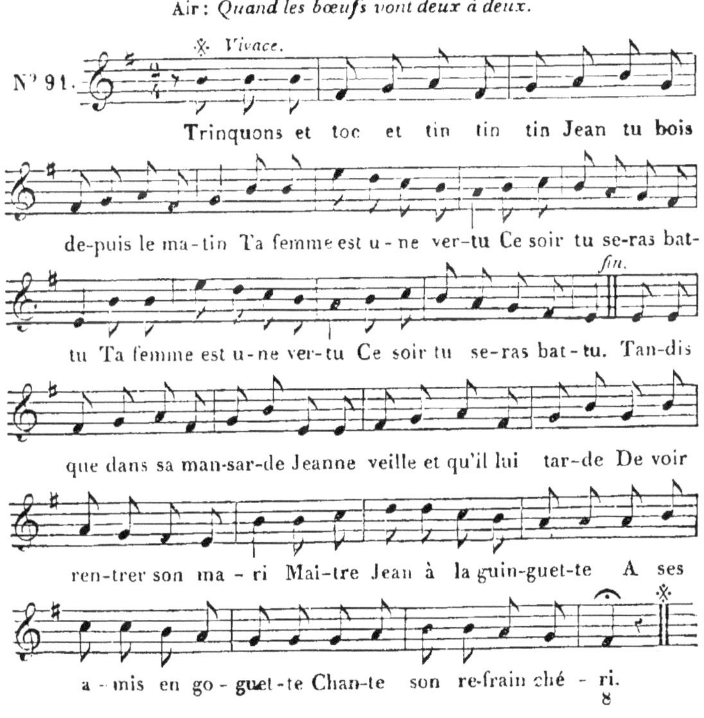
Vivace.
N° 91.
Trinquons et toc et tin tin tin Jean tu bois
de-puis le ma-tin Ta femme est u - ne ver-tu Ce soir tu se-ras bat-
tu Ta femme est u-ne ver-tu Ce soir tu se-ras bat-tu. Tan-dis
que dans sa man-sar-de Jeanne veille et qu'il lui tar-de De voir
ren-trer son ma - ri Mai-tre Jean à la guin-guet-te A ses
a - mis en go - guet-te Chan-te son re-frain ché - ri.

PAILLASSE.

Air : *Amis, dépouillons nos pommiers.*

Allegretto.
Nº 92.
J'suis né pail-las-se et mon pa-pa Pour m'lan-cer sur la
pla - ce D'un coup d'pied queu-qu'part m'at - tra - pa Et
m'dit sau - te pail - las - se T'as l'jar-ret dis-pos Quoiqu'
t'ay' l'ven - tre gros Et la fac' ru - bi - con - de N'saut'
point-z à de - mi Pail-lass' mon a - mi Sau - te pour tout le
mon - de Sau - te pour tout le mon - de!

MÊME CHANSON,

Air : *Mon père était pot.*

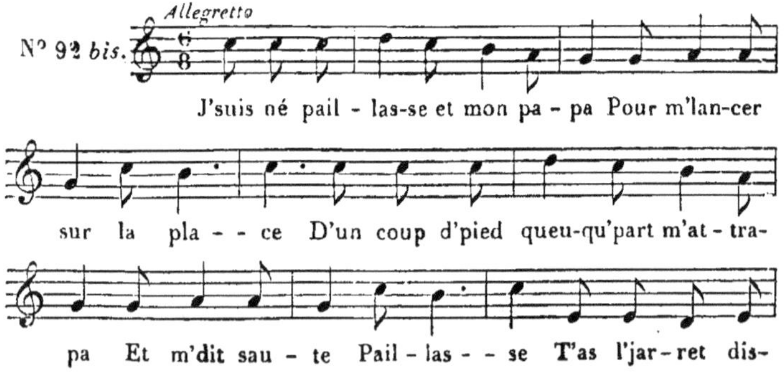
Allegretto
Nº 92 bis.
J'suis né pail - las-se et mon pa - pa Pour m'lan-cer
sur la pla - - ce D'un coup d'pied queu-qu'part m'at-tra-
pa Et m'dit sau - te Pail - las - - se T'as l'jar-ret dis-

pos Quoi-qu't'ay'l'ven - tre gros Et la fac' ru - bi - con-
de N'saut' point-z à de - mi Pail-lass' mon a - mi Sau - te pour
tout le mon - - de!

MON AME.

Air du vaudeville des Scythes et des Amazones.

Andante.
N° 93.
C'est à ta-ble quand je m'en - i -vre De gai-té
de vin et d'a - mour Qu'in-cer-tain du temps qui va
sui-vre J'aime à pré - voir mon dernier jour J'aime à pré-
voir mon der - nier jour Il semble a-lors que mon a -me me
quitte A-dieu lui dis-je à ce banquet jo -yeux Ah! sans re-
grets mon a - me partez vi-te En souri-ant remontez dans les
cieux Ah! sans re - grets mon a - me partez vi - te En sou - ri-

ant remontez dans les cieux Remon-tez remontez dans les
cieux Re-mon-tez re-mon-tez dans les cieux.

LE JUGE DE CHARENTON.

Air de la Codaqui.

Allegretto.
N° 94.
Un mai-tre fou qui dit - on Fit ja-dis mainte fre-
dai-ne Des lo - ges de Charen-ton S'est en - fui l'au-tre se-
mai - ne Chez un ju - ge qui grif- fon-nait Il ar - ri-ve et
prend si - mar-re et bon - net Puis à l'au - dience hors d'ha-
lei - ne Il entre et sou - dain dit pré-chi pré-cha Et pa - ta-
ti et pa - ta - ta Prêtons bien l'o - reille à ce dis-cours - la.

LES CHAMPS.

Air : *Mon amour était pour Marie.*

Moderato.
N° 95.
Ro - se par - tons voi - ci l'au - ro - re Quit-te ces

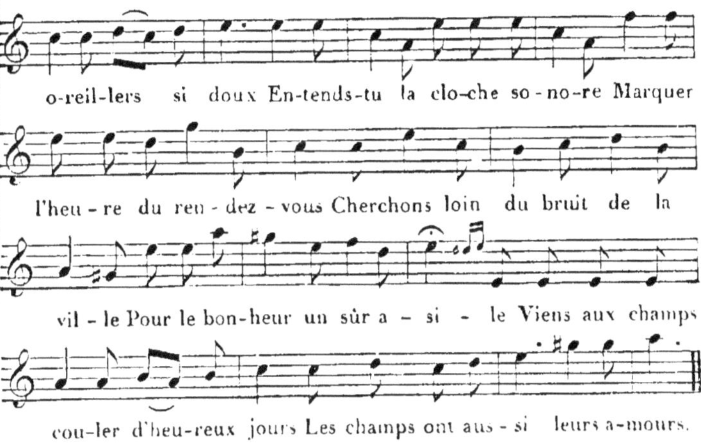
o-reil-lers si doux En-tends-tu la clo-che so-no-re Marquer
l'heu - re du ren - dez - vous Cherchons loin du bruit de la
vil - le Pour le bon-heur un sûr a - si - le Viens aux champs
cou-ler d'heu-reux jours Les champs ont aus - si leurs a-mours.

LA COCARDE BLANCHE.

Air des Trois Cousines.

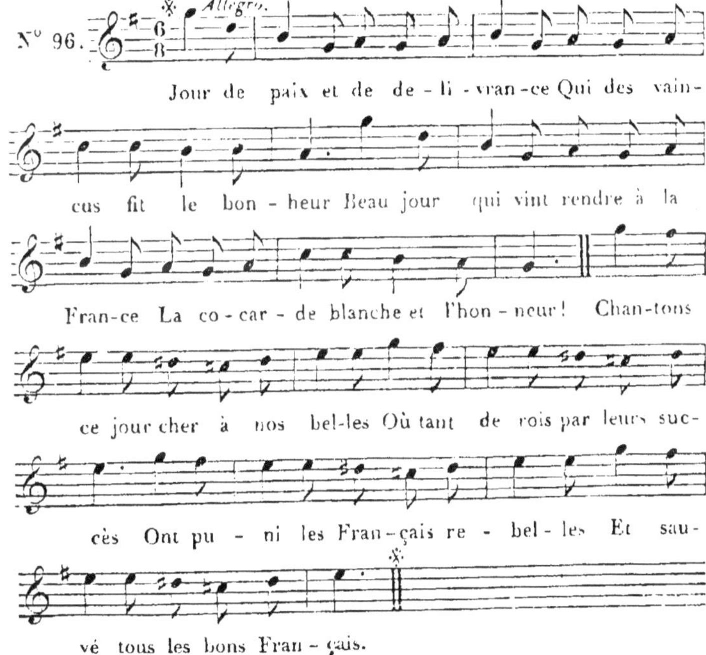
N° 96.
Allegro.
Jour de paix et de de - li - vran-ce Qui des vain-
cus fit le bon - heur Beau jour qui vint rendre à la
Fran-ce La co-car - de blanche et l'hon - neur! Chan-tons
ce jour cher à nos bel-les Où tant de rois par leurs succès Ont pu - ni les Fran-çais re - bel - les Et sau-
vé tous les bons Fran - çais.

MON HABIT.

Air du vaudeville de Décence.

Allegro.
N° 97.
Sois-moi fi - dè - le ô pauvre ha-bit que j'ai-me
En - - sem - - - ble nous de-ve-nons vieux De-puis dix
ans je te brosse moi-mê-me Et So-cra-te n'eût pas fait
mieux Quand le sort à ta min-ce é-tof - fe Li - vre-rait
de nou-veaux com - bats I - mi-te - moi ré - siste en phi-lo-
so - phe Mon vieil a - mi ne nous sé-pa-rons pas.

MÊME CHANSON.

Musique de M. Gaubert.

Allegro moderato.
N° 97 bis.
Sois - moi fi - dèle ô pauvre ha-bit que j'ai -
me En - - semble nous de-venons vieux Depuis dix ans je te
bros-se moi - mê-me Et So-cra - te n'eût pas fait

mieux Quand le sort à ta min - ce é-tof - - - - - fe Li-vre-
rait de nou - veaux combats I - - mi-te-moi ré - siste en philo-
so - phe Mon vieil a - mi ne nous sé - parons pas.

LE VIN ET LA COQUETTE.

Air : *Je veux bientôt quitter l'empire.*

N° 98.
A - mis il est u - ne co - quet - te Dont je re-
doute i-ci les yeux Que sa va - ni-té qui me guet-te Me trouve
tou-jours plus jo - - yeux Me trou-ve toujours plus jo -
yeux C'est au vin de rendre im - pos - - si-ble Le tri-om-
phe qu'elle es-pé-rait Le tri-om-phe qu'elle espé-rait Ah ! cachons
bien que mon cœur est sen - si - ble La coquette en a-bu - - se-
rait La co-quette en a - bu - se-rait.

LA SAINTE - ALLIANCE BARBARESQUE.

Air de Calpigi.

N° 99.
Procla-mons la Sainte-Al - li - an-ce Faite au nom
de la Pro-vi-den-ce Et que signe un congrès *ad hoc* Entre Al-
ger Tu-nis et Ma - roc Entre Al-ger Tu-nis et Ma-
roc Leurs sou-ve - rains no-bles cor - sai-res N'en fe-ront
que mieux leurs af-faires Vi-vent des rois qui sont u - nis Vive Al-
ger Ma-roc et Tu - nis Vive Al-ger Ma-roc et Tu - nis.

L'ERMITE ET SES SAINTS.

Air : Rassurez-vous, ma mie.

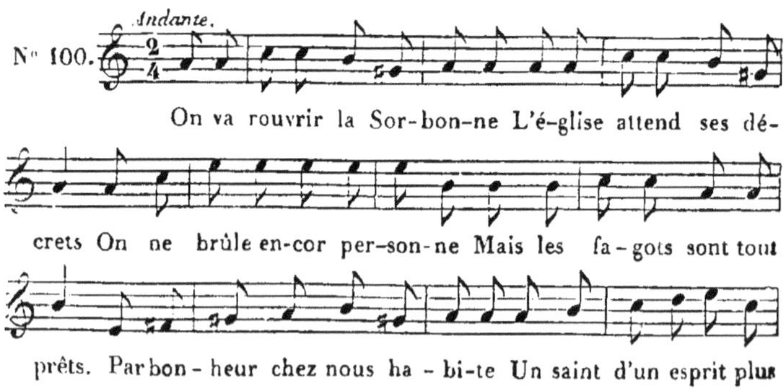
Andante.
N° 100.
On va rouvrir la Sor-bon-ne L'é-glise attend ses dé-
crets On ne brûle en-cor per-son-ne Mais les fa-gots sont tout
prêts. Par bon - heur chez nous ha - bi-te Un saint d'un esprit plus

doux Er - mi-te bon er - mi-te Pri - ez pri - ez pour nous.

MON PETIT COIN.

Air du vaudeville de la petite Gouvernante.

N° 101.
Andante.
Non le mon - de ne peut me plaire Dans mon coin
re - tour-nons rê - - ver Mes a - mis de vo - tre ga-
lè - re Un for - çat vient de se sau - ver Dans le dé-
sert que je me tra ce Je suis li - bre comme un bé-
douin Mes a - mis lais-sez-moi de gra - ce Lais-sez-moi

dans mon pe - tit coin Mes a - mis lais - sez-moi de
gra - ce Lais-sez-moi dans mon pe - tit coin.

LE SOIR DES NOCES.

Air : Zon! ma Lisette, zon! ma Lison.

N° 102.
Allegretto.
L'hy - - men prend cet - - te nuit Deux

a - mans dans sa nas-se Qu'au seuil de leur ré-duit Un
doux con-cert se pla - ce Zon! flû-te et bas-se Zon! vio-lon
Zon! flû-te et bas - se Et vio - lon zon zon!

L'INDÉPENDANT.

Air : *Je vais bientôt quitter l'empire*

N° 103. Allegretto.
Res-pec-tez mon in-dé-pen-dan - ce Es-cla-ves
de la va - - ni - té C'est à l'om - bre de l'in-di-
gen - ce Que j'ai trou-vé la li - - ber - - té Que j'ai trouvé la li - - ber - - té Ju - gez aux chants qu'elle m'in-
spi-re Quel est sur moi son as-cendant Quel est sur moi son ascen-
dant Li - set-te seule a le droit de sou - ri - re Quand je lui
dis je suis in-dépendant Je suis je suis je suis in-dé-pen-dant.

LES CAPUCINS.

Air : Faut d'la vertu, pas trop n'en faut.

N° 104.
Allegretto.
Bé - nis soient la vierge et les saints On ré-ta-blit les
ca-pu-cins Bé - nis soient la vierge et les saints On ré-ta-blit les
ca-pu-cins. Moi qui fus ca-pu-cin in - di-gne Je
vais ma pe-ti - te Fan-chon Du Sei-gneur ven-dan-
ger la vi-gne En re-pre-nant le ca-pu-chon.

LA BONNE VIEILLE.

Musique de B. Wilhem.

N° 105.
Moderato.
Vous vieil-li - rez ô ma bel - le maî - tres - - se
Vous vieil-li - rez et je ne se-rai plus Pour moi le temps sem-
ble dans sa vi -tes - - se Compter deux fois les jours que j'ai per-
dus Sur-vi-vez - moi mais que l'à-ge pé - ni - - ble

espress.
Vous trouve encor fi - dè-le à mes le-çons Et bon-ne vieille au
coin d'un feu pai - si - ble De votre a-mi ré-pé-tez les chansons.

MÊME CHANSON,

Air : Muse des bois et des plaisirs champêtres.

Andante.
N° 105 bis.
Vous vieil-li - rez ô ma bel - le maî-tres-se
Vous vieil-li - rez et je ne se - rai plus Pour moi le
temps sem-ble dans sa vi - tes - se Comp-ter deux fois les jours
que j'ai per-dus Sur - vi - vez - moi mais que l'à - ge pé-
ni - ble Vous trouve en - cor fi - dè - le à mes le - çons
Et bon - ne vieille au coin d'un feu pai - si - ble De vo-tre a-
mi ré - pé - tez les chan - sons De vo - - tre a-
mi ré - pé - tez les chan - sons.

MÊME CHANSON.

Musique de E. Bruguière

N° 105 ter.
Andante.
Vous vieil - li - rez ô ma bel - le mai -
tres - se vous vieil - li - rez et je ne se - rai plus
Pour moi le temps sem - ble dans sa vi - tes - se Comp-ter deux
fois les jours que j'ai per-dus Sur - vi - vez - moi mais que
l'à-ge pé - ni-ble Vous trouve encor fi - dè - - - le à mes le -
çons Et bon - ne vieil-le au coin d'un feu pai - si - ble
De vo - tre a - mi ré - pé - tez les chan - sons De

vo - tre a - mi ré - pé - tez les chan - sons.

LA VIVANDIÈRE.

Musique de B. Wilhem.

N° 106.
Allegro.
Vi-van-diè-re du ré - gi-ment C'est Ca-tin qu'on me

nom - me   Je vends je donne et bois gaiment Mon vin et mon ro-
gom - me   J'ai le pied les-te et l'œil mu-tin Tin-tin tin - tin tin
tin r'tin tin - tin   J'ai le pied les-te et l'œil mu - tin Sol-
dats   voi - là   Ca - tin.

COUPLETS A MA FILLEULE.

Air : *J'étais bon chasseur autrefois.*

Moderato.

N° 107.

Ma fil - leu - le où dia-ble a-t-on pris Le pau - vre
par-rain qu'on vous don-ne   Ce choix seul ex - ci - te vos
cris De bon cœur je vous le   par - don - - - ne
Point de bon-bons à ce re - pas A vos yeux ce - la doit me
nui - re   Mais mon en - fant ne pleu - rez pas Vo - tre par-
rain vous fe - ra ri - - - re.

L'EXILÉ.

Air: *Ermite, bon Ermite.*

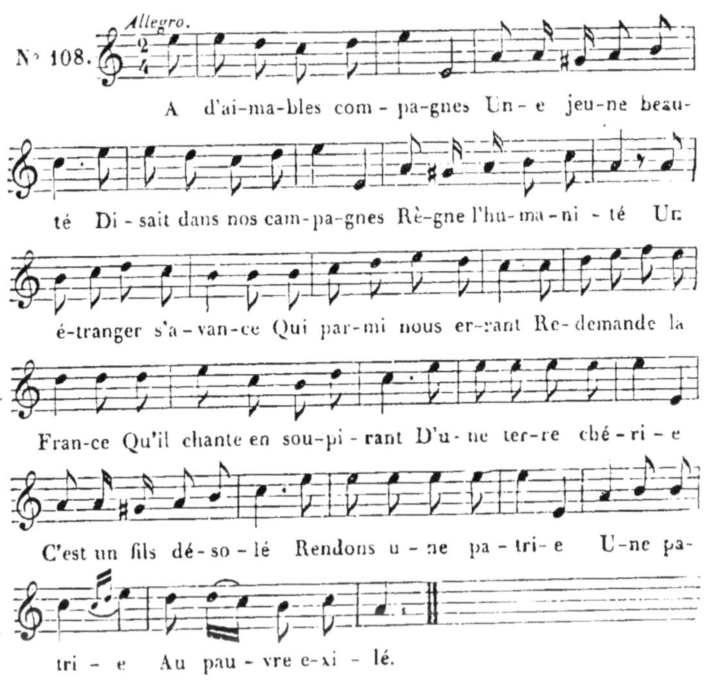
Allegro.
N° 108.
A d'ai-ma-bles com - pa-gnes Un - e jeu-ne beau-
té Di - sait dans nos cam-pa-gnes Rè-gne l'hu-ma-ni - té Un
é-tranger s'a - van-ce Qui par-mi nous er-rant Re-demande la
Fran-ce Qu'il chante en sou-pi - rant D'u - ne ter-re ché - ri - e
C'est un fils dé-so - lé Rendons u - ne pa - tri-e U-ne pa-
tri - e Au pau - vre e-xi - lé.

MÊME CHANSON.

ROMANCE A DEUX VOIX,

Musique de M. A. Romagnesi.

N° 108 bis.
Andante con moto.
SOPRANO.
A d'aimables com-pa - gnes U-ne jeune beau-
TENORE.
A d'aimables com-pa - gnes U-ne jeu-ne beau-

té   Di-sait dans nos mon-ta - gnes Règne l'huma-ni - té
té   Di-sait dans nos mon-ta - gnes Règne l'huma-ni -té
Un é-tranger s'a-van - ce Qui parmi nous er-rant Redemande la
Un é-tranger s'a-van - ce Qui parmi nous er-rant Redemande la
Fran - ce Qu'il chante en sou-pi - rant   D'u-ne ter-re ché-
Fran - ce Qu'il chante en sou-pi - rant   D'u-ne ter-re ché-
ri - e C'est le fils dé-so - lé Ren-dons u - ne   pa-
ri - e C'est le fils dé-so - lé Ren-dons u - ne   pa-
tri - e Au pauvre e-xi - lé   Au pauvre e-xi - lé.
tri - e Au pauvre e-xi - lé   Au pauvre e-xi - lé.

LA BOUQUETIÈRE ET LE CROQUE-MORT.

Air : Eh! le cœur à la danse.

N° 109
Allegro.
Je n'suis qu'un' bou-qu'tiè-re et j'n'ai rien Mais
d'vos soupirs j'me las - se Monsieur l'croqu'mort car il faut bien Vous
dir' vot' nom-z en fa - ce. Quoique j'sois-t-un es-prit fort Non je
n'veux point d'un croqu'mort En - cor jeune et jo - li - e Moi
j'vends ro-siers lis et jas-mins Et n'me sens point l'en-vi - e De

pas-ser par vos mains.

LA PETITE FÉE.

Air : C'est le meilleur homme du monde.

N° 110.
Andante.
En-fans il é - tait u - ne fois U-ne fée
ap-pe-lée Urgan - - de Grande à pei - ne de qua - tre
doigts Mais de bon -té vrai-ment bien gran - de De sa ba-

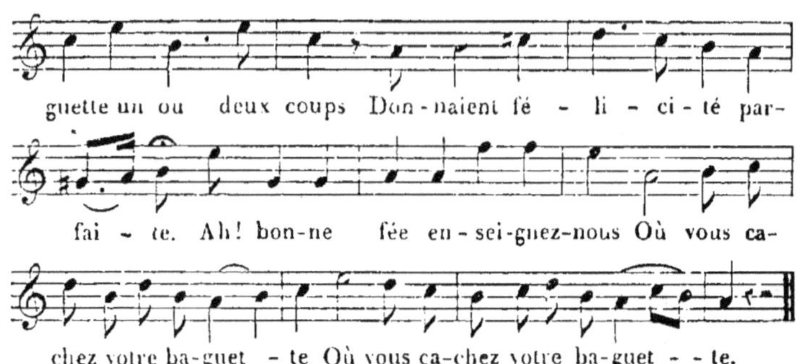
guette un ou deux coups Don-naient fé - li - ci - té par-
fai - te. Ah! bon-ne fée en-sei-gnez-nous Où vous ca-
chez votre ba-guet - te Où vous ca-chez votre ba-guet - - te.

MA NACELLE.

Air : *Eh! vogue la galère.*

Allegretto.
N° 111.
Sur une on - de tran-quil-le Voguant soir et matin Ma na-celle est do - ci - le Au souffle du des-
tin La voi-le s'en-fle-t-el - - - le J'a-bandon-ne le
bord. Eh! vo-gue ma na - cel - le O doux zé-phir sois-moi fi-
dè - le Eh! vo-gue ma na - cel - le Nous trou-verons un port.

MÊME CHANSON,

Musique de M. Panseron.

N° 111 bis.
Sur u-ne onde tran-quil-le Voguant soir et ma-

tin Ma na - celle est do - ci - le Au souf-fle du des-
tin La voi - le s'en - fle - t - el - le J'a-ban-don - ne le
bord ——————— J'a-ban - don - - ne le bord. Eh!
vo-gue ma na - cel-le O doux zé-phir sois-moi fi - dè - le Eh!
vo-gue ma na-cel-le Nous trouve - rons un port Ah!
ah! nous trouve - rons un port Ah! ah! nous trouve
rons un port. ——————

MONSIEUR JUDAS.

Air : *J'ons un curé patriote.*

Allegro.
N° 112.
Monsieur Ju - das est un drô - le Qui sou-
tient a - vec cha-leur Qu'il n'a jou-é qu'un seul rô-le Et n'a
pris qu'u-ne cou-leur Nous qui dé-tes-tons les gens Tan-tôt

rou-ges tan-tôt blancs Parlons bas Par-lons bas I - ci
près j'ai vu Ju - das J'ai vu Ju - das j'ai vu Ju - das.

LE DIEU DES BONNES GENS.

Air du Vaudeville de la Partie carrée.

Andante.
N° 113.
Il est un Dieu devant lui je m'in-cli - ne Pauvre et con-
tent sans lui de-mander rien De l'u - ni - vers ob-servant la ma-
chi - ne J'y vois du mal et n'ai-me que le bien Mais le plai-
sir à ma phi-lo-so-phi-e Ré-vè-le assez des cieux in-tel-li-
gents. Le verre en main gaîment je me con-fi - e Au Dieu des bonnes

gens Au Dieu des bon-nes gens Au Dieu des bon-nes gens.

ADIEUX A DES AMIS.

Air : C'est un lanla, landerirette.

Andante.
N° 114.
D'i - ci faut-il que je par-te Mes a - mis quand

loin de vous Je ne puis voir sur la car-te D'a-si-
le pour moi plus doux Même au sein de no-tre i-vres-se
Dieu je crois è-tre à de-main Fouet-te co-cher dit la Sa-
ges-se Et me voi-là sur le che-min.

LA RÊVERIE.

Air : *La signora malade*.

Allegro.
N° 113.
Loin d'une I-ris vo-la-ge Qu'un seigneur m'enle-
vait Au printemps sous l'om-bra-ge Un jour mon cœur rêvait Pri-vé d'une in-fi-dè-le Il rêvait qu'une autre
bel-le Vo-lait à mon secours Venez ve-nez venez ve-nez
mes a-mours! Venez ve-nez ve-nez ve-nez mes a-mours.

BRENNUS.

Musique de M. B. Wilhem.

Allegro.
N° 116.
Bren - nus di - sait aux bons Gau - lois Cé - lé-
brez un tri - om-phe in - si - - - - gne Les champs de
Rome ont pa-yé mes ex-ploits Et j'en rapporte un cep de vi - - -
gne Grace à la vigne unissons pour tou-jours L'hon-neur les
arts la gloire et les a - mours Grace à la vigne unissons pour tou-
jours L'hon-neur les arts la gloi-re et les a - mours.

MÊME CHANSON,

Air de Pierre - le - Grand.

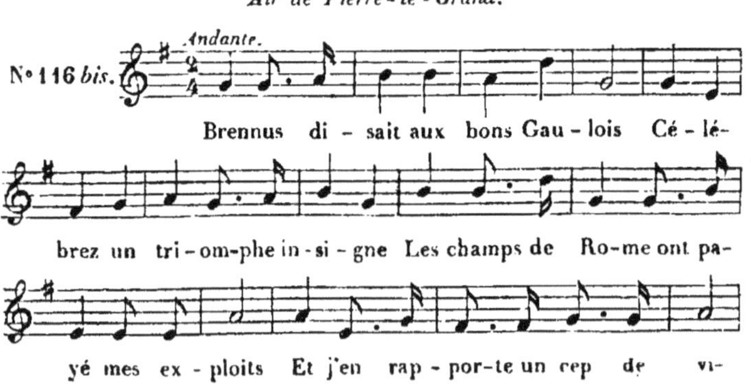

Andante.
N° 116 bis.
Brennus di - sait aux bons Gau - lois Cé - lé-
brez un tri - om-phe in - si - gne Les champs de Ro-me ont pa-
yé mes ex - ploits Et j'en rap - por-te un cep de vi-

gne Gra-ce à la vi-gne u-nis-sons pour tou-jours
L'honneur les arts la gloi-re et les a-mours.

LES CLEFS DU PARADIS.

Air : *À coups d'pied, à coups d'poing.*

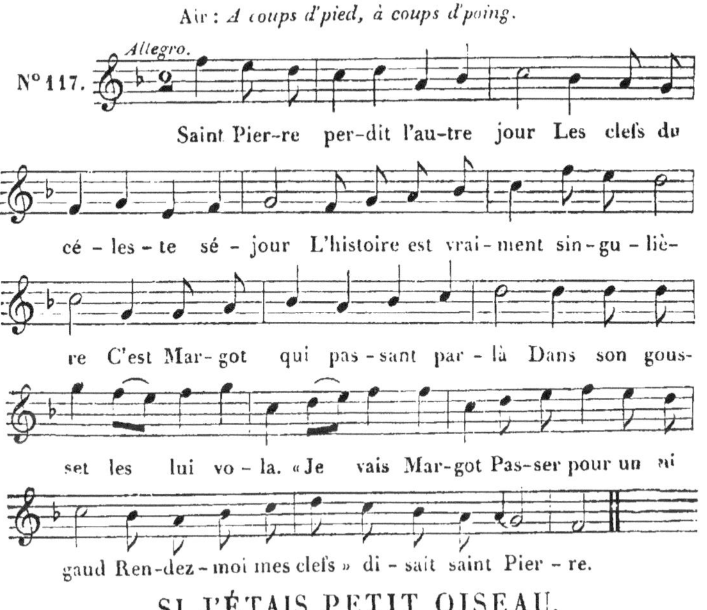

N° 117.
Allegro.
Saint Pier-re per-dit l'au-tre jour Les clefs du
cé-les-te sé-jour L'histoire est vrai-ment sin-gu-liè-
re C'est Mar-got qui pas-sant par-là Dans son gous-
set les lui vo-la. « Je vais Mar-got Pas-ser pour un ni-

gaud Ren-dez-moi mes clefs » di-sait saint Pier-re.

SI J'ÉTAIS PETIT OISEAU.

Musique de M. B. Wilhem.

N° 118.
Allegro.
SOPRANO.
Moi qui mê-me au-près des bel-les Voudrais
TENORE.
Moi qui mê-me au-près des bel-les Voudrais

Legieramente.
vivre en pas - sa - ger Que je por - te en - vi-e aux
vivre en pas - sa - ger Que je por - te en - vi-e aux
ai - les De l'oi - seau vif et lé - ger Combien d'es-
ai - les De l'oi - seau vif et lé - ger
pa - - ce il vi - - si - te A vol-ti-ger tout l'in-
Combien d'espace il vi - si - te A vol-ti-ger tout l'in-
vi - - te L'air est doux le ciel est beau. Je vo - le-
vi - te L'air est doux le ciel est beau.
rais vi - te vi - te vi - te Si j'é-tais pe - tit oi-

seau Je vo - le - rais vi - te vi - te vi - te Si j'é-
Je vo - le - rais vi - te vi - te vi - te Si j'é-
tais pe - tit oi - - seau.
tais pe - tit oi - - seau.

MÊME CHANSON.

Air : *Il faut que l'on file doux.*

Allegro
N°118 bis.
Moi qui même au-près des bel - les Vou-drais
vivre en pas - sa - ger Que je porte en - vi - e aux ai - les De l'oi-
seau vif et lé - - ger Com - bien d'es - pa - ce il vi-
si - te A vol - ti - ger tout l'in - vi - te L'air est doux le ciel est
beau Je vo - le - rais vi - te vi - te vi - te Si j'é - tais pe-tit oi - seau.

LE BON VIEILLARD.

Air : *Contentons-nous d'une simple bouteille.*

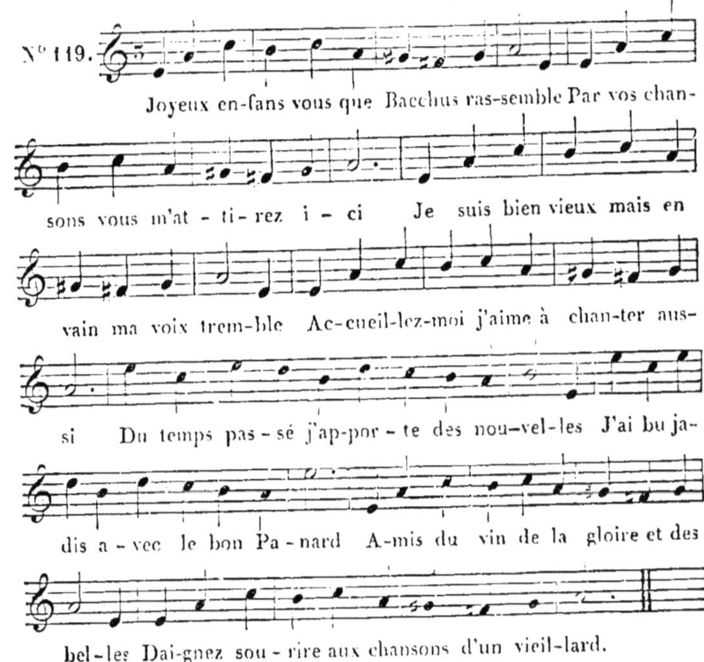

N° 119.
Joyeux en-fans vous que Bacchus ras-semble Par vos chansons vous m'at - ti- rez i - ci Je suis bien vieux mais en
vain ma voix trem-ble Ac-cueil-lez-moi j'aime à chan-ter aussi Du temps pas - sé j'ap-por - te des nou-vel-les J'ai bu jadis a - vec le bon Pa - nard A-mis du vin de la gloire et des
bel-les Dai-gnez sou - rire aux chansons d'un vieil-lard.

MÊME CHANSON,

Musique de Bruguière.

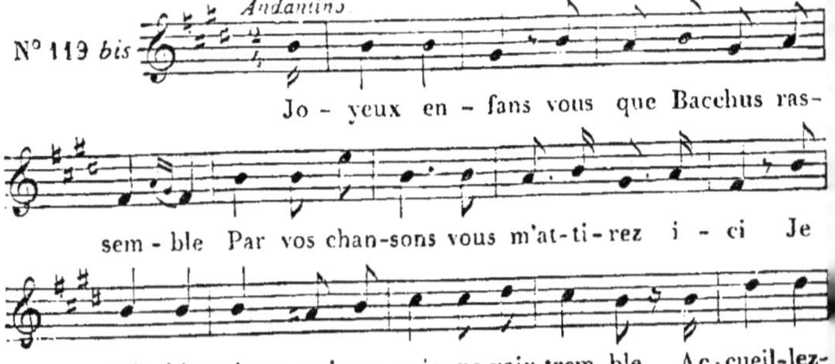

Andantino
N° 119 bis
Jo - yeux en - fans vous que Bacchus ras-
sem - ble Par vos chan-sons vous m'at-ti-rez i - ci Je
suis bien vieux mais en vain ma voix trem-ble Ac-cueil-lez-

moi j'ai - me à chanter aus - si Du temps pas - sé j'ap-
por - te des nou - vel - les J'ai bu ja - dis a-
vec le bon Pa - nard A - mis du vin de la gloire et des
bel - les Dai - gnez sou - rire aux chansons d'un vieil-lard Dai-
gnez sou - ri - re aux chan - sons d'un vieil - lard.
A - mis du vin de la gloire et des bel - les Dai-
A - mis du vin de la gloire et des bel - les
A - mis du vin de la gloire et des bel - les
gnez sou - - ri - re aux chansons d'un vieil - lard Dai-
Dai-gnez sou - ri - re aux chansons d'un vieil - lard
Dai-gnez sou - rire aux chansons d'un vieil-lard

gnez sou - - ri - re aux chan-sons d'un vieil-lard.
Dai - gnez sou - ri - re aux chansons d'un vieil-lard.
Dai - gnez sou - ri - re aux chansons d'un vieil-lard.

QU'ELLE EST JOLIE!

Air de Lantara.

N° 120.
Grands dieux combien elle est jo - li - e Cel-le que
j'ai - me - rai tou - jours Dans leur dou - ce mé - lan - co -
li - - e Ses yeux font rê-ver aux a - mours Ses
yeux font rê-ver aux a - mours Du plus beau souffle de la
vi - e A l'a - ni - mer le ciel se plait Grands dieux combien el - le est jo - li - e Et moi je suis je suis si
laid Grands dieux combien el-le est jo - - li - e Et moi je

suis je suis si laid Et moi je suis je suis si laid.

MÊME CHANSON,

Musique de Guichard Printemps.

N° 120 bis. Allegretto.
Grands dieux combien elle est jo - li - e Cel-le que
j'ai-me - rai tou-jours Dans leur douce mé-lanco-li-e Ses yeux
font rê - ver aux a - mours Du plus beau souf-fle de la
vi - - e A l'a - ni - mer le ciel se plait Grands
dieux combien elle est jo-li - e Et moi je suis je suis si laid!

LES CHANTRES DE PAROISSE.

Air du Bastringue.

N° 121. Glo-ri - a ti - bi Do-mi - - ne Que tout
chantre Boive à plein ventre Glori - a ti - bi Do-mi - ne Le Con-
fin.
cor-dat nous est don - né. Bu-vons nous chantres de pa-

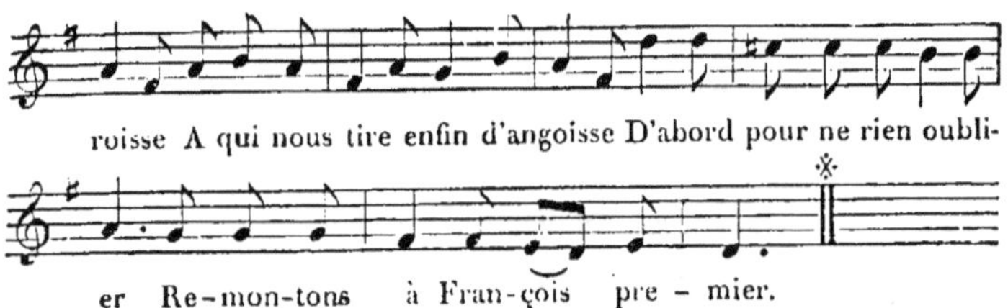
roisse A qui nous tire enfin d'angoisse D'abord pour ne rien oubli-
er Re-mon-tons à Fran-çois pre - mier.

L'AVEUGLE DE BAGNOLET.

Air : *Ronde de la Ferme et le Château.*

Allegro.
N° 122.
A Ba-gno-let j'ai vu na-guè-re Cer-tain vieil-
lard toujours con-tent A-veugle il re-vint de la guer-re
Et pauvre il mendi-e en chantant Et pauvre il men-di - e en chan-
tant Sur sa vielle il re-dit sans ces - - - se Aux gens de
plaisir je m'a-dres-se Ah! don-nez don - nez s'il vous plait Et de
lui don-ner l'on s'em-pres-se Ah! don - nez don - nez s'il vous
plait A l'a - veu-gle de Ba-gno - let.

MÊME CHANSON,

Musique d'Auguste Andrade.

Andante villageois.
N° 122 bis.
A Ba-gno-let j'ai vu na-guè-re Certain vieil-
lard tou-jours con-tent A - veugle il re-vint de la
guer-re Et pauvre il men-di-e en chan-tant Sur
rall.
sa vielle il re-dit sans ces-se Aux gens de plai-sir je m'a-
a tempo.
dres-se Ah! don-nez donnez s'il vous plait Et de
lui don-ner l'on s'em-presse Ah! don-nez don-nez s'il vous
plait A l'a-veu-gle de Ba-gno-let.

LE PRINCE DE NAVARRE

Air du ballet des Pierrots.

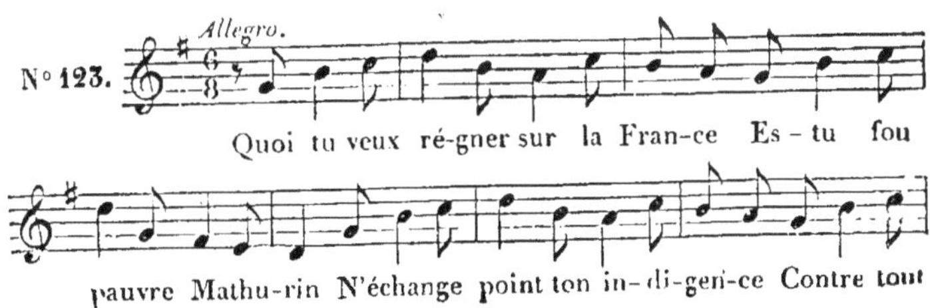
Allegro.
N° 123.
Quoi tu veux ré-gner sur la Fran-ce Es-tu fou
pauvre Mathu-rin N'échange point ton in-di-gen-ce Contre tout

l'or d'un sou - ve - rain Sur un trô - ne l'en - nui se
car - re Fier d'ê-tre en - cen - sé par des sots. Cro-yez - moi
prince de Na - var-re Prin-ce fai - tes - nous des sa - bots.

LA MORT SUBITE.

Air du ballet des Pierrots.

Allegro.
N° 124.
Mes a - mis j'accours au plus vi - te Car vous ne
par-don - ne - riez pas A moins dit - on de mort su -
bi-te De manquer à ce gai re - pas En vain l'amour qui me lu -
ti - ne Pour m'ar-rê - ter ten-te un ef - fort A - vec
vous il faut que je di - ne Mes a - mis je ne suis pas mort.

LES CINQUANTE ÉCUS.

Air : Martin est un fort bon garçon.

Maestoso.
N° 125.
Grace à Dieu je suis hé - ri - tier Le métier De ren -

tier Me sied et m'enchante Travailler serait un abus J'ai cinquante é-
cus J'ai cinquante é-cus J'ai cinquante é-cus de ren-te.

MÊME CHANSON,

Musique de M. Amédée de Beauplan.

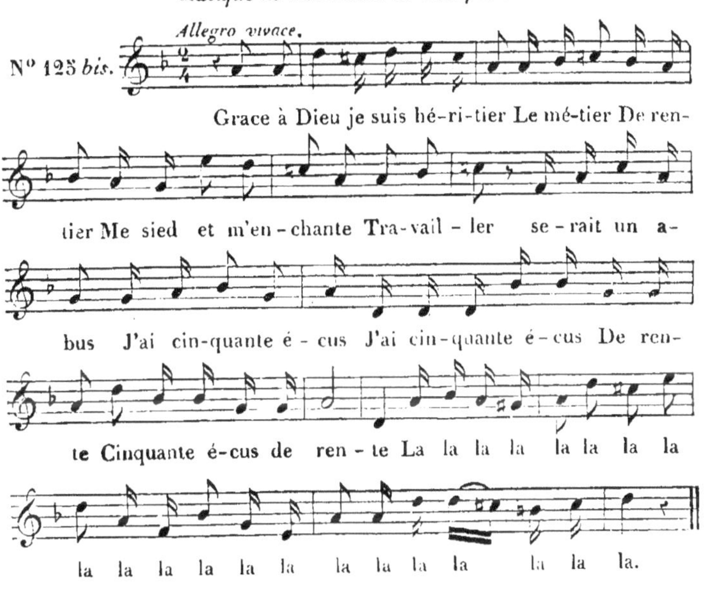
Allegro vivace.
N° 125 bis.
Grace à Dieu je suis hé-ri-tier Le mé-tier De ren-
tier Me sied et m'en-chante Tra-vail-ler se-rait un a-
bus J'ai cin-quante é-cus J'ai cin-quante é-cus De ren-
te Cinquante é-cus de ren-te La la la la la la la la
la la la la la la la la la la la la la.

LE CARNAVAL DE 1818.

Air : *A ma Margot du bas en haut.*

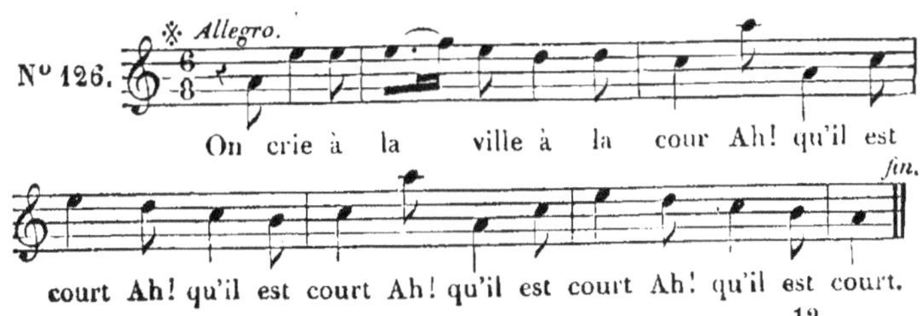
Allegro.
N° 126.
On crie à la ville à la cour Ah! qu'il est
fin.
court Ah! qu'il est court Ah! qu'il est court Ah! qu'il est court.

Des veuves des fil-les des femmes Tu dois craindre les é-pi-
gram-mes Car-na-val dont cha-cun pâ-tit Dis-nous qui
t'a fait si pe-tit Car-na-val Car-na-val Ah! comment
nos bel-les T'ac-cueil-le-ront-el-----les.

LE RETOUR DANS LA PATRIE.

Air: *Suzon sortant de son village.*

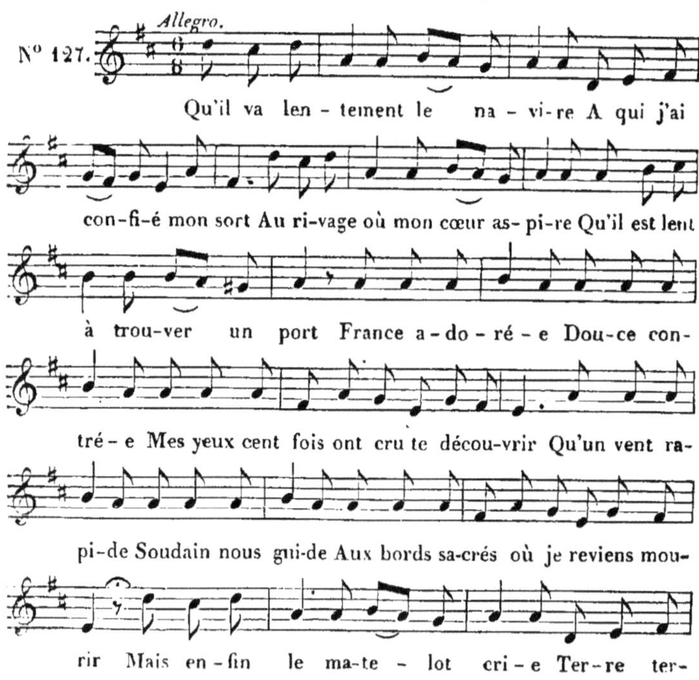

Allegro.
N° 127.
Qu'il va len-tement le na-vi-re A qui j'ai
con-fi-é mon sort Au ri-vage où mon cœur as-pi-re Qu'il est lent
à trou-ver un port France a-do-ré-e Dou-ce con-
tré-e Mes yeux cent fois ont cru te décou-vrir Qu'un vent ra-
pi-de Soudain nous gui-de Aux bords sa-crés où je reviens mou-
rir Mais en-fin le ma-te-lot cri-e Ter-re ter-

re là-bas vo - yez Ah! tous mes maux sont ou - bli-
és Sa-lut à ma pa-tri - - e Sa-lut à ma pa-tri - e.

MÊME CHANSON,

Musique de Laflèche.

N° 127 bis.

Andante.
Qu'il va len - te-ment le na - vi - re A qui
j'ai confi - é mon sort Au ri - vage où mon cœur as - pi-re Qu'il est
lent de trou-ver un port France a-do - ré - e Dou - ce con-
tré - e Mes yeux cent fois ont cru te décou-vrir Qu'un vent ra-
pi-de Soudain nous gui-de Aux bords sa - crés où je re-viens mou-
rir Mais en - fin le ma-te-lot cri-e Ter-re ter-re là-bas vo-
yez Ah! tous mes maux sont ou - bli - és Sa-lut à ma pa-tri -
e Ah! tous mes maux sont ou-bli - és Sa-lut à ma pa-tri-

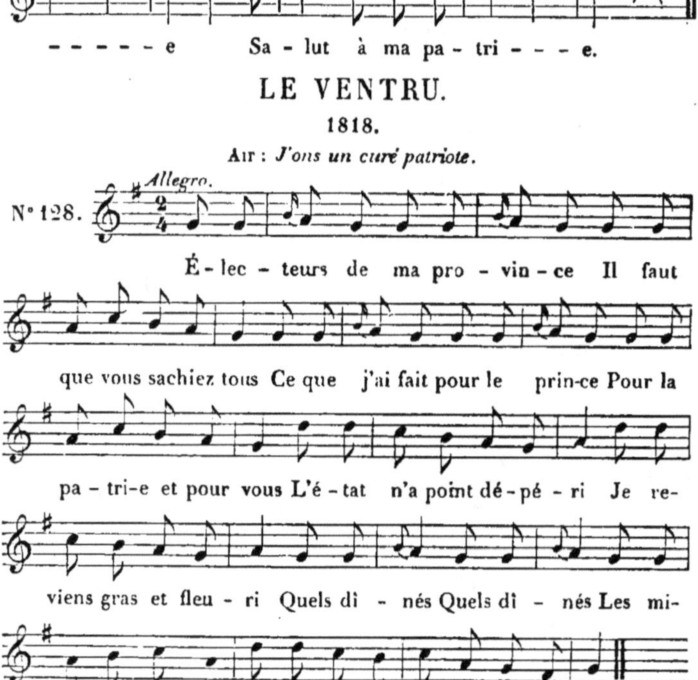
- - - - - e   Sa - lut   à ma pa - tri - - - e.

LE VENTRU.

1818.

Air : *J'ons un curé patriote.*

N° 128.   Allegro.
É - lec - teurs de ma pro - vin - ce   Il faut
que vous sachiez tous Ce que   j'ai fait pour le   prin-ce Pour la
pa - tri-e et pour vous L'é - tat   n'a point dé-pé - ri Je re-
viens gras et fleu - ri Quels dî - nés Quels dî - nés Les mi-
ni-stres m'ont don-nés Oh ! que j'ai fait de bons dî - nés.

LA COURONNE.

Air : *J'étais bon chasseur autrefois.*

N° 129.   Moderato.
Gra-ce à la   fè - ve je suis roi Nous le vou-
lons versez à boi-re   Ça mes su-jets cou-ronnez-moi Et qu'on porte en-vi-e à   ma   gloi - - re   A l'es-poir du rang le plus

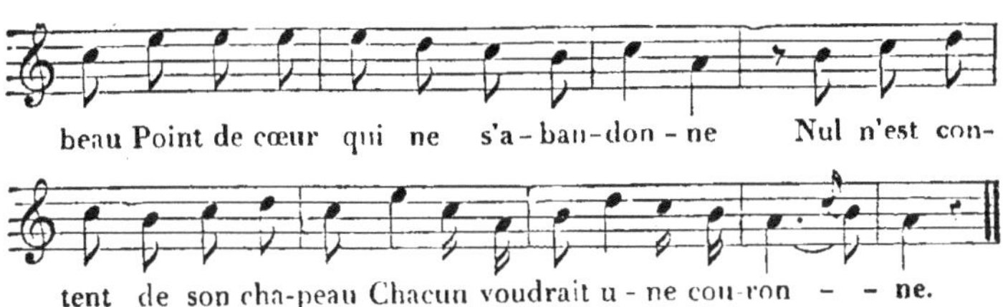

beau Point de cœur qui ne s'a-ban-don - ne Nul n'est con-
tent de son cha-peau Chacun voudrait u - ne cou-ron - - ne.

LES MISSIONNAIRES.

Air : *Eh ! le cœur à la danse.*

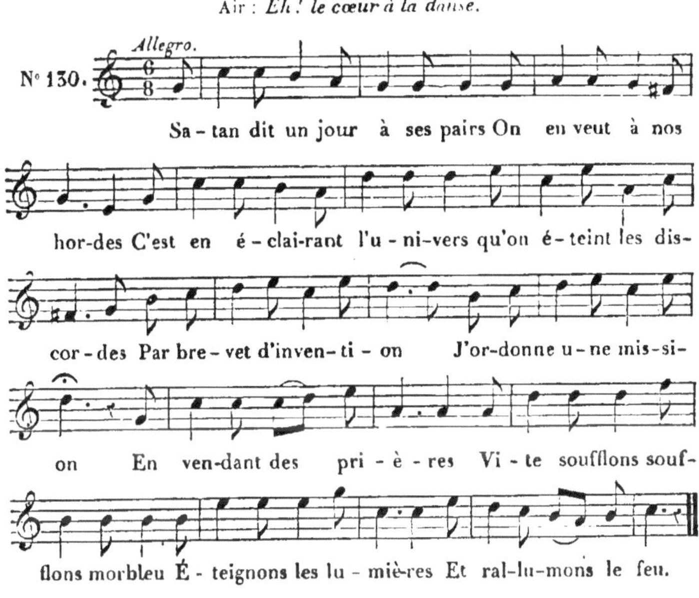

N° 130.
Allegro.
Sa - tan dit un jour à ses pairs On en veut à nos
hor-des C'est en é - clai-rant l'u - ni-vers qu'on é-teint les dis-
cor-des Par bre - vet d'inven-ti - on J'or-donne u - ne mis-si-
on En ven-dant des pri - è - res Vi - te soufflons souf-
flons morbleu É - teignons les lu - miè-res Et ral-lu-mons le feu.

LE BON MÉNAGE.

Air de la Légère.

N° 131.
Allegretto.
Com - mis - sai - re Com - mis - sai - re Co - lin
bat sa mé - na - gè - re Com-mis-sai-re Lais-sez fai - re Pour l'a-

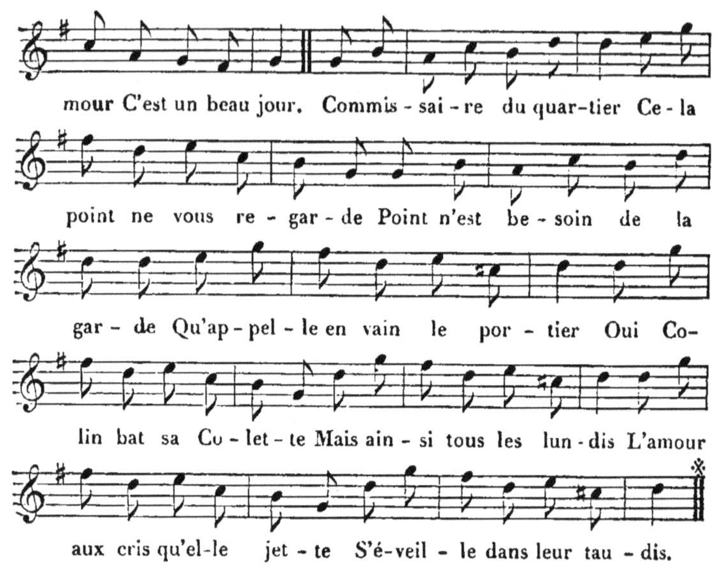

mour C'est un beau jour. Commis - sai - re du quar - tier Ce - la
point ne vous re - gar - de Point n'est be - soin de la
gar - de Qu'ap - pel - le en vain le por - tier Oui Colin bat sa Cu - let - te Mais ain - si tous les lun - dis L'amour
aux cris qu'el - le jet - te S'é-veil - le dans leur tau - dis.

LE CHAMP D'ASILE.

Air de la romance de Bélisaire (par Garat).

Fièrement.
N° 132.
Un chef de ban - nis cou - ra - geux Im-plo-rant
un loin-tain a - si - - - - le A des sau - va - ges
om - bra-geux Di - sait « l'Eu - ro - pe nous ex - i -
le Heureux en - fans de ces fo - rêts De nos maux
ap - pre - nez l'his - toi - re Sau - va - ges nous som-

mes Fran-çais Pre-nez pi-tié de no-tre gloi-re.
MÊME CHANSON,
Musique de Gatayes.
Fièrement.
N° 132 bis.
Un chef de ban-nis cou-ra-geux Im-plo-
rant un loin-tain a-si---le A des sau-va-ges om-bra-
geux Di-sait «l'Euro-pe nous ex-i-----le Heureux en-
fans de ces fo-rêts De nos maux ap-pre-nez l'his-
toi---re Sau-----va-ges nous som-mes Français Pre-
nez pi-tié de no-tre gloi-re Sau-va-ges nous sommes Fran-
çais Pre-nez pi-tié de no-tre gloi----re.
Pre-nez pi-tié de no-tre gloi--re.

LA MORT DE CHARLEMAGNE.

Air : *Le bruit des roulettes gâte tout.*

N°133
Andante.
Dans le vieux roman de la Ro-se J'ai vu que
le fils de Pé - pin Re-dou - tant son a - po - - - thé -
o-se Di - sait à l'é - vê - que Tur-pin «Prélat sois bon à quelque
cho-se L'â-ge m'ac - ca - ble gué - ris - moi» «Oui lui dit Tur-
pin et vi-ve le roi Oui lui dit Tur-pin et vi-ve le roi!

LE VENTRU.
1819.

Air : *Faut d'la vertu, pas trop n'en faut.*

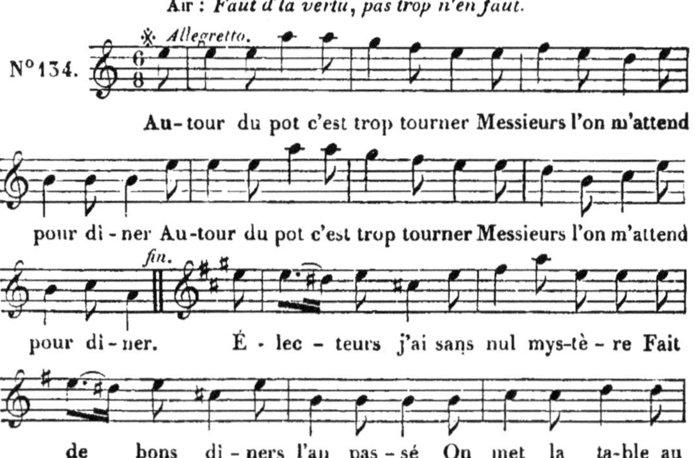

N°134.
Allegretto.
Au-tour du pot c'est trop tourner Messieurs l'on m'attend
pour dî - ner Au-tour du pot c'est trop tourner Messieurs l'on m'attend
fin.
pour dî - ner. É - lec - teurs j'ai sans nul mys-tè - re Fait
de bons dî - ners l'an pas - sé On met la ta-ble au

mi - nis - tè - re Re - nom - mez-moi je suis pres - sé.

LA NATURE.

Air : *Ah! que de chagrin dans la vie.*

N° 135.
Com-bien la na-ture est fé-con - de En plai-sirs
ain - si qu'en dou - leurs De noirs flé-aux cou-vrent le
mon - de De dé - bris de sang et de pleurs De dé-
bris de sang et de pleurs Mais à ses pieds la beau-té nous at-
ti - re Mais des rai-sins le nec-tar est fou - lé Cou-lez bons
vins fem - mes dai-gnez sou - ri - - re Et l'u - ni-
vers est con - so - lé Coulez bons vins femmes daignez sou-
ri - - re Et l'u - ni - vers est con - - so - -
lé Et l'u - ni - vers est con - - so - - - lé.

13

LES CARTES ou L'HOROSCOPE.

Air du vaudeville de la petite Gouvernante.

Andante.
N° 136.
Tan-dis qu'en fai-sant sa pri - è - re Au coin du
feu ma-man s'en - dort Peu fai - te pour ê-tre ouvri-
è - re Dans les car - tes cherchons mon sort Ma-man di-
rait crai-gnez les ba - ga - tel - les Le dia-ble est
fin trem-blez Su - - zon Mais j'ai sei-ze ans les car-tes
se - ront bel - les Les car - tes ont tou - jours rai-
son Mais j'ai seize ans les car-tes se-ront bel-les Les cartes
ont toujours rai - son Toujours rai-son toujours rai - son.

LA SAINTE ALLIANCE DES PEUPLES.

Air du Dieu des bonnes gens

Andante.
N° 137.
J'ai vu la paix descen-dre sur la ter-re Semant de

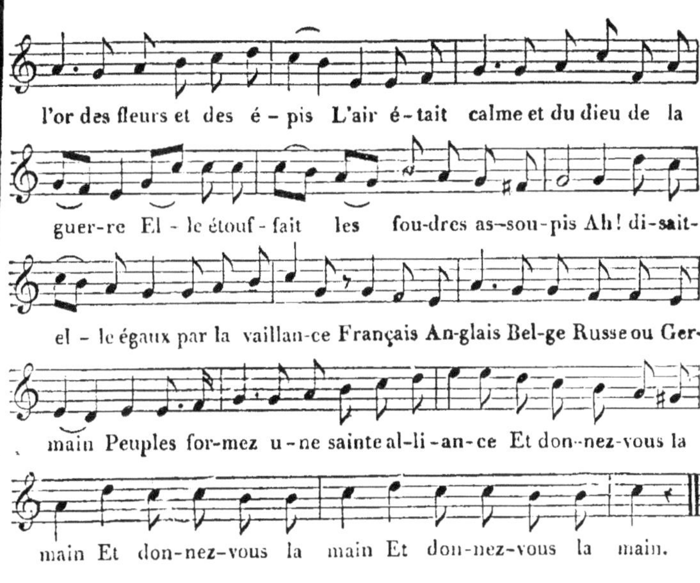
l'or des fleurs et des é - pis L'air é-tait calme et du dieu de la
guer-re El - le étouf-fait les fou-dres as-sou-pis Ah! di-sait-
el - le égaux par la vaillan-ce Français An-glais Bel-ge Russe ou Ger-
main Peuples for-mez u-ne sainte al-li-an-ce Et don-nez-vous la
main Et don-nez-vous la main Et don-nez-vous la main.

ROSETTE.

Musique de M. Amédée de Beauplan.

Lentement.
Nº 138
Sans res - pect pour vo - tre prin - temps Quoi vous me
par-lez de ten - dres - se Quand sous le poids de qua - rante
ans Je vois suc-com-ber ma jeu-nes - - - se Je n'eus be-
soin pour m'enflam - mer Ja-dis que d'une humble gri-set - - -
te Ah! que ne puis-je vous ai - - mer Comme autre-

fois j'ai - mais Ro - set - te Comme autre - fois   Comme autrefois   j'ai - mais Ro - set - - - - te.

MÊME CHANSON,

Musique de M. Guichard Printemps.

N° 138 *bis.*   Allegretto.
Sans res - pect pour vo - tre prin-temps Quoi vous
me par-lez de   ten-dres-se Quand sous le poids de quarante
ans Je vois suc - com - ber ma   jeu - nes - se Je
n'eus besoin pour m'enflam-mer   Ja-dis que d'une humble gri-
set - - te Ah! que ne puis-je vous ai - mer   Comme autre-fois j'ai - mais Ro - set - te. Ah! que ne puis-je vous ai-
mer   Comme au-tre fois j'ai - mais Ro - set - te.

MÊME CHANSON,

Musique de M. Charles Maurice.

Moderato.
N° 138 ter.
Sans res - pect pour vo - tre prin-
temps Quoi vous me par - lez de ten-dres-se Quand sous
le poids de qua - rante ans Je vois suc - comber ma jeunes - se Je n'eus be - soin pour m'en-flam - mer Jadis que d'une humble gri-set - - te Ah ! que ne puis-je vous ai-
mer Comme autre-fois j'aimais Ro-set - - te Comme autrefois j'ai - mais Ro - set - - - - - te.

LES RÉVÉRENDS PÈRES.

Air : *Bonjour, mon ami Vincent.*

N° 139.
Hom - mes noirs d'où sor - tez - vous Nous sor-
tons de des-sous ter - re Moi-tié re-nards moi-tié loups No-tre

règle est un mys-tè-re Nous sommes fils de Loyo-la Vous savez pour
quoi l'on nous ex - i - la Nous ren-trons son - gez à vous
tai - re Et que vos en-fans sui-vent nos le-çons C'est nous qui fes-
sons Et qui re-fes-sons Les jo-lis pe-tits les jo-lis gar-çons.

LES ENFANS DE LA FRANCE.

Air du vaudeville de Turenne.

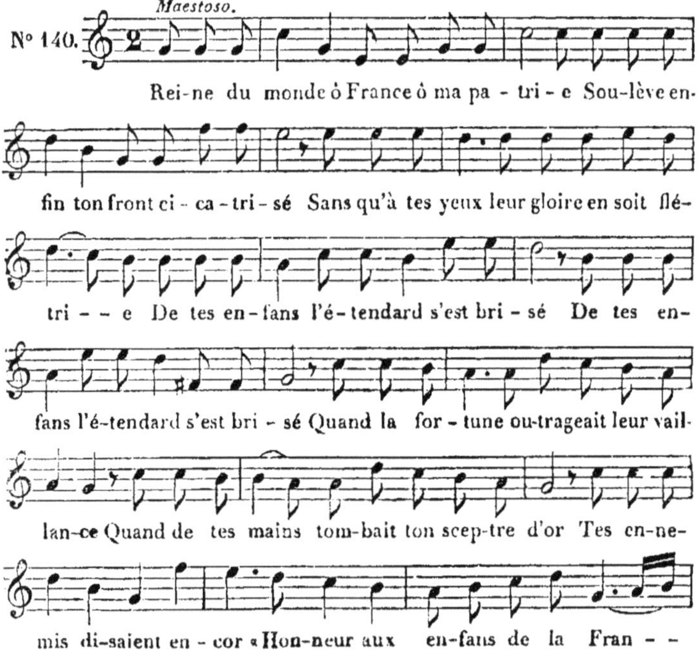
Maestoso.
N° 140.
Rei-ne du monde ô France ô ma pa - tri - e Sou-lève en-
fin ton front ci - ca-tri - sé Sans qu'à tes yeux leur gloire en soit flé-
tri - - e De tes en-fans l'é-tendard s'est bri - sé De tes en-
fans l'é-tendard s'est bri - sé Quand la for - tune ou-trageait leur vaillan-ce Quand de tes mains tom-bait ton scep-tre d'or Tes en-ne-
mis di-saient en - cor «Hon-neur aux en-fans de la Fran - -

ce Hon-neur aux en - fans de la Fran - - ce!»
Rei - - ne du mon-de ô France ô ma pa-
tri - e Sou - - lè - ve en - fin ton front ci - - ca - tri-
sé Sans qu'à tes yeux leur gloi-re en soit flé-
tri - e De tes en - fans l'é-ten-dard s'est bri - sé De tes en-
fans l'é - ten-dard s'est bri - sé Quand la for - -
tune ou-tra - geait leur vail - lan - - - ce Quand de tes
mains tom-bait ton scep-tre d'or Tes en - ne - mis di-saient en-
cor Tes en - ne-mis disaient en - cor «Hon-neur honneur hon-
neur aux en - - fans de la Fran - - ce Hon-

MÊME CHANSON,

Musique de M. Amédée de Beauplan

N° 140 *bis.*

neur honneur hon-neur aux en - fans de la Fran - ce!»

LES MIRMIDONS.

Air du vaudeville de la Garde nationale.

Allegretto.
N° 141.
Mir - mi - dons ra - ce fé - con - de Mir - mi-
dons En - fin nous com-man-dons Ju - pi - ter li - vre le
monde Aux mir - mi - dons aux mir - mi - dons Aux mir - mi-
dons aux mir - mi - dons. Vo - yant qu'A-chil - le suc-
com-be Ses mir - mi-dons hors des rangs Di-sent dansons sur sa
tom - be Les pe - tits vont ê - tre grands.

LES ROSSIGNOLS.

Air : C'est à mon maître en l'art de plaire.

Andante.
N° 142.
La nuit a ra-len - ti les heu-res Le som-meil
s'é-tend sur Pa - ris Char-mez l'é - cho de nos do-

meu-res É - veil-lez - vous oi - seaux ché - ris Dans ces in-
stans où le cœur pen - se Heureux qui peut ren - trer en
soi De la nuit j'ai - me le si - len - ce Doux ros-si-
gnols chan-tez pour moi De la nuit j'ai - me le si-
len - ce Doux ros-si - gnols chan - tez pour moi.

MÊME CHANSON,

Musique de M. Amedée de Beauplan.

N° 142 *bis.*

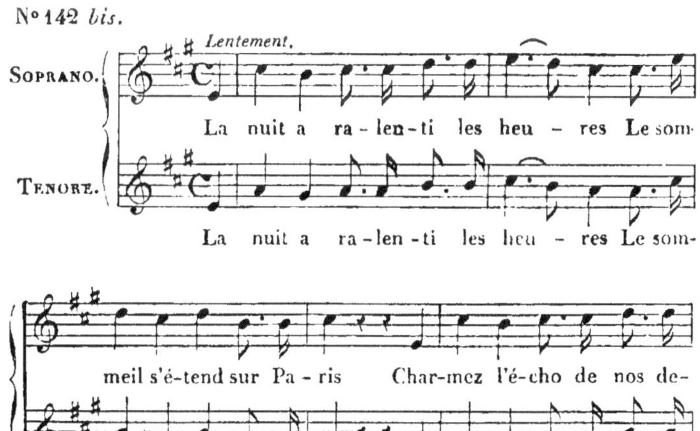
Lentement.
SOPRANO.
La nuit a ra - len-ti les heu - res Le som-
TENORE.
La nuit a ra-len -ti les heu - res Le som-
meil s'é-tend sur Pa - ris Char-mez l'é-cho de nos de-
meil s'é-tend sur Pa - ris Char-mez l'é-cho de nos de-

14

meu - res É - veil - lez-vous oi-seaux ché - ris Dans
meu - res É - veil - lez-vous oi-seaux ché - ris Dans
ces in - stans où le cœur pen - - se Heu-
ces in - stans où le cœur pen - - se Heu-
reux qui peut ren - trer en soi De la
reux qui peut ren - trer en soi De la
nuit j'ai-me le si - len - ce Doux ros-si-gnols chan-tez pour
nuit j'ai-me le si - len - ce Doux ros-si-gnols chan-tez pour
moi Chan - - tez pour
moi Doux ros - si - gnols

moi   Chan - - tez   pour moi.
Doux   ros - si - gnols   pour moi.

HALTE-LA.

Air : *Halte-là! la Garde royale est là.*

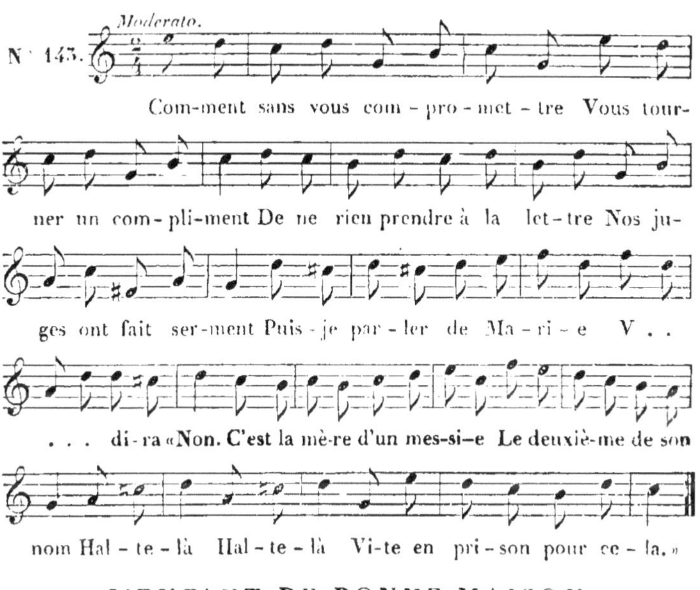

Moderato.
N° 143.
Com-ment sans vous com - pro - met - tre Vous tourner un com-pli-ment De ne rien prendre à la let-tre Nos ju-
ges ont fait ser-ment Puis-je par - ler de Ma - ri - e V . .
. . . di - ra «Non. C'est la mè-re d'un mes-si-e Le deuxiè-me de son
nom Hal - te - là Hal-te - là Vi-te en pri-son pour ce - la.»

L'ENFANT DE BONNE MAISON.

Air de la *Treille de sincérité.*

Allegretto.
N° 144.
Seuls ar - bi-tres Du sceau des ti - tres Chartri-ers
ren - dez-moi l'hon - neur Je suis bà-tard d'un grand sei-

fin.
gneur Je suis bâ-tard d'un grand sei-gneur. De vo-
tre sa-voir qui pros-pè-re J'attends par-che-mins et bla-
son Un bâ-tard est fils de son pè-re Je veux res-
tau-rer ma mai-son Je veux res-tau-rer ma mai-
son Oui plus no-ble que cer-tains ê-tres Des pri-vi-
lé-ges fiers sup-pôts Moi je des-cends de mes an-
cê----tres Que leur a-me soit en re-pos.

LES ÉTOILES QUI FILENT.

Air du ballet des Pierrots.

N° 143.
Allegro.
Ber-ger tu dis que notre é-toi-le Rè-gle nos
jours et brille aux cieux Oui mon en-fant mais dans son
voi-le La nuit la dé-robe à nos yeux. Berger sur cet a-zur tran-

quil - le De li-re on te croit le se - cret Quelle est cette
é - toi-le qui fi - le Qui fi - le fi - le et dis-pa - rait.

L'ENRHUMÉ.

Air : *Le petit mot pour rire.*

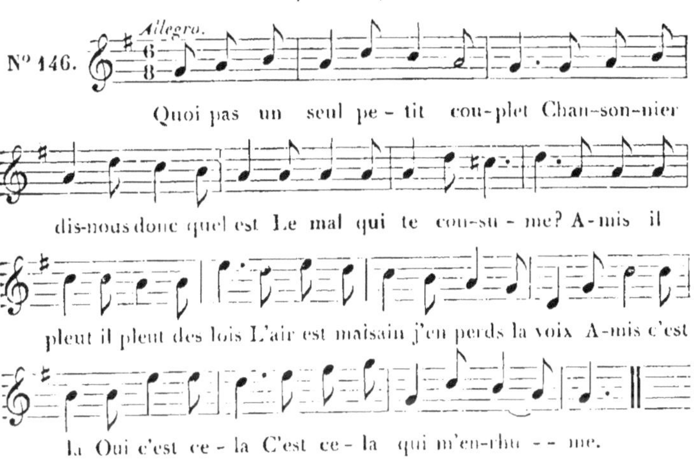

Allegro.
N° 146.
Quoi pas un seul pe - tit cou-plet Chan-son-nier
dis-nous donc quel est Le mal qui te con-su - me? A-mis il
pleut il pleut des flots L'air est malsain j'en perds la voix A-mis c'est
la Oui c'est ce - la C'est ce - la qui m'en-rhu - - me.

LE TEMPS.

Air : *Ce magistrat irréprochable.*

Allegretto.
N° 147.
Près de la beau-té que j'a - do - - re Je me cro-
yais é - gal aux dieux Lorsqu'au bruit de l'ai - rain so-
no - - re Le temps ap - pa - rut à nos yeux Le temps ap-

pa - rut à nos yeux Fai - ble com-me u - ne tour - te-
rel - le Qui voit la ser-re des van - tours Ah! par pi-
tié lui dit ma bel - le Vieillard é - pargnez nos a-
mours Ah! par pi - tié lui dit ma bel - le Vieillard é-
par-gnez nos a - mours Vieillard é - par-gnez nos a-mours.

LA FARIDONDAINE.

Air : *A la façon de Barbari.*

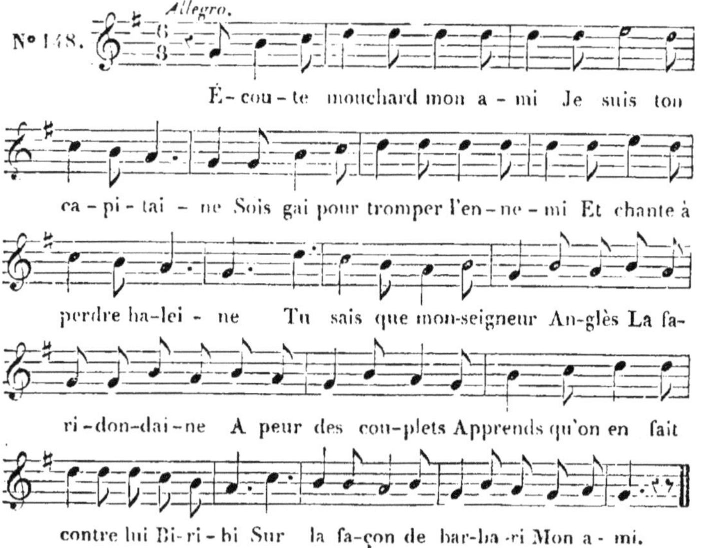

É - cou - te mouchard mon a - mi Je suis ton
ca - pi - tai - ne Sois gai pour tromper l'en - ne - mi Et chante à
perdre ha-lei - ne Tu sais que mon-seigneur An-glès La fa-
ri-don-dai-ne A peur des cou-plets Apprends qu'on en fait
contre lui Bi - ri - bi Sur la fa-çon de bar-ba -ri Mon a - mi.

MA LAMPE.

Air d'Aristipe.

Veille en-core ô lam-pe fi-dè-le Que trop peu
d'huile vient nou-rir Sur les ac-cens d'une im-mor-
tel-le Lais-se mes re-gards s'at-ten-drir De l'a-
mour que sa lyre im-plo-re Tu le sais j'ai su-bi la
loi Veil-le ma lam-pe veil-le en-co-re Je lis les
vers de Du-fres-noy Je lis les vers de Du-fres-noy.

MÊME CHANSON,

Musique de Guichard Printemps.

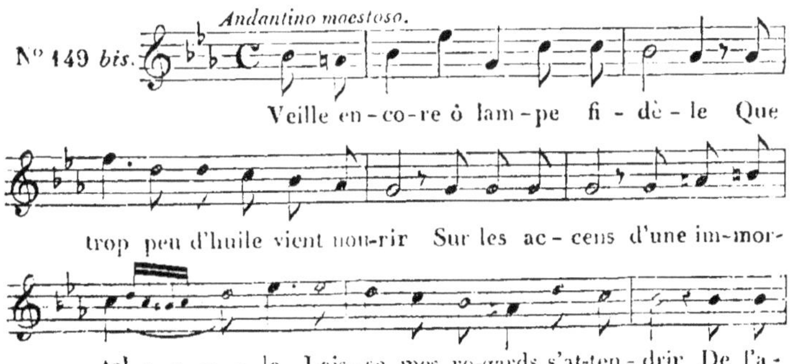
Veille en-co-re ô lam-pe fi-dè-le Que
trop peu d'huile vient nou-rir Sur les ac-cens d'une im-mor-
tel-le Lais-se mes re-gards s'at-ten-drir De l'a-

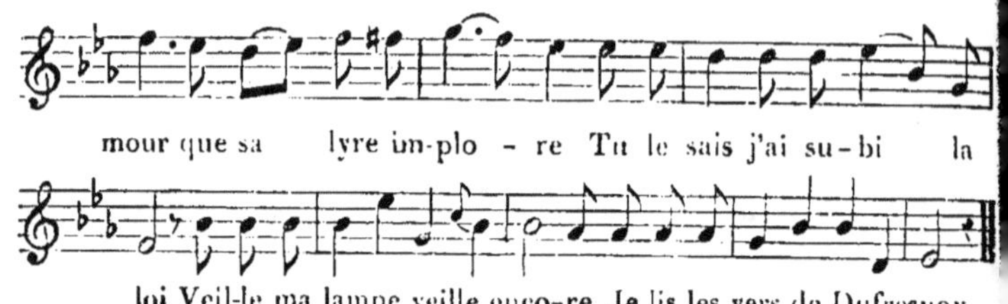

mour que sa lyre im-plo - re Tu le sais j'ai su-bi la
loi Veil-le ma lampe veille enco-re Je lis les vers de Dufresnoy.

LE BON DIEU.

Air : *Tout le long de la rivière.*

N° 150. Allegro.
Un jour le bon Dieu s'é-veil - lant Fut pour nous
as-sez bienveil-lant Il met le nez à la fe - nè-tre Leur planète
a pé-ri peut-ô-tre Dieu dit et l'a - per-çoit bien loin Qui tourne
dans un pe - tit coin Si je con-çois com-ment on s'y com-
por - te Je veux bien dit - il que le dia - ble m'em-
por - te Je veux bien que le dia - ble m'em-por - te.

LE VIEUX DRAPEAU.

Air : *Elle aime a rire, elle aime à boire.*

N° 151. Allegro.
De mes vieux com-pagnons de gloi - re Je viens de

me voir en-tou - ré Nos sou-ve-nirs m'ont en-i-vré Le vin m'a
ren - du la mé-moi-re Fier de mes ex-ploits et des
leurs J'ai mon dra-peau dans ma chau-miè-re Quand se-cou-
rai-je la pous-siè - re Qui ter-nit ses no-bles cou-leurs.

LA MARQUISE DE PRETINTAILLE.

Air : *A coups d'pied, à coups d'poing.*

N° 152.
Mar-qui-se à tren - te quar-tiers pleins J'ai pris mes
droits sur les vi - lains En a-mour j'ai - me la ca-nail-
le D'un ton fier je leur dis ve - nez Mais sous mes
ri - deaux bla-son-nés Vils ro - tu-riers Res-pec-tez les quar-
tiers De la mar-qui - se de Pre-tin-tail - le.

LE TREMBLEUR.

Air : *Je vais bientôt quitter l'empire.*

N° 153.
Allegretto.
Du-pont que vient-on de m'appren - dre Quoi l'on tour-
men-te vos a - mis J'ai des pré-cau-ti-ons à
pren-dre Vous le sa-vez je suis com - mis Vous le sa-
vez je suis com - mis Dès qu'une a mi - tié m'em-bar-
ras - se Sou-dain les nœuds en sont rom-pus Sou-dain les
nœuds en sont rom-pus Bien mieux que vous je sais gar-der ma
pla - ce Mon cher Dupont je ne vous con-nais plus Dupont Du-
pont je ne vous con-nais plus.

MA CONTEMPORAINE.

Air : *Ma belle est la belle des belles.*

N° 154.
Allegro.
Vous vous van-tez d'a-voir mon à - - - - - ge Sa-

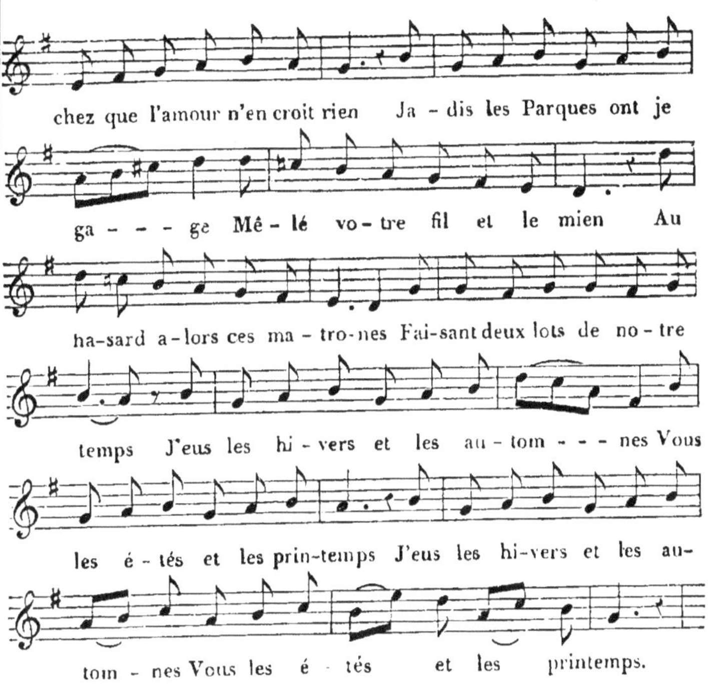

chez que l'amour n'en croit rien Ja – dis les Parques ont je
ga – – – ge Mê- lé vo-tre fil et le mien Au
ha-sard a-lors ces ma – tro-nes Fai-sant deux lots de no-tre
temps J'eus les hi – vers et les au – tom – – – nes Vous
les é - tés et les prin-temps J'eus les hi-vers et les autom – nes Vous les é - tés et les printemps.

LA MORT DU ROI CHRISTOPHE.

Air: La Catacoua.

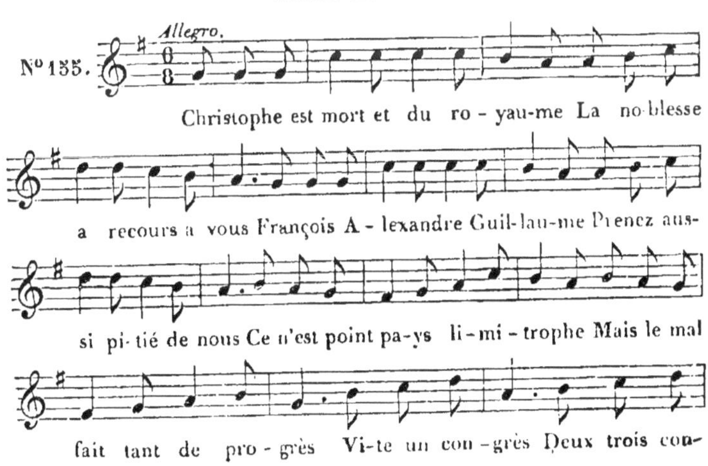

N° 155.
Allegro.
Christophe est mort et du ro-yau-me La no-blesse
a recours a vous François A - lexandre Guil-lau-me Prenez aussi pi-tié de nous Ce n'est point pa-ys li-mi-trophe Mais le mal
fait tant de pro-grès Vi-te un con-grès Deux trois con-

grès Qua-tre con-grès Cinq congrès dix con-grès Prin-ces ven-
gez ce bon Christo-phe Roi di-gne de tous vos re - grets.

LA FORTUNE.

Air de la Sabotiere.

N° 156.
Allegro.
Pan! Pan! est-ce ma bru-ne Pan! pan! qui frappe en
fin
bas Pan! pan c'est la for - tu-ne Pan! pan! je n'ou-vre pas.
Tous mes a - - mis le ver-re en main De joie en-
i - vrent ma cham-bret-te Nous n'at-ten-dons plus que Li-
set-te For-tu-ne pas - - se ton che-min.

LOUIS XI.

Air : Sans un petit brin d'amour.

N° 157.
Allegro.
Heu-reux vil-la-geois dan-sons Sau-tez fil - let - tes
et gar - çons U - nis-sez vos jo-yeux sons Mu-set - tes

et chan - sons. No - tre vieux roi ca - che dans ces tou-
rel-les Lou - is dont nous par-lons tout bas Veut es - sa - yer au
temps des fleurs nou-vel - les S'il peut sou - ri-re à nos é - bats.

MÊME CHANSON,

Musique de M. Amédée de Beauplan.

Gaiment.
Nº 157 bis.
Heu - reux vil - la - geois dan - sons Sau-
tez fil-let-tes Et garçons U - nis-sez vos jo-yeux sons Mu-
set - tes Et chan-sons Mu-set-tes Et chan-sons Et chansons Mu-set-tes Et chansons Et chansons. No-tre vieux roi ca-
ché dans ces tou-rel - les Lou-is dont nous par - lons tout bas
Veut es - sa - yer au temps des fleurs nou-vel-les S'il peut sou-
ri-re à nos é - bats S'il peut sou - ri - re à nos é - bats.

LES ADIEUX A LA GLOIRE.

Air : *Je commence à m'apercevoir* (d'Alexis).

N° 158.
Allegro.
Chantons le vin et la beau-té Tout le reste est fo-
li - e Vo-yez comme on ou-bli - e Les hymnes de la li-ber-
té Un peu-ple bra-ve Re-tombe es-cla-ve
Fils d'É - pi - cu - re ou - vrez-moi vo-tre ca - ve La
Fran - ce qui souffre en re-pos Ne veut plus que mal-
à - pro-pos J'ose en trom - pe?te e - ri - ger mes pi - peaux A -
dieu donc pau-vre gloi - re Dés - hé - ri - tons l'his-toi - re Ve -
nez amours et ver-sez nous à boi - - - re.

LES DEUX COUSINS.

Air : *Daignez m'épargner le reste.*

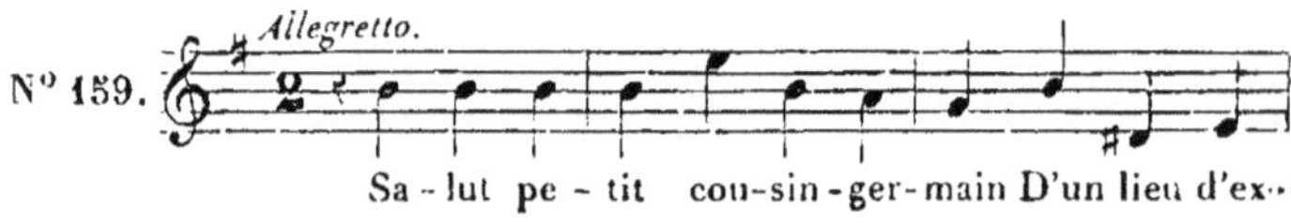

N° 159.
Allegretto.
Sa - lut pe - tit cou-sin-ger-main D'un lieu d'ex-

il j'o - se t'é - cri - re La for - tu - ne te tend la
main Ta nais-san-ce l'a fait sou -ri - re Mon pre-mier
jour aus -si fut beau Point de Fran-çais qui n'en con-
vien-ne Les rois m'a - do-raient au ber - ceau Les rois m'a-
do-raient au ber - ceau Et ce-pen - dant je suis à
Vien - - ne Et ce-pen-dant je suis à Vien - - ne.

LES VENDANGES.

Air : *Pierrot sur le bord d'un ruisseau.*

N° 160.
Allegro.
L'au-rore an - nonce un jour se - rein Vi-te à l'ou-
vrage Et re-pre-nons cou-ra - ge Fil - let-tes flûte et tambou-
rin Met-tez les ven-dangeurs en train Du vin qu'a fait tourner l'o-
ra-ge Un vin nou-veau bientôt con-so - le - ra A - mis chez

nous la gai-té re-nai-tra Ah! ah! la gai-té re-nai-tra.

MÊME CHANSON.

*Musique de M. * * *.*

Allegretto.
N° 160 bis.
L'au-rore annonce un jour se-rein Vite à l'ou-

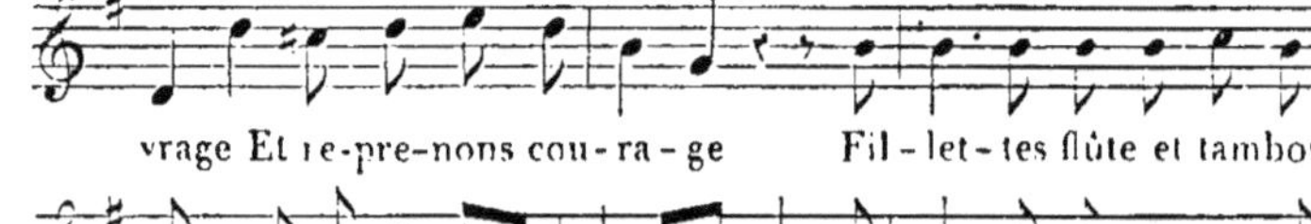

vrage Et re-pre-nons cou-ra-ge Fil-let-tes flûte et tambou

rin Mettez les vendan-geurs en train Du vin qu'a fait tourner l'o-

ra - - ge Un vin nouveau bientôt con-so-le-ra A-mis chez

nous la gai-té re-nai-tra Ah! ah! ah! ah! la gai-té re-nai-tra.

L'ORAGE.

Air : C'est l'amour, l'amour, l'amour.

Allegro.
N° 161.
Chers en-fans dan-sez dan-sez Votre âge é-chappe à l'o-

ra - ge Par l'es-poir gai-ment ber-cés Dan-sez chan-tez dan-
fin.
sez. A l'om-bre de ver-tes char-mil-les Fu-yant l'é-

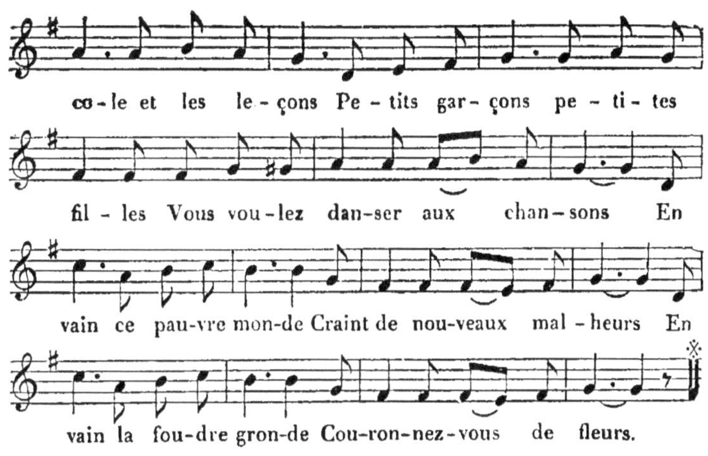
co - le et les le - çons Pe - tits gar - çons pe - ti - tes
fil - les Vous vou - lez dan-ser aux chan - sons En
vain ce pau-vre mon-de Craint de nou-veaux mal - heurs En
vain la fou-dre gron-de Cou-ron-nez-vous de fleurs.

LE CINQ MAI.

Air : *Muse des bois et des accords champêtres.*

N° 162.
Andante legato.
Des Es - pa-gnols m'ont pris sur leur na - vi - re
Aux bords lointains où tris - te - ment j'er - rais Hum-ble dé-
bris d'un hé - ro - ïque em-pi - re J'a - vais dans l'Inde ex-i-
lé mes re-grets Mais loin du Cap a-près cinq ans d'ab-sen-ce
Sous le so-leil je vo - gue plus jo-yeux. Pauvre sol-dat je re-
ver-rai la Fran-ce La main d'un fils me fer - me - ra les

yeux La main d'un fils me fer - me - ra les yeux.

COMPLAINTE SUR LA MORT DE TRESTAILLON.

Air de toutes les complaintes.

Allegretto.
N° 163.
Ve - nez tous bons ca - tho - li - ques Jé - sui-
tes grands et pe - tits Et vous nou-veaux con - ver-
tis Vous nos meil-leu - res pra - ti - ques Ve - nez
dire un in pa - ce Pour un hé - ros tré - pas - sé.

NABUCHODONOSOR.

Air de Calpigi.

Allegretto.
N° 164.
Pui-ser dans la Bi-ble est de mo - de Prenons-y
le su - jet d'u-ne o - de. Je chante un roi de - ve - nu
bœuf Aux an - ciens le trait pa - rut neuf Aux an-
ciens le trait pa - - rut neuf Sur-tout la cour en fut aux

an - ges Et les bro-can-teurs de lou- an- ges Ré - pé-taient
sur les har - pes d'or Gloi-re à Na - bu - cho - do - no-
sor Gloire à Na - bu - cho - do - no - sor !

LA MESSE DU SAINT-ESPRIT.

Air de la Codaqui

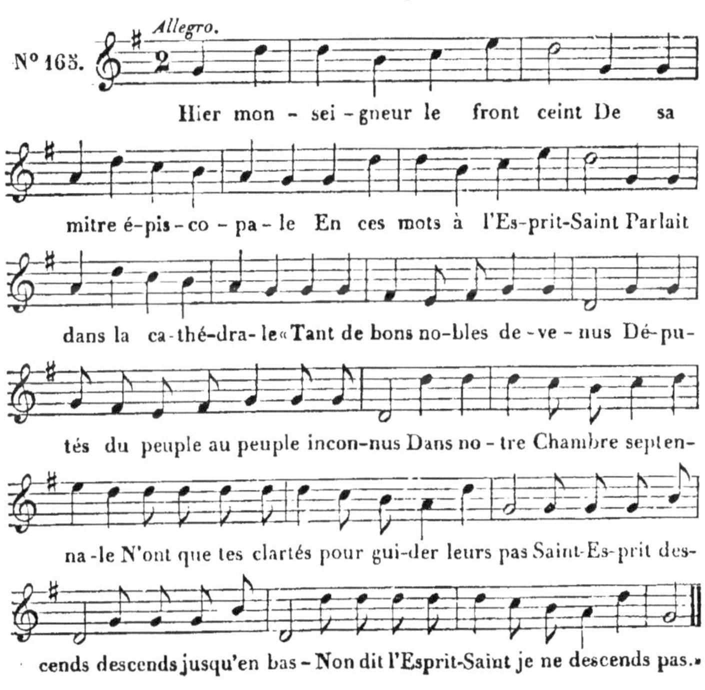
N° 165.
Allegro.
Hier mon - sei - gneur le front ceint De sa
mitre é-pis-co-pa-le En ces mots à l'Es-prit-Saint Parlait
dans la ca-thé-dra-le «Tant de bons no-bles de -ve - nus Dé-pu-
tés du peuple au peuple incon-nus Dans no - tre Chambre septen-
na-le N'ont que tes clartés pour gui-der leurs pas Saint-Es-prit des-
cends descends jusqu'en bas - Non dit l'Esprit-Saint je ne descends pas.»

LA GARDE NATIONALE.

Air : *Halte-là! la Garde royale est là.*

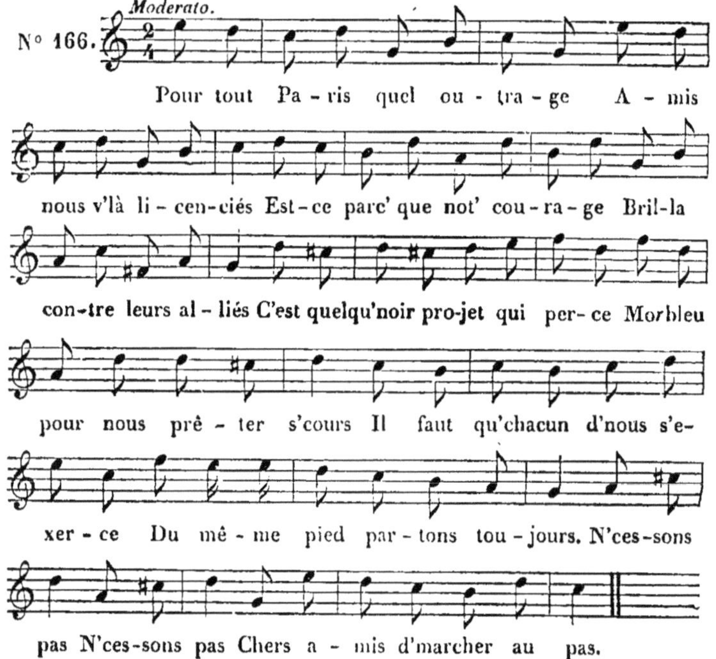
N° 166.
Moderato.
Pour tout Pa - ris quel ou - tra - ge A - mis
nous v'là li - cen-ciés Est - ce parc' que not' cou - ra - ge Bril-la
con-tre leurs al - liés C'est quelqu'noir pro-jet qui per- ce Morbleu
pour nous prê - ter s'cours Il faut qu'chacun d'nous s'e-
xer - ce Du mê - me pied par - tons tou - jours. N'ces-sons
pas N'ces-sons pas Chers a - mis d'marcher au pas.

NOUVEL ORDRE DU JOUR.

Air : *C'est l'amour, l'amour, l'amour.*

N° 167.
Allegro.
Brav' sol - dat v'là l'ord' du jour Point
d'vic - toire Où n'y a point d'gloi - re Brav' sol - dat v'là
fin.
l'ord' du jour Gar-de à vous de - - mi - tour ! No-tre ancien

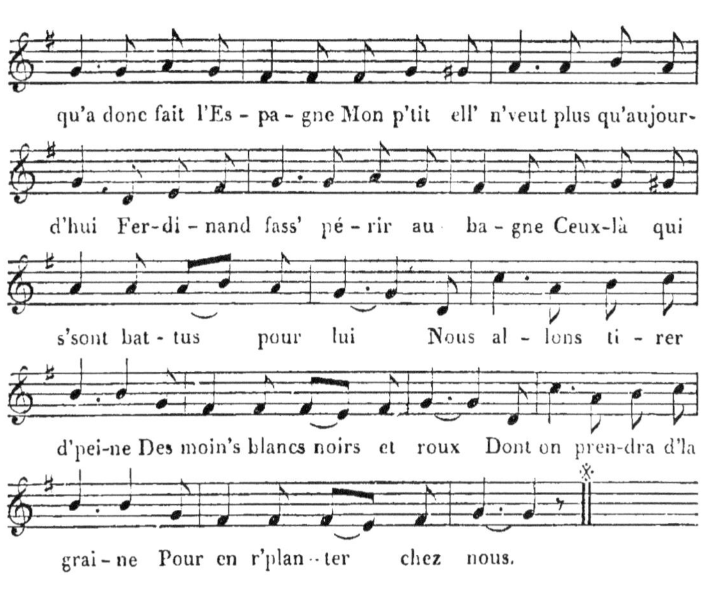
qu'a donc fait l'Es - pa - gne Mon p'tit ell' n'veut plus qu'aujour-
d'hui Fer-di — nand fass' pé - rir au ba - gne Ceux-là qui
s'sont bat - tus pour lui Nous al - lons ti - rer
d'pei-ne Des moin's blancs noirs et roux Dont on pren-dra d'la
grai - ne Pour en r'plan - ter chez nous.

DE PROFUNDIS.

Air : *Eh! gai, gai, gai, mon officier!*

Eh! gai gai gai *de pro-fun-dis* Ma femme A ren-du
l'a - me Eh: gai gai gai *de pro-fun-dis* Qu'elle aille en pa - ra-
dis. A cet-te a - me si chè-re Le pa - ra - dis con-
vient Car sui-vant ma grand'mè - re De l'en-fer on re-vient

PRÉFACE.

Air du vaudeville de Préville et Taconnet.

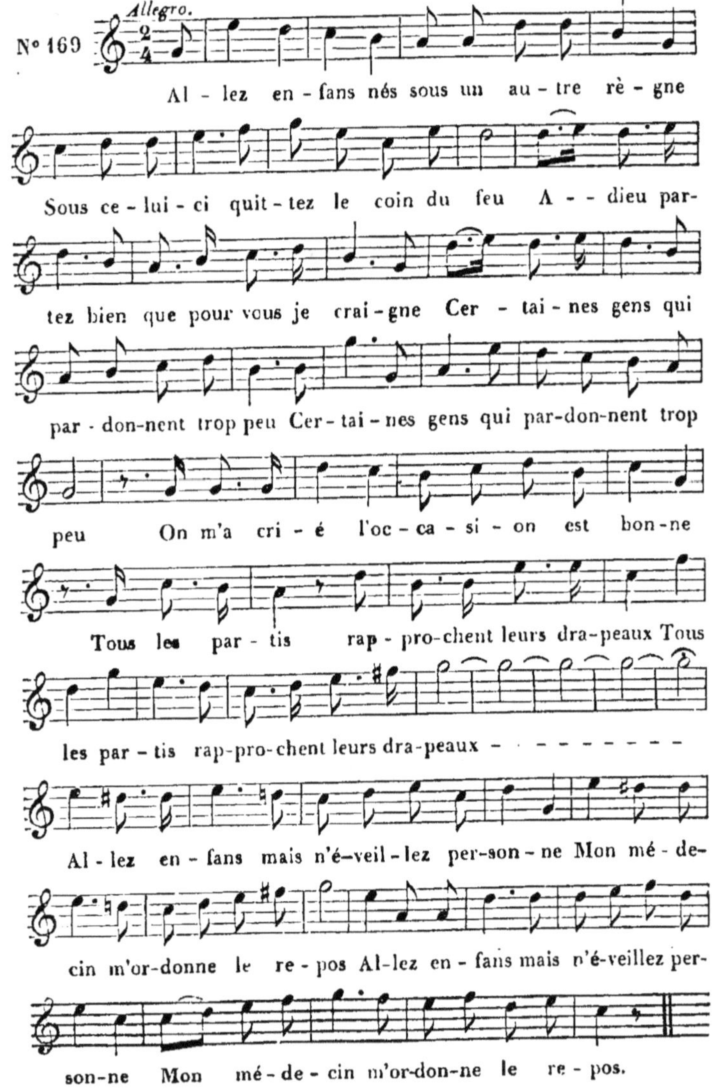
Allegro.
N° 169
Al - lez en - fans nés sous un au - tre rè - gne
Sous ce - lui - ci quit - tez le coin du feu A - - dieu partez bien que pour vous je crai - gne Cer - tai - nes gens qui
par - don-nent trop peu Cer - tai - nes gens qui par-don-nent trop
peu On m'a cri - é l'oc - ca - si - on est bon - ne
Tous les par - tis rap - pro-chent leurs dra-peaux Tous
les par - tis rap-pro-chent leurs dra-peaux - - - - - - - -
Al - lez en - fans mais n'é-veil - lez per-son - ne Mon mé - de-
cin m'or-donne le re - pos Al-lez en - fans mais n'é-veillez per-
son-ne Mon mé - de - cin m'or-don-ne le re - pos.

LA MUSE EN FUITE.

Air : *Halte-là!*

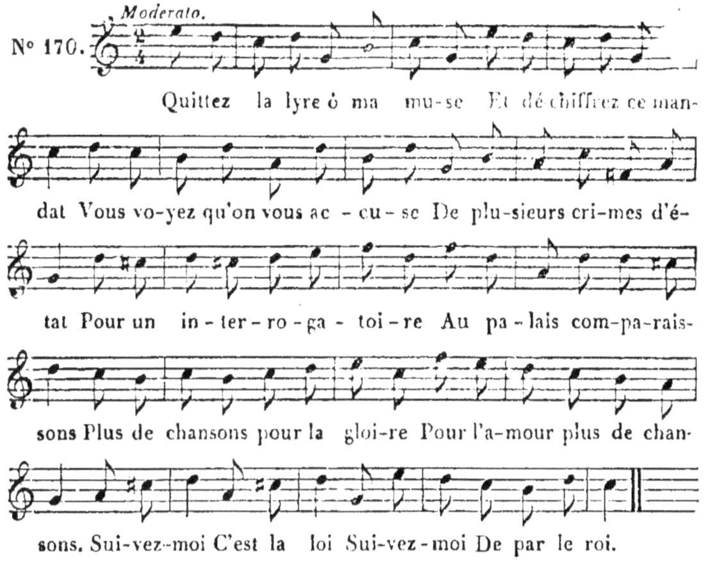
Moderato.
N° 170.
Quittez la lyre ô ma mu-se Et déchiffrez ce man-
dat Vous vo-yez qu'on vous ac - cu - se De plu-sieurs cri-mes d'é-
tat Pour un in - ter - ro - ga - toi - re Au pa - lais com-pa-rais-
sons Plus de chansons pour la gloi-re Pour l'a-mour plus de chansons. Sui-vez-moi C'est la loi Sui-vez-moi De par le roi.

DÉNONCIATION EN FORME D'IMPROMPTU.

Air du ballet des *Pierrots.*

Allegro.
N° 171.
On m'a dé - non-cé je dé - non-ce Oui je dé-
non-ce des cou - plets La gai - té de l'au - teur an-
non-ce Qu'il peut fi-gu-rer au pa - lais On voit à l'air dont il vous
trai-te Que cent fois il vous per-si - fla Messieurs les

ju-ges qu'on ar-rê - te Qu'on ar-rê - te   cet homme -là.

ADIEUX A LA CAMPAGNE.

Air : *Muse des bois et des accords champêtres.*

Andante legato.
N° 172.
So-leil si doux au dé - clin de l'au - tom - ne
Ar-bres jau - nis je viens vous voir en - cor N'es - pé - rons
plus que la hai - ne par-don - ne A mes chansons leur trop
ra - pide es-sor Dans cet a - si-le où re-vien-dra Zé - phi - re
J'ai tout rê - vé même un nom glo - ri - eux. Ciel vaste et
pur daigne encor me sou-ri - re Échos des bois ré-pé-tez mes a-
dieux É - chos des bois ré - pé - tez mes a - dieux.

LA LIBERTÉ.

Air : *Chantons Lœtamini.*

N° 173.
D'un pe-tit bout de chaî-ne De-puis que j'ai tâ-

té Mon cœur en bel - le hai - ne A pris la li - - ber-
té. Fi de la li - ber - té A bas la li - ber - té
Fi de la li - ber-té A bas la li - ber - té!

LA CHASSE.

Air : Tonton, tontaine, tonton.

Allegro.
Nº 174.
Grace à vo-tre bour-ri - che plei-ne De gi - bier
di - gne d'un glou-ton Ton-ton ton - ton ton-tai - ne ton-
ton Jo - yeux chas - seur d'Ille-et - Vi - lai - ne De vo - tre

cor je prends le ton Ton - ton ton - tai - ne ton-ton.

MA GUÉRISON.

Air de la Treille de sincérité.

Allegretto.
Nº 175.
J'es-pè - re Que le vin o - pè - re Oui tout est
bien même en pri - son Le vin m'a ren - du la rai-

fin.
son Le vin m'a don - né la rai - son. A - près
un coup de Ro - ma - né - e La douche a-yant cal - mé mes
sens J'ai mau-dit ma mu-se ob - sti - né - e A rail - ler
les hom-mes puis-sans A rail-ler les hom-mes puis-
sans Un ac - cès pou-vait me re - pren-dre Mais du to-
pi -que ef-fet cer - tain J'a - vais de l'en-cens à leur
ven — dre A - près un coup de Chamber - tin.

L'AGENT PROVOCATEUR.

Air : *Je vais bientôt quitter l'empire.*

Allegretto.
N° 176.
A - vec son ha-bit un peu min - ce A - vec son
cha-peau gou - dron-né Com - me l'hon-neur de la pro-
vin - ce Ce Bourguignon nous est don - né Ce Bourgui-

gnon nous est don - né Quoiqu'il soit d'à - ge res - pec-
ta - ble Que d'un beau nom il soit por - teur Que d'un beau
nom il soit por-teur Chut mes a - mis il fait ja - ser à
ta - ble C'est un a - gent pro - vo - - - ca - teur C'est un a-
gent pro - vo - - - - ca - teur.

MON CARNAVAL.

Air nouveau de M. J. Meissonnier.

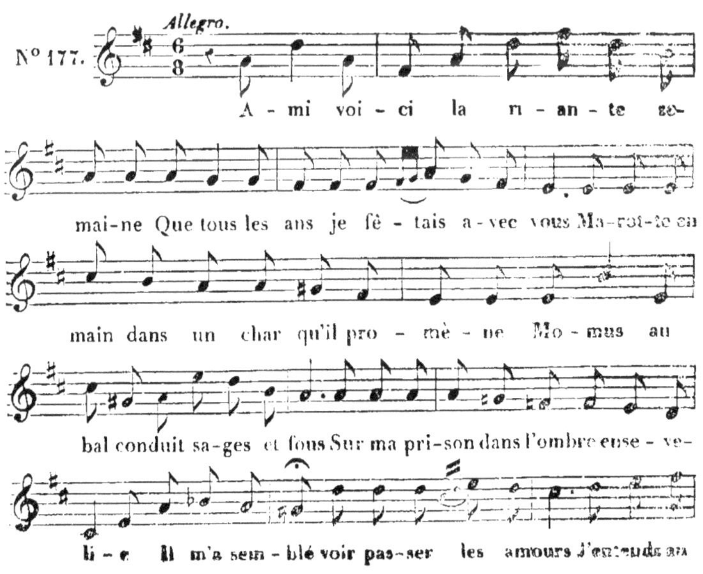

Allegro.
Nº 177.
A - mi voi - ci la ri - an - te se-
mai-ne Que tous les ans je fê - tais a - vec vous Ma-rot-te en
main dans un char qu'il pro - mè - ne Mo - mus au
bal conduit sa-ges et fous Sur ma pri-son dans l'ombre ense - ve-
li - e Il m'a sem - blé voir pas-ser les amours J'entends au

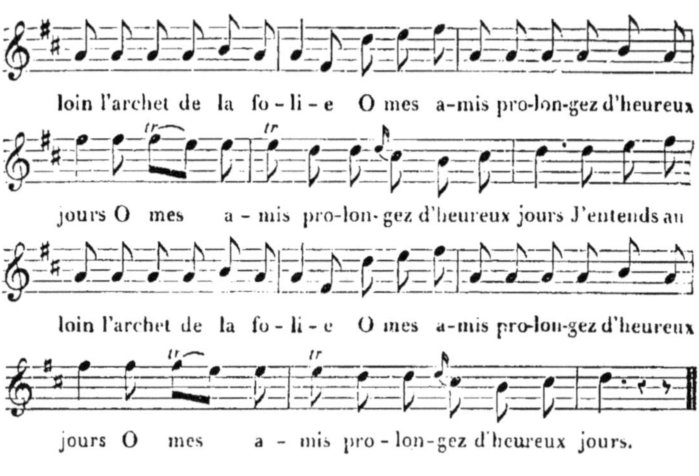
loin l'archet de la fo-li-e O mes a-mis pro-lon-gez d'heureux
jours O mes a-mis pro-lon-gez d'heureux jours J'entends au
loin l'archet de la fo-li-e O mes a-mis pro-lon-gez d'heureux
jours O mes a-mis pro-lon-gez d'heureux jours.

MÊME CHANSON,

Air des Chevilles de Maître Adam.

Allegro.
Nᵒ 177 bis.
A-mis voi-ci la ri-an-te se-
mai-ne Que tous les ans je fê-tais a-vec
vous Ma-rot-te en main dans le char qu'il pro-
mè-ne Mo-mus au bal con-duit sa-ges et
fous Sur ma pri-son dans l'ombre en-se-ve-li - - e
Il m'a sem-blé voir pas-ser les a-mours J'en-tends au

loin l'ar - chet de la fo - li - e O mes a -
mis pro - lon - gez d'heu - reux jours.

L'OMBRE D'ANACRÉON.

Air de la Sentinelle.

N° 178.
Un jeu - ne Grec sou - rit à des tom -
beaux Vic-toi-re il dit l'é-cho re-dit vic-toi-re O de-mi-
dieux vous nos premiers flambeaux Trom-pez le Styx re - vo-
yez vo-tre gloi - - re Sou-dain sous un ciel en - chanté Une ombre appa-rait et s'é - cri - e Doux en-fant
de la Li-ber-té Doux en-fant de la Li-ber-té Le plai-sir
veut u - ne pa - tri - - - - - e Doux en - fant
de la Li-ber-te Doux en-fant de la Li-ber-té Le plai-sir

veut u - ne pa - tri - - - e U - ne pa - tri - - - e!

L'ÉPITAPHE DE MA MUSE.

Air de Ninon chez madame de Sevigné.

N° 179.

Ve-nez tous pas-sans ve-nez li - - - - - - - -

re L'é - pi - ta - phe que je me fais J'ai chan - té

l'a mou-reux dé - li - - - - - - - - - re Le vin la

France et ses hauts faits J'ai plaint les peu-ples qu'on a-

bu - - se J'ai chanson-né les gens du roi Bé-ran-

ger m'ap-pe - - lait sa mu - - - se Bé-ran - ger m'ap-

pe - lait sa mu - - - se Pauvres pé - cheurs pri-ez pour

moi Pauvres pécheurs pri-ez pour moi pri - ez pour

moi Pau - vres pé-cheurs pri - ez pour moi.

LA SYLPHIDE.

Air : *Je ne sais plus ce que je veux.*

N° 180.
Andante.
La rai-son a son i-gno-ran - - ce Son flam-
beau n'est pas tou-jours clair El - le ni - ait vo-tre e-xis-
ten - - ce Syl-phes charmans peu - ples de l'air Mais
é - car - tant sa lour-de é - - gi - - - de Qui
gê - nait mon œil cu - ri - eux J'ai vu na-guè-re u - ne syl-
phy - de. Syl-phes lé - gers so - yez mes dieux Syl-phes légers Syl-phes lé - gers so - yez mes dieux.

LES CONSEILS DE LISE.

Air de la *Treille de sincérité.*

N° 181.
Allegro.
Li-se à l'o - reil - le Me con - seil - le Cet o - ra-
cle me dit tout bas Chantez monsieur n'é-cri-vez pas' Chan-

tez monsieur n'é-cri-vez pas. Un doux em-ploi pourrait vous
plai-re Me dit Li-se mais son - gez bien Son-gez bien
au poids du sa-lai-re Mè-me chez un vrai ci-to-
yen Mè-me chez un vrai ci-to-yen Res-ter pau-
vre vous est fa-ci-le Quand l'amour a-fin de l'u-ser Vient re-
mon-ter ce luth fra-gi-le Que Thémis a vou lu bri-ser.

LE PIGEON MESSAGER.

Air de Taconnet.

N° 182.

L'A - i bril-lait et ma jeu - ne mai-tres-se
Chan-tait les dieux dans la Grèce ou-bli - és Nous com-pa-
rions no - tre France à la Grè-ce Quand un pi - geon vient
s'a-battre à nos pieds Quand un pi-geon vient s'a-battre à no-

pieds Nœ-ris dé - couvre un bil - let sous son ai - le
Il le por - tait vers des fo - yers ché - ris Il le por -
tait vers des fo - yers ché - ris - - - - - Bois dans ma
cou-pe ô mes-sa - ger fi - dè - le Et dors en paix sur
le sein de Nœ - ris Bois dans ma cou-pe ô mes-sa - ger i-
dè - le Et dors en paix sur le sein de Nœ- ris.

L'EAU BÉNITE.

Air : *Faut d'la vertu, pas trop n'en faut.*

Allegretto.
N° 183.
Ces deux é-poux ont mis en - fin De l'eau bé - ni - te
dans leur vin Ces deux é-poux ont mis en - fin De l'eau bé - ni - te
fin.
dans leur vin. A l'au - - tel ce cou-ple s'en-ga - ge voi-
là de quoi nous ré - cri - er A - près vingt ans de

ma - ri - a - ge O - ser en - cor se ma - ri - er,

L'AMITIÉ

Air: *Quand des ans la fleur printanière.*

Allegretto.

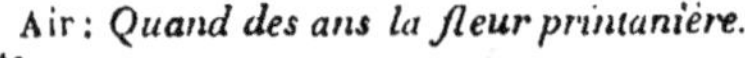

N° 184

Sur des ro - ses l'amour sommeil - le Mais quand s'ob-

scurcit l'ho - ri - zon Cé - lé - brons l'a - mi - tié qui veil - le A la por-

te d'u - ne pri - son. Ty - ran aus - si l'a - mour nous

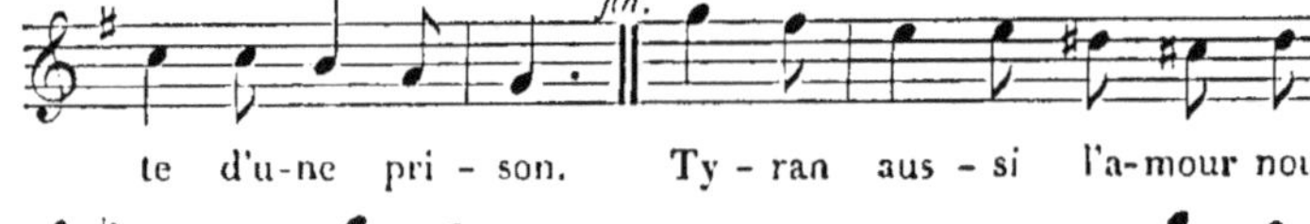
coû - te Des pleurs qu'e - le sait ar - rê - ter Au poids

de nos fers il a - jou - te El - le nous aide à les por - ter.

LE CENSEUR.

Air de la petite Gouvernante.

Andante.

N 185.

On me di - sait il est temps d'ê - tre

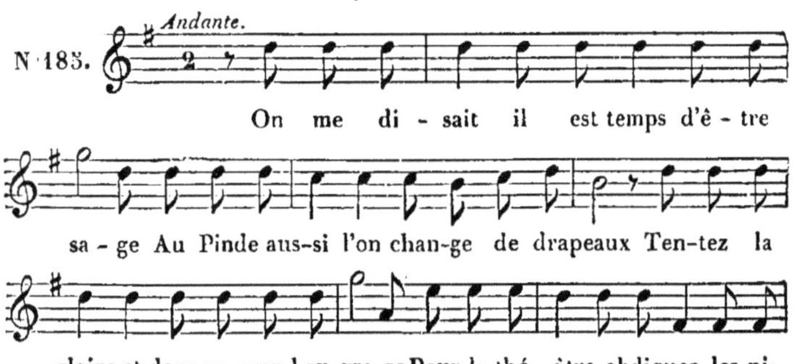
sa - ge Au Pinde aus - si l'on chan - ge de drapeaux Ten - tez la

gloire et dans un grand ou - vra - ge Pour le thé - âtre abdiquez les pi-

peaux De mes re-frains j'ai re-pous-sé le li-vre Mais quand j'in-
voque et Thali-e et sa sœur Leur voix me crie ah! que Dieu nous dé-
li-vre Nous dé-livre au moins du cen - seur Leur voix me
crie ah! que Dieu nous dé-li-vre Nous dé - livre au moins du censeur.

LE MAUVAIS VIN.

Air : *On dit partout que je suis bête.*

N° 186.
Allegro.
Bé-nis sois-tu vin dé -- tes - ta-ble Pour moi tu
n'es point re - dou-ta-ble Bien qu'au maî-tre de ce ban-
quet Des flatteurs vantent ton bouquet Ar-ro-se donc fa-de pi-
quet-te Les fleurs peintes sur mon as - siet - te Vi-ve le
vin qui ne vaut rien No-tre san - té s'en trou-ve bien.

LA CANTHARIDE ou LE PHILTRE.

Air des Comédiens.

Allegretto.
N° 187.
Meurs il le faut meurs ô toi qui re - cè-les Des dons puis-
sans à la vo - lup-té chers Rends à l'amour tous les feux que tes
ai - les Ont à ce dieu dé - ro -bés dans les airs. « Cla - ra » m'a
dit cet-te femme si vieille Qui chaque jour pleure encor son printemps « Quoi! vo - tre joue est dé-jà moins vermeil-le Vous languis-
sez et n'a-vez que vingt ans. Un père al-tier que seul l'in - té-rêt
touche Vous a je - té-e au lit d'un vieil é - poux L'espoir en
vain sou - rit sur vo - tre bou - che L'hy - men l'ef-
fleure et s'endort près de vous. A vo-tre a-bord naît la

froi - de ri - - sé - - e L'amour se dit on m'a
fait un lar - - - cin Mais cet - te ter-re a
des nuits sans ro - sé - - e Et d'au-cun fruit ne
pa - - re - - ra son sein. Trompez l'a-mour croyez-en ma sa-
ges - se Qu'un philtre heu - reux par vos mains pré - pa-
ré De vo-tre époux ral - lu-mant la jeu-nes - se Donne à la
vo-tre un fils tant dé - si - ré. La vieil - le a-
lors bais - sant sa voix trem - blan - te M'en - sei - gne
l'art de ce philtre charmant J'al-lais sans el-le en ma fiè-vre brû-
lan - te Maudi-re é-poux père au-tel et ser-ment. Mais vers ce

frêne accourant dès l'auro - re Dans ses rameaux j'ai su glisser ma
main La can-tha - ri-de y re - po-sait en-co - re Heureuse aussi je dor-mi-rai demain. Meurs il le faut meurs ô toi qui re-
cè - les Des dons puissans à la vo-lup-té chers Rends à l'A-
mour tous les feux que tes ai-les Ont à ce dieu dé-ro-bés dans les
airs. Mes jours mes nuits ma vi - - e é - taient sans
char - mes Je ré-pu-gnais à d'in-no - - cens plai - -
sirs Tout bas ma bouche in-sul - tant à mes lar - mes O-
sait don-ner un nom à mes de--sirs. Mon cœur brû-
lait hé-las ! il brûle en-co - re Jamais breuvage au-ra-t-il cette ar-

deur Qui dans mon sang cir-cu-le et me dé-vo-re Et d'un long
trouble acca-ble ma pu-deur? Pè-re cru-el il fal-lait de ta
fil-le Aux murs d'un cloître ense-ve-lir les jours Là Dieu du
moins nous crée u-ne fa-mil-le Là son a-mour é-teint tous les a-
mours Où donc est-il l'é-poux que ma jeu-nes-se a-vait rê-
vé jeu-ne beau ca-res-sant En-tre ses bras ma pu-di-que ten-
dres-se eût é-té seule un philtre assez puissant. De mon hy-
men oui la froideur me tu-e D'un plai-sir chaste al-lumons le flambeau Ah! cessons d'être u-ne vai-ne sta-tu-e Dont un ma-
dé-co-re son tombeau. La ten-dre vieille a dit

«So - yez do - - ci - - le Et dès de-main re - nai-
tront vos cou - leurs De - main moi - mê-me au
seuil de votre a - si - - le Je sus - pen-drai deux
cou - ron - nes de fleurs. Meurs il le faut meurs ô toi qui re-
cè - les Des dons puis-sans à la vo-lup-té chers Rends à l'a-
mour tous les feux que tes ai - les Ont à ce
dieu dé - ro - bés dans les airs.

LE TOURNE-BROCHE

Air : *Le bruit des roulettes gâte tout.*

Andante.
N° 188.
Du di - ner j'ai-me fort la clo-che Mais on la
sonne en peu d'en - droits Plus qu'elle aus-si re tour - ne -

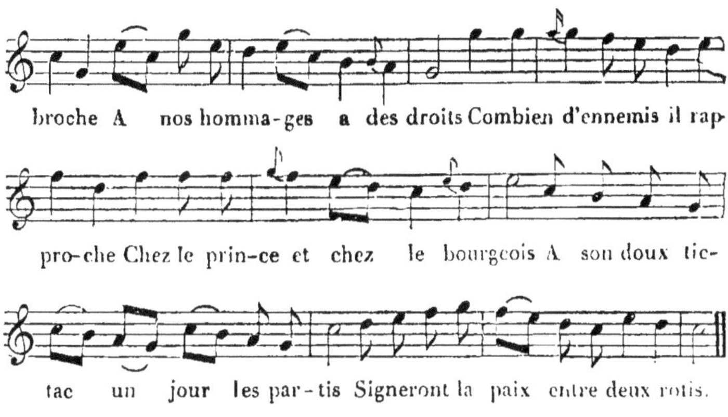
broche A nos homma-ges a des droits Combien d'ennemis il rap-
pro-che Chez le prin-ce et chez le bourgeois A son doux tic-
tac un jour les par-tis Signeront la paix entre deux rois.

LES SCIENCES.

Air des mauvaises têtes.

Allegretto.
N° 189.
Fa - ti - gué des clar-tés con - fu - ses Qui m'ont
é - ga - ré bien sou - vent J'al - lais ban - nir a - mours et
mu-ses J'al-lais vou-loir ê - tre sa - vant Mais quoi pour
u - - ne a - me in - cer - tai - ne La sci - ence est d'un
vain secours Gardons Li - set-te et La Fon-tai - ne Mu - ses

19

res - tez res - tez a - mours Gar-dons Li - set - te et La Fon-
tai - ne Mu - ses res - tez res - tez a-mours.

LE TAILLEUR ET LA FÉE.

Air d'Angéline (de Wilhem).

Allegretto.
Nº 190.
Dans ce Pa - ris plein d'or et de mi-
sè - re En l'an du Christ mil sept cent quatre-vingt Chez un tailleur mon pauvre et vieux grand - pè - re Moi nouveau-
né sachez ce qui m'advint Rien ne pré-dit la gloi-re d'un Or-
phé-e A mon berceau qui n'é-tait pas de fleurs Mais mon grand
père accourant à mes pleurs Me trouve un jour dans les bras d'une
fé - e Et cet-te fée a - vec de gais re - frains Calmait le
cri de mes premiers chagrins Et cet-te fée a - vec de gais re-

frains Cal-mait le cri de mes pre-miers cha-grins.

LA DÉESSE.

Air de la petite Gouvernante.

N° 191.
Andante.
Est - ce bien vous vous que je vis si
bel-le Quand tout un peuple entourant vo - tre char Vous sa - lu-
ait au nom de l'immor-tel-le Dont votre main brandissait l'é-ten-
tard De nos res-pects de nos cris d'al-lé-gres-se De vo-tre
gloire et de vo-tre beau-té Vous marchiez fière oui vous é-tiez u
es - se Dé - es - se de la li - ber - té Vous mar-chiez
fière oui vous é-tiez dé - es-se Dé - es - se de la li - ber-té.

LE MALADE.

Air : *Muse des bois et des accords champêtres.*

N° 192.
Andante legato.
Un mal cui - sant dé - chi - rait ma poi -tri - ne

Ma fai - ble voix s'é-teint dans les dou -leurs Et tout re-
naît et dé - jà l'au-bé - pi-ne A vu l'a-beille accou-rir à ses
fleurs Dieu d'un sou - rire a bé - ni la na - tu - re Dans leur splen-
deur les cieux vont é-cla - ter. Reviens ma voix faible mais douce et
pu - re Il est en - cor de beaux jours à chan - ter
Il est en - cor de beau jours à chan-ter.

LA COURONNE DE BLUETS.

Air : *J'ai vu partout dans mes voyages.*

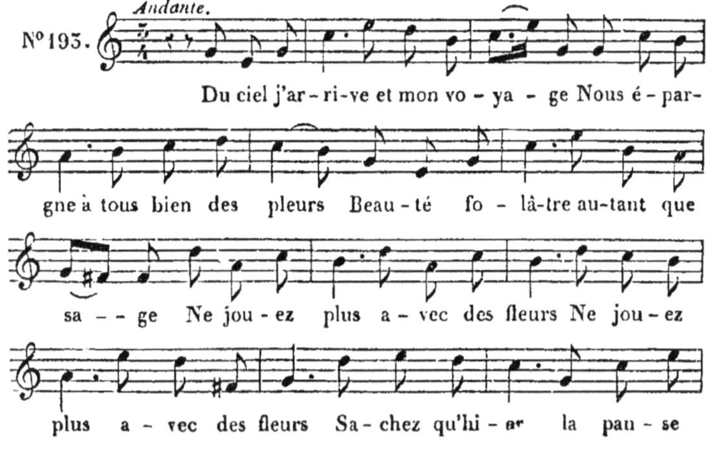

Andante.
N° 193.
Du ciel j'ar - ri-ve et mon vo - ya - ge Nous é-par-
gne à tous bien des pleurs Beau - té fo - lâ-tre au-tant que
sa - - ge Ne jou - ez plus a - vec des fleurs Ne jou - ez
plus a - vec des fleurs Sa - chez qu'hi - er la pau - se

ron - de Et l'œil ob-scur-ci par Bacchus Ju-pin a cru dans no-tre
mon - de Voir u - ne cou-ron - ne de plus Ju-pin a
cru dans no - tre mon-de Voir u - ne cou-ron-ne de plus.

MÊME CHANSON,

Air portant le même timbre, par Plantade.

N° 193 bis. Allegretto.
Du ciel j'ar-rive et mon vo - ya - - - - - ge Nous
é - pargne à tous bien des pleurs Beau - té fo - lâtre au-tant que
sa - - - - - - ge Ne jou-ez plus a - vec des fleurs Sa-
chez qu'hier la pan-se ron - - - de Et l'œil ob-scur-ci par Bacchus Ju - pin a cru dans no-tre mon - - - de Voir
u - ne couron-ne de plus Ju - pin a cru dans no-tre
mon - - - de Voir u - ne couron-ne de plus.

L'ÉPÉE DE DAMOCLÈS.

Air : *A soixante ans.*

De Da - mo - clès l'é - pé - e est bien con-
nu - e En son-ge à table il m'a sem-blé la voir Sous cet-te é-
pée et me-na-çante et nu - e Denys l'an-cien me forçait à m'as-
seoir De-nys l'an-cien me for-çait à m'as-seoir Je m'é-cri-
ais que mon destin s'a-chève La coupe en main au doux bruit des concerts La cou-pe en main au doux bruit des concerts! O vieux Denys je me ris de ton glai-ve Je bois je chante et je siffle tes
vers O vieux De - nys je me ris de ton glai-
ve Je bois je chante et je sif - fle tes vers Je bois je
chante et je sif - fle tes vers Et je sif - fle tes vers.

LA MAISON DE SANTÉ.

Air du Ménage du Garçon.

N° 195. Allegro.
Na-guère en un ro-yal hos-pi-ce J'al-lai su-
bir les soins de l'art Es-cu-la-pe me fut pro-pi-ce Je bé-nis
cet heu-reux ha-sard Je bé-nis cet heu-reux ha-
sard Mais l'a-mi-tié tou-jours crain-ti-ve Me dit point
de sé-cu-ri-té Un *qui-pro-quo* bien vi-te ar-
ri-ve Chan-ge de mai-son de san-té Un *qui-pro-*

quo bien vite ar-ri-ve Chan-ge de mai-son de san-té.

LA BONNE MAMAN.

Air: J'étais bon chasseur autrefois.

N° 196. Moderato.
Au di-re d'un pro-verbe an-cien L'a-mi-tié

ne re-mon-te guè-re Bon pe-tit-fils je n'en crois

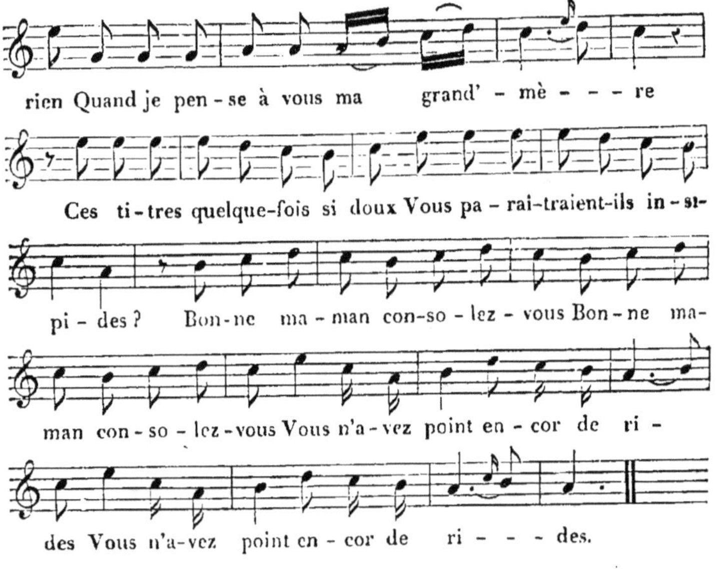

rien Quand je pen - se à vous ma grand' - mè - - - re
Ces ti - tres quelque-fois si doux Vous pa - rai-traient-ils in - si-
pi - des ? Bon - ne ma - man con - so - lez - vous Bon - ne ma-
man con - so - lez - vous Vous n'a - vez point en - cor de ri -
des Vous n'a - vez point en - cor de ri - - - des.

LE VIOLON BRISÉ.

Air : *Je regardais Madelinette.*

N° 197.
Allegretto.
Viens mon chien viens ma pauvre bê - te Mange mal-
gré mon déses-poir Il me reste un gâ-teau de fê - te Demain nous
au - rons du pain noir De - main nous au - rons du pain
noir. Les é - tran - gers vainqueurs par ru - se M'ont dit hi -
er dans ce val - lon « Fais-nous dan - ser !» Moi je re-
fin.

fu - se L'un d'eux bri - se mon vio - lon.

LE CONTRAT DE MARIAGE.

Air : *Daignez m'épargner le reste.*

Allegretto.
N° 198.
« Si - re de grace é-cou-tez-moi » Le prin-ce
cou - rait chez sa da - me « Si - re vous ê - tes un grand
roi Dai-gnez me ven - ger de ma fem-me » Le roi dit
« Qu'on tienne é - loi - gné Ce fou qui m'ar - rê-te au pas-
sa - ge» «Ah! si - re vous a - vez si - gné Ah! si - re
vous a - vez si - gné Mon con-trat de ma - ri - a -
ge Mon con-trat de ma - ri - a - - - - ge. »

LE CHANT DU COSAQUE.

Air : *Dis-moi, soldat, dis-moi, t'en souviens-tu.*

Allegretto.
N° 199.
Viens mon cour - sier noble a - mi du co—

sa - que Vole au si-gnal des trompet-tes du Nord Prompt au pil-
la - ge in-tré - pide à l'at - ta - - que Prê - te sous
moi des ai-les à la mort L'or n'en-ri-chit ni ton frein ni ta
sel - le Mais at-tends tout du prix de mes exploits Hennis d'orgueil ô mon cour-sier fi - dè - - - le Et fou-le au
pieds les peuples et les rois Hen-nis d'orgueil ô mon coursier fi-
dè - - - le Et foule aux pieds les peu-ples et les
rois Et foule aux pieds les peu - ples et les rois.

LE BON PAPE.

Air du Sorcier.

Allegro.
N° 200.
Mê-lant la fa - ble et l'É-cri - tu - re Ja - dis un
ma - - lin trou-ba-dour D'un pa-pe tra - - ça la pein-

tu-re Qu'en me si - gnant Je mets au jour Ce pon-
ti-fe à sa cham-bri-è - - re Disait «quel bon lit d'é - dre-
don Ma dondon Riez donc Sautez donc J'ai tout ce qu'e-xi-ge saint
Pier-re Oui de Cy-thè - re vieux routier Je suis en-tier Je suis en-
tier Je suis en - tier Je suis en - tier.

LES HIRONDELLES.

Air de la romance de Joseph.

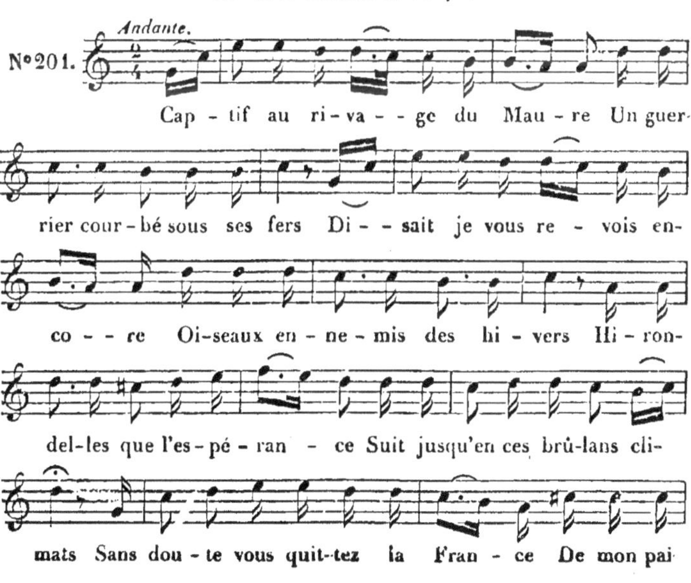

Andante.
N°201.
Cap - tif au ri-va - - ge du Mau - re Un guerrier cour-bé sous ses fers Di - - sait je vous re - vois en-
co - - re Oi-seaux en - ne-mis des hi - vers Hi-ron-
del-les que l'es-pé - ran - ce Suit jusqu'en ces brû-lans cli-
mats Sans dou - te vous quit-tez la Fran - ce De mon pai-

is ne me par-lez-vous pas Sans dou-te vous quit-tez la
Fran - ce De mon pa - ys ne me par-lez-vous pas?

MÊME CHANSON,

Musique de M. Amédée de Beauplan.

Lent avec expression.
N° 201 bis.
Cap-tif au ri-va-ge du Mau - re Un guer-
rier cour-bé sous ses fers Di - sait je vous re-vois en-
co - - re Oiseaux en-ne-mis des hi-vers Hi-ron-del-les
que l'es-pé-ran-ce Suit jus-qu'en ces brû-lans cli-mats
Sans dou-te vous quit-tez la Fran-ce De mon pa-ys ne
me par-lez-vous pas Sans dou-te vous quittez la Fran - -
ce - De mon pa - ys ne me par-lez - vous pas?

LES FILLES.

Air : *Verdrillon, verdrillette, verdrille.*

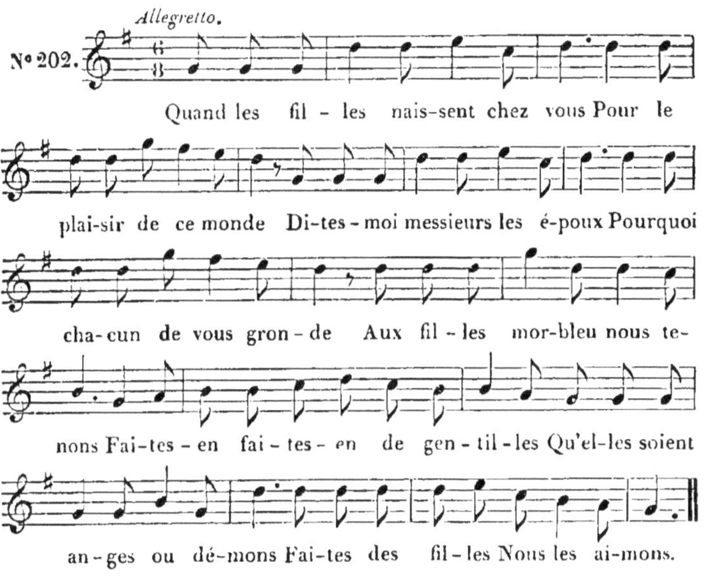
Allegretto.
N° 202.
Quand les fil - les nais-sent chez vous Pour le
plai-sir de ce monde Di-tes-moi messieurs les é-poux Pourquoi
cha-cun de vous gron - de Aux fil - les mor-bleu nous te-
nons Fai-tes - en fai - tes - en de gen - til - les Qu'el-les soient
an - ges ou dé-mons Fai-tes des fil - les Nous les ai-mons.

LE CACHET ou LETTRE A SOPHIE.

Air de la Bonne Vieille (de M. B. Wilhem.)

Moderato.
N° 205.
Il vient de toi ce ca - chet où le
lier - - re Ser-pen-te en or sym - bo-le in - gé - ni - eux
Ca-chet où l'art a gra - vé sur la pier - re Un jeune A-
mour au doigt mys - té - ri - eux Il est sa - cré mais en

vain ma So - phi - - e A ton a - mant il
of - fre son se - cours De son pou-voir ma plu-me se de-
fi - - e Plus de se - cret mê- me pour les a-mours.

LA JEUNE MUSE.

Air : *Où s'en vont ces gais bergers.*

Allegro.
N° 204.
Pour les vers quoi vous quittez Les plai-sirs de votre â-
ge Ma mu - se que vous flat - tez Aux Amours rend hom-ma-
ge Ce sont aus-si des en-fans A la voix sé-dui-san - te Mais hé-
las vous n'a-vez que douze ans Et moi j'en ai qua-ran - te.

LA FUITE DE L'AMOUR.

Air : *Dis-moi, soldat, dis-moi, t'en souviens-tu ?*

Allegretto.
N° 205.
Je vois dé - jà se dé - plo - yer tes
ai - - les Amour a - dieu mon bel â-ge est pas - sé D'un air mo-

queur les gra - ces in - fi - dè - - les Mon-trent du
doigt mon réduit dé-lais-sé S'il fut des jours où j'ai mau - dit tes
ar-mes Sa-vais-je hélas! que tu m'en pu-ni-rais Ah! plus A-
mour tu nous cau-ses de lar - - mes Plus quand tu
fuis tu lais-ses de re-grets Ah! plus Amour tu nous causes de
lar - - mes Plus quand tu fuis tu lais - ses de re-
grets Plus quand tu fuis tu lais - ses de re - grets.

L'ANNIVERSAIRE.

Air : *Du partage de la richesse.*

N° 206.
De - puis un an vous ê - - tes né - e
Hé - - lo - ï - se le sa - - vez - vous C'est là vo-
ire plus bel - - le an - né - e Mais l'a - ve - nir vous

se - - ra doux Voi - ci des fleurs que l'on vous
don - ne Pa - - rez-vous - en et s'il vous
plaît Char - mante a - vec cet - te cou - - ron-ne
N'al - - lez point en fai - re un ho - - - chet
N'al - lez point en fai - re un ho - - - chet.

LE VIEUX SERGENT.

Air : *Dis-moi, soldat, dis-moi, t'en souviens-tu.*

N° 207.

Allegretto.
Près du rou - et de sa fil - le ché-
ri - - e Le vieux sergent se distrait de ses maux Et d'u-ne
main que la bal-le a meur-tri - - - e Berce en ri-
ant deux petits-fils jumeaux As-sis tran-quille au seuil du toit cham-
pê-tre Son seul re-fu-ge après tant de combats Il dit-par-

fois ce n'est pas tout de nai - - - tre Dieu mes en-
fans vous donne un beau trépas Il dit par-fois ce n'est pas tout de
nai - - - tre Dieu mes en - fans vous donne un beau tré-
pas Dieu mes en - fans vous donne un beau tré - pas.

LE PRISONNIER.

Air de la balançoire (de **M.** Amédée de Beauplan).

N° 208.
Lent.
Rei - ne des flots sur ta bar-que ra - pi - - de
Vogue en chantant au bruit des longs é-chos Les vents sont
doux l'onde est calme et lim - pi - de Le ciel sou - rit vo-
fin.
gue rei - ne des flots. Ain - si chan - te à tra - vers les
gril-les Un cap-tif qui voit cha - que jour Vo - - guer
la plus bel - le des fil - - - - - - - les
21

Sur les flots qui bai - - gnent la tour.

L'ANGE EXILÉ.

Air : *A soixante ans.*

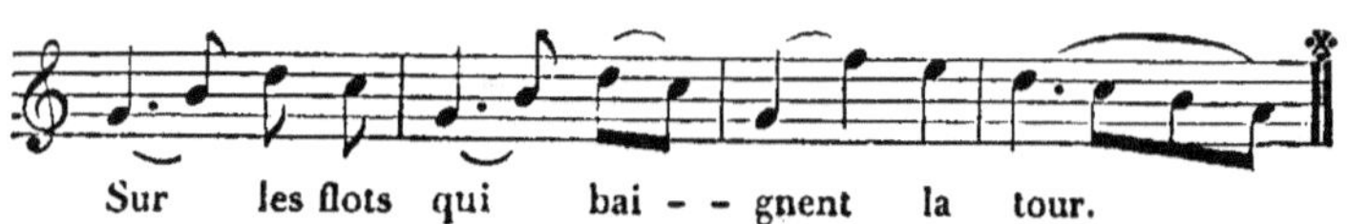

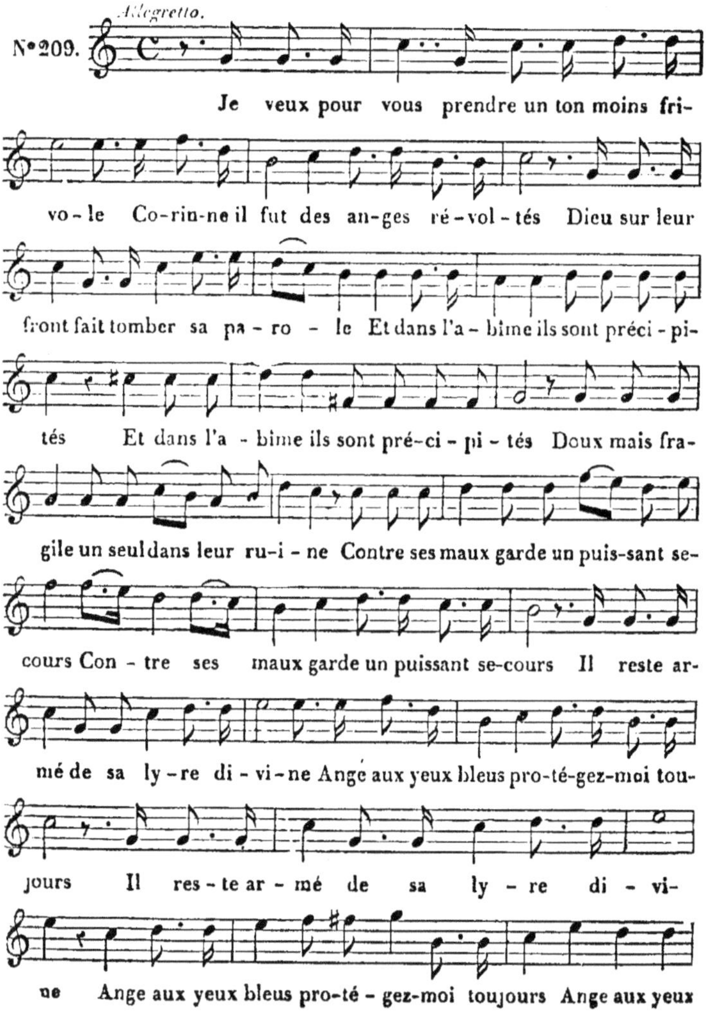
Allegretto.
N°209.
Je veux pour vous prendre un ton moins fri-
vo - le Co-rin-ne il fut des an-ges ré - vol - tés Dieu sur leur
front fait tomber sa pa - ro - le Et dans l'a - bîme ils sont préci - pi-
tés Et dans l'a - bime ils sont pré-ci - pi - tés Doux mais fra-
gile un seul dans leur ru-i - ne Contre ses maux garde un puis-sant se-
cours Con - tre ses maux garde un puissant se-cours Il reste ar-
mé de sa ly - re di - vi - ne Ange aux yeux bleus pro-té-gez-moi tou-
jours Il res - te ar - mé de sa ly - re di - vi-
ne Ange aux yeux bleus pro-té - gez-moi toujours Ange aux yeux

bleus pro - té - gez-moi toujours Pro - - té - gez-moi tou-jours.

LA VERTU DE LISETTE.

Air : *Je loge au quatrième étage.*

Allegretto.
N° 210.
Quoi de la ver-tu de Li - set - te Vous plai-san-
'ez da - mes de cour Eh bien d'ac - cord el-le est gri-
set - te C'est de la noblesse en a-mour C'est de la noblesse en a-
mour Le bar-reau l'é - gli-se et les ar - mes De ces yeux
noirs font très grand cas Li - se ne dit rien de vos
char-mes De sa ver - tu ne par - lons pas Li - se ne
dit rien de vos charmes De sa ver - tu ne par-lous pas

LE VOYAGEUR.

Air : *Plus on est de fous, plus on rit.*

Allegretto.
N° 211.
« Vo - ya - geur dont l'â - ge in - té - - - res - se

Quel cha - grin flé - trit tes beaux jours » Bon vieil-lard plai-
gnez ma jeu-nes-se En butte aux o - ra - ges des
cours. «Le sort est in - jus-te sans dou-te Mais n'est pas
toujours ri - - goureux Dieu qui m'a pla-cé sur ta rou-te
Dieu t'offre un a - mi Dieu t'offre un a - mi sois heu-reux !

OCTAVIE.

Air des Comédiens.

Allegretto.
N° 212.
Viens parmi nous qui brillons de jeu-nesse Prendre un a-

mant mais couronné de fleurs Viens sous l'ombrage ou libre avec i-

vres-se La vo-lup-té seule a ver-sé des pleurs. Ain-si par-

laient des enfans de l'empire A la beau-té dont Ti-bère est char-

mé Quoi di-saient-ils la co-lom-be sou-pi-re Au nid san-

glant du vautour af - fa - mé. Belle Octa-vie à tes fê-tes splen-
di-des Dis-nous la joie a-t-el - le ja-mais lui Ton char trai-
né par six cour-siers ra - pi - des Lais - se trop
loin les a-mours a - près lui. Sur un vieux maître aux Ro-
mains qu'elle ou - - tra - ge Tant d'o-pu - lence annonce ton cré - - dit Mais sous la pourpre on
sent ton es - cla - va - - ge Et tu le sais l'es-
cla - va - ge enlai - dit. Marche aux accords des ly - res pa-ra-
si - tes Que par les grands tes vœux soient é - pi-
és Dé - jà dit - on nos prê-tres hy-po - cri-tes Ont de leurs
dieux mis l'en - cens à tes pieds. Mais à la

cour lis sur tous les vi - sa - ges Traî - tres flat-
teurs meurtriers vils faquins D'impurs ruisseaux gonflés par nos o-
ra-ges Font débor-der cet é - gout des Tarquins. Tendre Octa-
vi-e i - ci rien n'effa-rouche Le dieu qui cède à qui mieux le res-
sent Ne li-vre plus les ro-ses de ta bou-che Aux bai-sers
morts d'un fantôme impuissant. Viens parmi nous qui brillons de jeu-
nes-se Prendre un a-mant mais couronné de fleurs Viens sous l'ombrage où libre a-vec i - vresse La vo-lup-té seule a ver-sé des
pleurs. Ac-cours i - ci pu - - ri - - fi - - er tes
char - mes Les dé - la-teurs res-pec-tent nos loi -
sirs Tous à leur prince ont pré - dit que nos ar - mes se

rouil - le-raient à l'om - bre des plai-sirs. Sur les cous-
sins où la douleur l'enchaine Quel mal dis-tu vous fait ce roi des
rois Vois-le d'un masque enjo - li - ver sa hai - ne Pour é - touf-
fer no-tre gloire et nos lois. Vois ce cœur faux que cherchent tes ca-
res-ses De tous les siens n'aimer que ses aï - eux Charger de
fers les muses ven-ge-res-ses Et par ses mœurs nous ré-vé-ler ses
dieux Peins-nous ses feux qu'en secret tu re-dou-tes Quand sur ton
sein il cu-ve son nec-tar Ses feux in-fects dont s'indignent les
voû-tes Où plane en-cor l'ai-gle du grand Cé-sar. Ton se-xe
faible est oublieux des crimes Mais dans ces murs ouverts à tant de
mœurs N'entends-tu pas des ombres de vic - ti - mes Mê-ler leur

cris à tes soupirs trompeurs. Sur le ty-ran et sur
toi le ciel gron - de A - vec les siens ne con-
fonds plus tes jours Ah! trop sou-vent la
li - - ber - té du mon - de A d'un long deuil af-
fli - - gé les a-mours. Viens parmi nous qui brillons de jeunes - se Prendre un a - mant mais cou-ron - né de
fleurs Viens sous l'om - bra-ge où li - bre a-vec i -
vres-se La vo -lup - té seu-le a ver - sé des pleurs.

LE FILS DU PAPE.

Air : *Lison dormait dans la prairie.*

Allegro.
N° 213.
Ma mè - - re quit-tez la be -
sa - ce Le pape a-vec vous a cou-ché Je cours lui

rap-pe - ler en fa - ce Qu'il fut un moi-ne dé-bau-
ché Quoi-que sol - dat il va j'es - - pè - re Me cré-
er car - di - nal ne - veu Ah! ven-tre bleu Ah! sa - cre
bleu Saint père au moins so - yez bon pè - re Ah! ven-tre
bleu Ah! sa-cre bleu Ou je f .. le saint siè-ge au feu.

MON ENTERREMENT.

Air : *Quand on ne dort pas de la nuit.*

N° 214. Andante.
Ce ma - tin je ne sais com-ment Je vois d'a-
mours ma cham-bre plei - ne J'é - tais cou - ché sans mou-ve-
ment Il est mort di - saient - ils gai - ment De l'in - hu-
mer pre-nons la pei - - ne Lors je mau-dis en - tre mes
draps Ces dieux que j'ai-mais tant à sui - - vre A - mis si

j'en crois ces in - grats Plai-gnez-moi Plai-gnez - moi
j'ai ces-sé de vi - - vre Plaignez-moi j'ai ces - sé de
vi - - vre Plaignez-moi j'ai ces - - sé de vi - - vre.

LE POÈTE DE COUR.

Air de la Treille de sincérité.

N° 215. Allegretto.
On a - chè - te ly-re et mu - set - te Com-me tant
d'au-tres à mon tour Je me fais po - è - te de
cour Je me fais po - è - te de cour. Te chan-
ter en - co-re ô Ma - ri - e Non vraiment je ne l'o - se
pas Ma muse en - fin s'est a - guer - ri - e Et vers la
cour tour-ne ses pas Et vers la cour tour-ne ses
pas Je ga - ge s'il naît un Vol - tai - re Qu'on em-prun

te pour l'a – che – ter Prêt à me vendre au mi – nis-
tè – – re Pour toi je ne puis plus chan – ter.

COUPLET

ÉCRIT SUR UN RECUEIL DE CHANSONS.

Air de la République.

Andante.
Nº 216.
Si j'é – tais roi roi de la chan-son-
net-te Comme en se–cret me l'a dit maint flatteur Vo-tre recueil à ma muse inqui – è – te Dé-non-ce-rait un jeune usur-pa-
teur Car les con-seils qu'en si bon vers il don-ne Au pauvre
peuple objet de tant d'effroi Feraient trembler mon sceptre et ma cou-
ron-ne Si j'é-tais roi Si j'é – tais roi Feraient trembler mon sceptre et ma couron-ne Si j'é-tais roi Si j'é-tais roi.

LES TROUBADOURS.

Air : *Je commence à m'apercevoir* (d'Alexis).

Allegro.
N° 217.
J'en-ton-ne sur les trou - badours Un chant di-thy-ram
bi-que Mal-gré goût et lo - gi - - - - que Cou-lez vers longs mo-
yens et courts Mo-mus som - meil - le Qu'on le ré - veil - le
Gai far - fa - det qu'il ri - e à no-tre o-reil - le Lais-
sons mal - gré maux et dou-leurs L'Es - pé - ran - ce es-su-
yer nos pleurs Li - set-te ap-por-te et du vin et des fleurs Nar-
guant des lois sé - vè - res Trou-badours et trou-vè - res Au

nez des rois vi - daient gaiment leurs ver - - - res.

LES ESCLAVES GAULOIS.

Air : *Un soldat par un coup funeste.*

Allegro.
N° 218.
D'anciens Gaulois pau-vres es - cla-ves Un soir qu'au

tour d'eux tout dor-mait Le-vaient la di - me sur les
ca - ves Du maî-tre qui les op - pri-mait Leur gai-
té s'é-veil - le Ah! dit l'un d'eux nous fai - sons des jaloux L'esclave est roi quand le maî-tre som-meil-le En - i-vrons-
nous En - i - vrons-nous En - i - vrons-nous En - i - vrons--nous!

TREIZE A TABLE.

Air du vaudeville de Préville et Taconnet.

N° 219.   Allegro.
Dieu mes a - mis nous som-mes trei-ze à ta - ble
Et de-vant moi le sel est ré - pan - du Nom - bre fa-
tal pré - sa - ge é-pou-van - ta - ble La mort ac-court je
fris - son-ne é-per - du La mort ac - court je fris-son-ne é-per-
du El-le ap - pa - raît es - prit fé - e ou dé - es - se

Mais bel-le et jeu - - ne el - le sou - rit d'a - bord Mais
bel-le et jeu-ne el - le sou - rit d'a - bord - - - - - - -
De vos chansons ra - ni - mez l'al - lé-gres - se Non mes a-
mis je ne crains plus la mort De vos chansons ra - ni-mez l'al-lé-
gres-se Non mes a - mis je ne crains plus la mort.

LAFAYETTE EN AMÉRIQUE.

Air : *A soixante ans.*

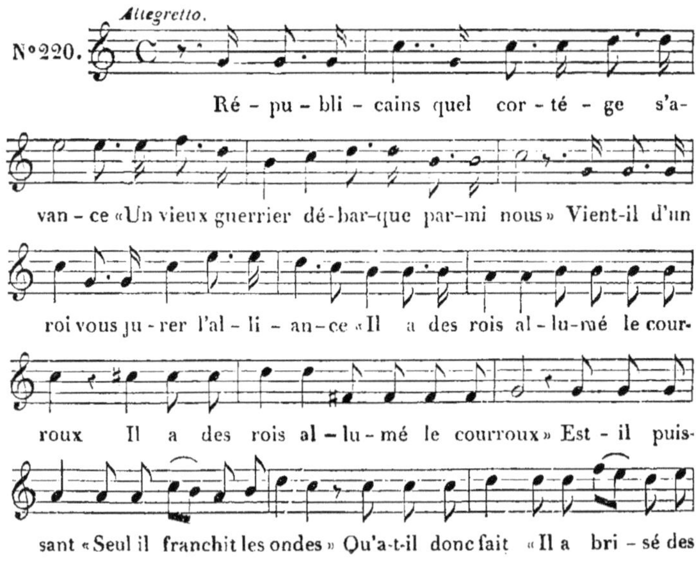

Allegretto.
N°220.
Ré - pu - bli - cains quel cor - té - ge s'a-
van - ce «Un vieux guerrier dé-bar-que par-mi nous» Vient-il d'un
roi vous ju - rer l'al - li - an-ce «Il a des rois al - lu-mé le courroux Il a des rois al - lu - mé le courroux» Est - il puis-
sant «Seul il franchit les ondes» Qu'a-t-il donc fait «Il a bri - sé des

fers » Qu'a-t-il donc fait « Il a bri - sé des fers » Gloire immor-
telle à l'homme des deux mondes Jours de tri-omphe éclai-rez l'u-ni-
vers Gloi-re im-mor - tel-le à l'hom-me des deux mondes Jours de tri-om-phe é-clai-rez l'u - ni-vers Jours de tri-
om-phe é-clai-rez l'u - ni - vers É - clai-rez l'u - ni - vers.

MAUDIT PRINTEMPS.

Air : *C'est à mon maître en l'art de plaire.*

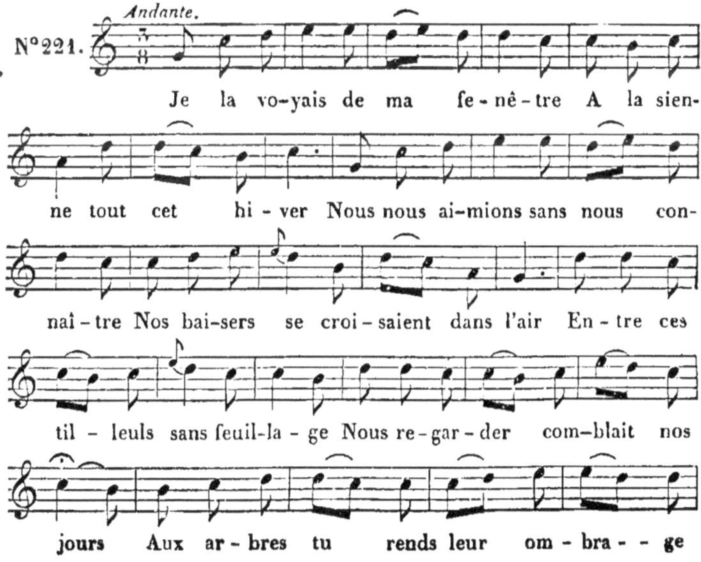

Andante.
N°221.
Je la vo-yais de ma fe - nê-tre A la sien-
ne tout cet hi - ver Nous nous ai-mions sans nous con-
nai - tre Nos bai-sers se croi-saient dans l'air En - tre ces
til - leuls sans feuil-la - ge Nous re-gar - der com-blait nos
jours Aux ar - bres tu rends leur om - bra - - ge

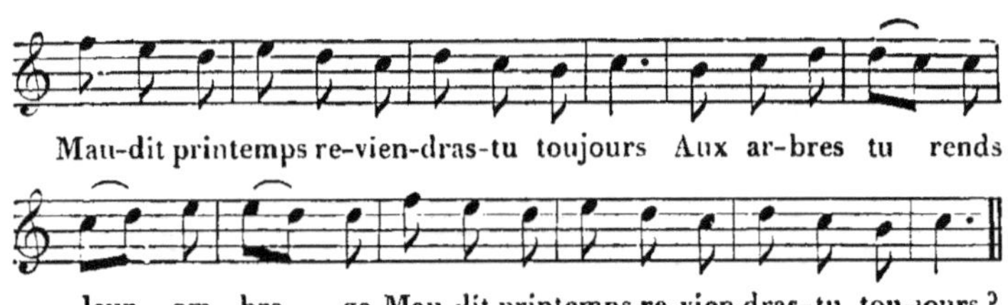

Mau-dit printemps re-vien-dras-tu toujours Aux ar-bres tu rends
leur om - bra - ge Mau-dit printemps re-vien-dras-tu tou-jours ?

MÊME CHANSON,

Musique de Darondeau.

Allegro moderato.
N° 221 bis.
Je la vo-yais de ma fe - nê - - tre A la
sien-ne tout cet hi - ver Nous nous aimions sans nous con-nai - -
tre Nos bai - sers se croi - saient dans
l'air En - tre ces til - leuls sans feuil - la - -
ge Nous re - gar - der com-blait nos jours
Aux ar-bres tu rends leur om - bra - ge Mau-dit printemps Mau-dit prin-temps re-vien-dras-tu tou-jours Mau-dit printemps reviendras - tu toujours Maudit printemps re-viendras-tu tou-

jours Mau - - dit prin-temps re-viendras - tu tou-jours?

PSARA.

Air : *A soixante ans il ne faut pas remettre.*

Allegretto.

N° 222.

Nous tri-omphons Allah gloire au prophè-te Sur ce ro-

cher plan-tons nos é - tendards Ses dé - fenseurs il - lustrant leur dé-

fai - te En vain sur eux font crouler ses rem-parts En vain sur

eux font crouler ses remparts Nous tri-omphons et le sa - bre ter-

ri - - ble Va de la croix pu - nir les at - ten-

tats Va de la croix pu-nir les at-ten-tats Ex-ter-mi-

nons u - ne ra-ce invin - ci-ble Les rois chrétiens ne la ven-ge-ront

pas Ex - ter - mi - nons u - ne ra-ce in-vin - ci-

ble Les rois chrétiens ne la ven - ge-ront pas Les rois chré-

tiens ne la ven-ge-ront pas Ne   la ven-ge-ront pas.

LE VOYAGE IMAGINAIRE.

Air : *Muse des bois et des accords champêtres*

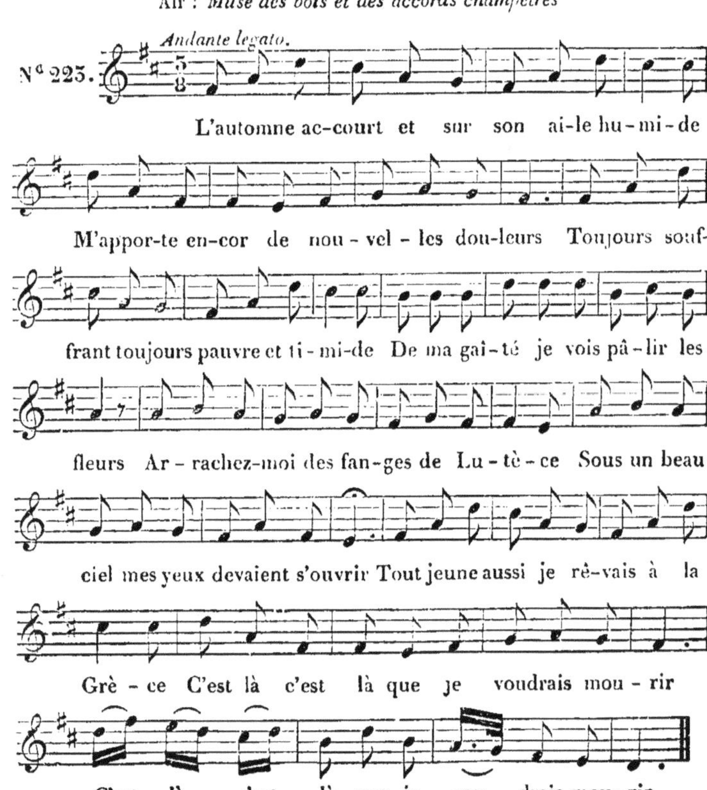

Andante legato.
N° 225.
L'automne ac-court et   sur   son   ai-le hu-mi-de
M'appor-te en-cor de nou-vel-les dou-leurs Toujours souf-
frant toujours pauvre et ti-mi-de De ma gai-té je vois pâ-lir les
fleurs Ar-rachez-moi des fan-ges de Lu-tè-ce Sous un beau
ciel mes yeux devaient s'ouvrir Tout jeune aussi je rê-vais à   la
Grè-ce C'est là c'est là que je   voudrais mou-rir
C'est   là   c'est   là que je vou-drais mou-rir.

L'IN-OCTAVO ET L'IN-TRENTE-DEUX.

Air du Carnaval.

Allegretto.
N° 224.
Quoi mes couplets en-cor u-ne sot-ti-se O-sez-vous

bien pa-rai-tre in-oc-ta-vo Ju-ge cri-tique et docteur de l'É-
gli-se Vont a-près vous s'a-charner de nou-veau L'in-tren-te
deux trompait l'œil du my-o-pe Mais vos défauts vont ê-tre tous sen-
tis C'est le ci-ron vu dans un mi-cros-co-pe Mieux vous al-
lait de res-ter tout pe-tits Pe-tits pe-tits oui pe-tits tout pe-
tits C'est le ci-ron vu dans un mi-cros-co-pe Mieux vous al-
lait de rester tout pe-tits Pe-tits pe-tits oui pe-tits tout pe-tits.

COUPLETS

SUR UN PRÉTENDU PORTRAIT DE MOI.

Air : *Je loge au quatrième étage.*

N° 225.

Pe-tit por-trait de fan-tai-si-e Mise en tête de mon re-cueil Pen-ses-tu que par cour-toi-
si-e Le monde entier te fasse ac-cueil Le mon-de entier te fasse ac-

cueil Tu peux te pa - rer si tu l'o - ses De lau-rier
mo - deste et dis - cret Tu peux te cou - ron - ner de
ro - ses Non non tu n'es pas mon por-trait Tu peux te
cou-ron-ner de ro - ses Non non tu n'es pas mon por-trait.

LE GRENIER.

Air du Carnaval (de Meissonnier).

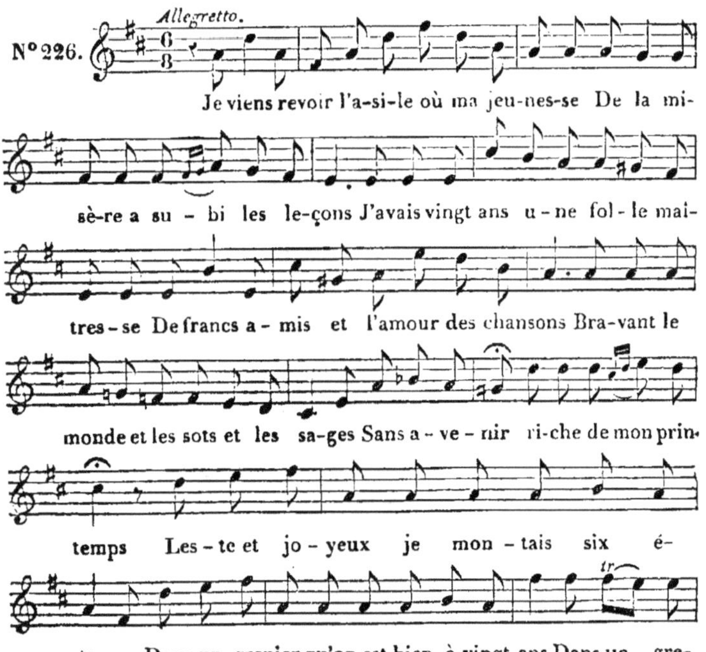
Allegretto.
N° 226.
Je viens revoir l'a-si-le où ma jeu-nes-se De la mi-
sè-re a su - bi les le-çons J'avais vingt ans u - ne fol-le mai-
tres-se De francs a - mis et l'amour des chansons Bra-vant le
monde et les sots et les sa-ges Sans a - ve - nir ri-che de mon printemps Les-te et jo - yeux je mon - tais six é-
ta - ges Dans un grenier qu'on est bien à vingt ans Dans un gre-

nier qu'on est bien à vingt ans Leste et joyeux je mon-tais six é-
ta - ges Dans un gre - nier qu'on est bien à vingt
ans Dans un gre - nier qu'on est bien à vingt ans.

L'ÉCHELLE DE JACOB.

Air : *Ah! si madame me voyait.*

Lorsqu'un pa - tri - arche en dor-mant Vit la plus
lon-gue des é - chel-les Où de crain-te d'u-ser leurs
ai - les Les an - ges montaient les - te - ment Jusqu'aux
por-tes du fir - ma-ment Il vit ses fils quelqu'un l'as-
su - - re Sur l'é - chelle aus-si se his - ser Cro-
yant qu'au ciel on fait l'u - su - re. Grand Dieu le pied va leur glisser Grand Dieu le pied va leur glis - ser.

LE CHAPEAU DE LA MARIÉE.

Air du Pêcheur.

Andante.
N° 228.
De-main en - ga - gez vo - tre foi   A l'é-
glise al-lez sans scru-pu - - le   Fil - le trom-peuse oubli-ez-
moi   Pour un é - poux riche et cré - du - - - - -
le   Des ro - ses qui naissaient pour lui   La
dime à tort me lui pa-yé - - - - e   Mais en   retour j'offre aujour-
d'hui Le chapeau de la   ma - ri - - é - - e   Mais en
retour j'offre au-jour-d'hui Le   chapeau de la   ma - ri -
é - e Le   cha-peau de la ma - - - - ri - - ée.

LA MÉTEMPSYCOSE.

Air de la Robe et des Bottes.

Andante.
N° 229.
Grand par - ti - - san   de   la   mé - tem - ps y

co - se En phi - lo - sophe hi-er sur l'o-reil-ler De mes pen-
chans pour connai - tre la cause J'ai mis mon ame en train de ba-bil-
ler El-le m'a dit tu me dois un beau cier-ge Car sans mon
souffle au né-ant tu res-tais Mais jusqu'à toi je n'ar-ri-vai point
vier-ge Ah! mon a - me je m'en dou-tais Mais jus-qu'à
toi je n'ar-ri-vai point vier-ge Ah! mon a - me je m'en dou-
tais Je m'en dou - tais je m'en dou-tais.

LES PAUVRES AMOURS.

Air : *Jupiter un jour en fureur.*

Allegretto.
N° 230.
Trois dou - zai - nes de Cu - pi - dons Qu'une actri-
ce a mis sur la pail-le Hi - er mendiaient et la mar-
mail - le Les pour-sui - vait de gais lar-dons Chez Li-se ils

frap-pent d'un air tris - te Li - se ré-pond nous som - mes
sourds Quoi vi - - vrez - vous donc tou - jours Vieux pe-
tits culs nus d'A-mours Al - lez Dieu vous as - -
sis - - te Al - lez Dieu vous as - - sis - - te.

A M. GOHIER.

Air des Chevilles de Maître Adam.

N° 251. Allegretto.
Oui je dor - mais sur un pe-tit vo - lume qui
me vau - dra d'ê-tre enco-re é-tril - lé Lors-qu'en flatteur le bout de vo - tre plu-me Me cha - touil - lant m'a
soudain ré-veil - lé Je me suis dit c'est pré - sa - ge cé-
les-te Les mau-vais jours seraient-ils donc passés Car je ne
sais si quelque fouet nous res-te Mais jus - qu'i - ci c'est

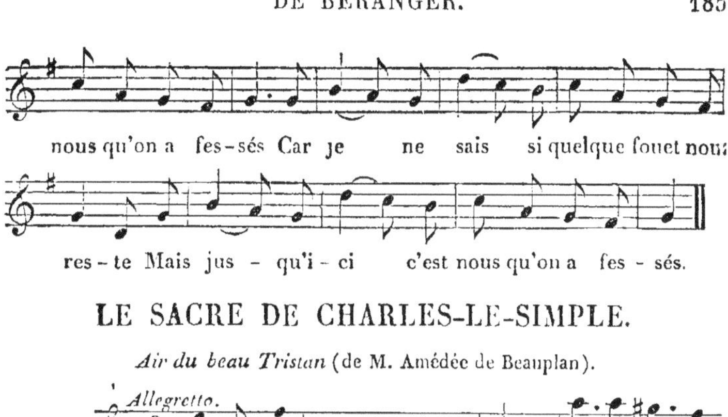

nous qu'on a fes – sés Car je ne sais si quelque fouet nous
res – te Mais jus – qu'i – ci c'est nous qu'on a fes – sés.

LE SACRE DE CHARLES-LE-SIMPLE.

Air du beau Tristan (de M. Amédée de Beauplan).

N° 252.

Français que Reims a ré – u – nis Cri–ez Montjoie
et Saint-De – nis On a re – fait la sainte am-pou-
le Et comme au temps de nos a – ïeux Des pas – se-
reaux là – chés en fou – – – – le Dans l'é – gli – se
vo–lent jo – yeux D'un joug bri – sé ces vains pré-
sa – – – – ges Font sou – ri – re sa ma-jes – té.
Le peu-ple s'é – crie oi-seaux plus que nous so – yez
sa – ges Gardez bien gardez bien vo-tre li-ber-

té   Gardez bien   gar-dez bien   vo-tre li - ber - té.

LE CONVOI DE DAVID.

Air de Roland (Musique de Méhul).

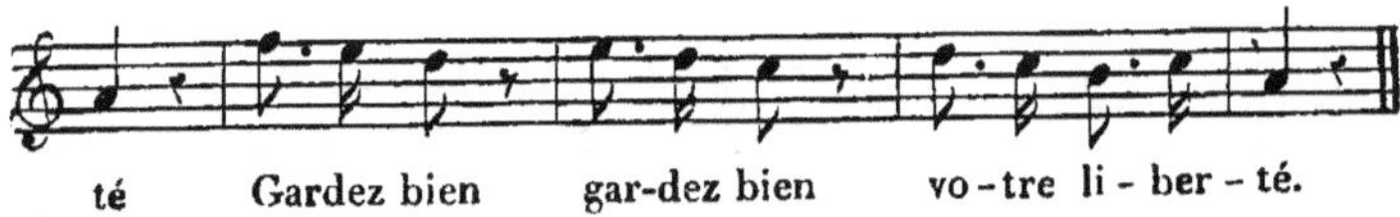

Andante.
N° 253.
Non non vous ne pas - se - rez pas   Crie
un sol-dat sur la fron-tiè - re   A ceux qui de Da - vid hé-
las Rap - por-taient chez nous la pous - siè - re Sol-dat di-
sent - ils dans leur deuil Pros-crit - on aus - si sa mé-
moi - re Quoi vous re - pous-sez son cer - cueil Et vous
hé - ri-tez de sa gloi-re! Fût-il pri - - - vé de tous les
biens Eût - il à trem-bler sous un maî-tre Heu-reux qui
meurt par - mi les siens Aux bords sa - crés Aux bords sa-
crés qui l'ont vu naî-tre Qui l'ont vu naî-tre.

MÊME CHANSON

Musique de Choron sur le même timbre

N° 233 bis.
Allegretto.
Non non vous ne pas-se-rez pas Cri-e un sol-dat
sur la fron-tiè - - re A ceux qui de Da - vid hé-
las Rap-portaient chez nous la pous-siè - - re Sol-dat di-
sent - ils dans leur deuil Pros-crit - on aus - si sa mé-
moi · re Quoi vous re-pous-sez son cer-cueil Et vous hé-
ri - tez de sa gloi - - - re! Fût - il pri - vé de tous les
biens Eût - il à trembler sous un maî - tre Heureux qui
meurt par - mi les siens Aux bords sa - crés qui l'ont vu
naî - - tre Aux bords sa - crés qui l'ont vu naî - - tre.

LES INFINIMENT PETITS.

Air: *Ainsi jadis un grand prophète.*

Allegretto.
N° 234.
J'ai foi dans la sor - cel - le - ri - e Or un
grand sorcier l'au - tre soir M'a fait voir de no-tre pa-
tri - e Tout l'a - ve - nir dans un mi - roir Quelle i-
ma-ge dé - ses - pé-ran-te Je vois Pa - ris et ses faubourgs Nous som-mes en dix - neuf - cent tren-te Et les
bar-bons rè - gnent tou - jours.

LE CHASSEUR ET LA LAITIÈRE.

Air : *Je ne vous vois jamais, rêveuse* (de ma Tante Aurore).

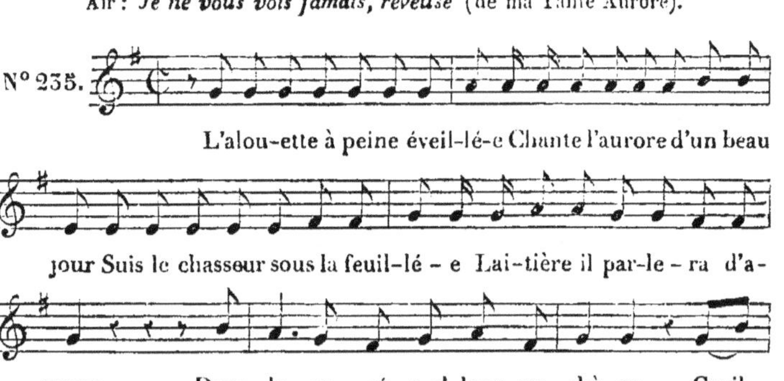

N° 235.
L'alou-ette à peine éveil-lé-e Chante l'aurore d'un beau
jour Suis le chasseur sous la feuil-lé - e Lai-tière il par-le - ra d'a-
mour Dans la ro - sé - e al-lons ma chè-re Cueil-

lir pour toi fleurs du printemps Non beau chas-seur je crains ma
mè-re Je ne veux pas per-dre mon temps Je ne veux
pas per-dre mon temps Je ne veux pas per-dre mon
temps Non beau chasseur je crains ma mè-re Je ne veux
pas per-dre mon temps Non non non non je ne veux
pas per-dre mon temps Je ne veux pas Je ne veux
pas per--dre mon temps Non je ne veux
pas Non je ne veux pas Non per-dre mon temps.

BONSOIR.

Air de la République

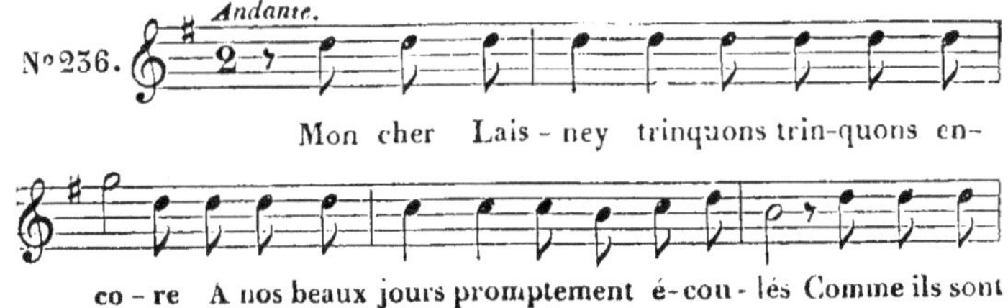

N°236.
Andante.
Mon cher Lais-ney trinquons trin-quons en-
co-re A nos beaux jours promptement é-cou-lés Comme ils sont

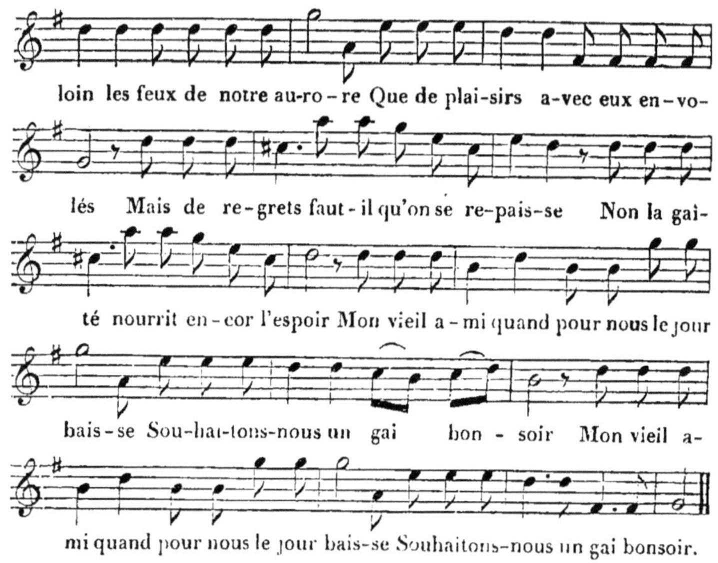

loin les feux de notre au-ro-re Que de plai-sirs a-vec eux en-vo-
lés Mais de re-grets faut-il qu'on se re-pais-se Non la gai-
té nourrit en-cor l'espoir Mon vieil a-mi quand pour nous le jour
bais-se Sou-hai-tons-nous un gai bon-soir Mon vieil a-
mi quand pour nous le jour bais-se Souhaitons-nous un gai bonsoir.

LES MISSIONNAIRES DE MONT-ROUGE.

Air : *Allez vous-en, gens de la noce.*

Allegro.
N° 237.
A - ve Ma-ri-a ma voi-si-ne Que le ciel
dai-gne vous tou-cher Mont-Rouge où l'Es-prit saint do-
mi-ne M'envoie i-ci pour vous prêcher On e-xalte en vain vo-tre
gra-ce Vo-tre gai-té vos heureux goûts Glous glous glous
glous Glous glous glous glous glous Re-con-nais-sez la voix d'I-

gna - ce Pleu - rez et con - ver - tis - sez-vous.
De vieux sol-dats m'ont dit Grace à ta mu-se
Le peuple en-fin a des chants pour sa voix Ris du lau-
rier qu'un par-ti te re-fu-se Con-sacre en-cor des vers
à nos ex-ploits Chante ce jour qu'invoquaient des per-fi-des
Ce dernier jour de gloire et de re-vers J'ai ré-pon-du baissant
des yeux hu-mi-des Son nom ja-mais n'at-tris-te-ra mes
vers Son nom ja-mais n'at-tris-te-ra mes vers.
Que bien longtemps cet album vous re-di-se Qu'un chanson

COUPLETS

SUR LA JOURNÉE DE WATERLOO.

Air : *Muse des bois et des accords champêtres.*

Andante legato.

N° 238

COUPLET

ÉCRIT SUR L'ALBUM DE MADAME AMÉDÉE DE V...

Air du Carnaval.

Allegretto.

N° 259.

nier ten-dre mais dé-jà vieux Trouvant en vous bon-té gra-ce fran-
chi-se Fut un mo-ment la du-pe de vos yeux Quoi par a-
mour non il n'y doit plus croire Mais las il prit par vous trop bien flat-
té Pour un sou-ri-re de la gloi-re Le sou-
ri-re de la beau-té Le sou-ri-re de la beau-
té Pour un sou-ri-re de la gloi-re Le sou-
ri-re de la beau-té Le sou-ri-re de la beauté.

ORAISON FUNÈBRE DE TURLUPIN.

Air : *C'est à boire, à boire, à boire.*

Allegro.
Nº 240.
Il meurt et la joie ex-pi-re Il meurt
lui qui si sou-vent Nous a fait mou-rir de ri-re A son
thé-â-tre en plein vent Il nous char-mait à tou-

te heure Ah! Soit en Gil-les soit en Sca-pin Que l'on
pleu-re pleu-re pleu-re Au con-voi de Tur-lu-pin.

MÊME CHANSON,

Air du Comte Ory (de Doche.)

N° 240 bis.
Il meurt et la joie ex-pi- - -re Il
meurt lui qui si sou-vent Nous a fait mou-rir de
ri- - -re A son thé-à-tre en plein vent A
son thé-à-tre en plein vent Il nous charmait à toute heu-re Soit en Gil-les soit en Sca-pin Soit en Gil-
les Soit en Sca-pin Que l'on pleu-re pleu-re pleu-
re Au con-voi de Tur-lu-pin Que l'on pleure pleure
pleu- -re Au con- voi de Tur-lu-

25

pin Au con - voi de Tur - lu - pin.

A MADEMOISELLE ****.

Air : *Muse des bois et des accords champêtres.*

N° 241.
Andante legato.
Ac-cueil-lez - les ces chan - sons où ma mu - se
Vous peint l'a-mour tout prêt à m'é-chap-per Van - te la
gloire ombre qui nous a - bu - se Qu'un jour pro-duit qu'un jour
peut dis - si - per L'un est pour vous un Dieu sans im-por-
tan - ce L'au - tre sé - duit vo-tre es-prit ha - sar - deux
Quant à l'a-mour moi je soutiens Hor-ten - se Qu'il est en-
cor le moins trom-peur des deux Qu'il est en-
cor le moins trom - peur des deux.

LES DEUX GRENADIERS.

Air: *Guide mes pas, ó Providence* (des Deux Journées).

Andante.
Nº 242.
A no-tre poste on nous ou - bli - e Richard mi-
nuit sonne au châ-teau Nous al-lons re-voir l'I - ta - li - e
De-main adieu Fon-tai-ne-bleau Par le ciel que j'en remer-
ci - e L'i - le d'El-be est un beau cli - mat Fût - elle
au fond de la Rus - si - - - - e Vieux gre-na-diers suivons
un vieux sol-dat Vieux grena-diers sui-vons un vieux soldat Suivons
un vieux soldat Suivons un vieux soldat Suivons un vieux soldat.

LE PÉLERINAGE DE LISETTE.

Air: *Babababalancez-vous donc.*

Allegretto.
Nº 243.
A No-tre-Da-me de Li - es - se Al-lons me
dit Li - sette un jour J'ai peu de foi je le con - fes-se

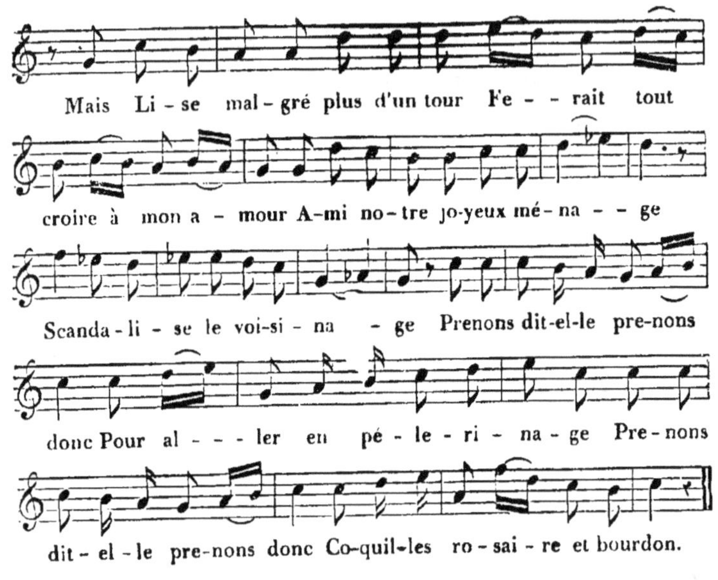
Mais Li - se mal - gré plus d'un tour Fe - - rait tout
croire à mon a - mour A-mi no-tre jo-yeux mé - na - - ge
Scanda - li - se le voi-si - na - ge Prenons dit-el-le pre-nons
donc Pour al - - - ler en pé - le - ri - na - ge Pre - nons
dit - el - le pre-nons donc Co-quil-les ro-sai - re et bourdon.

MÊME CHANSON,

Musique de Docho.

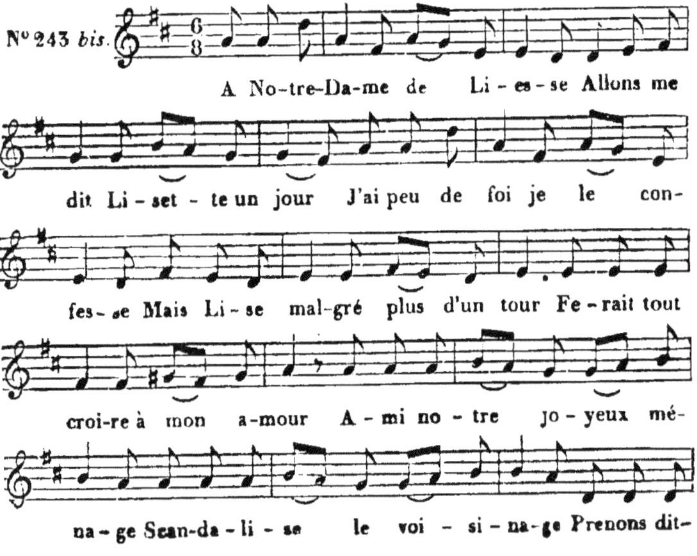
N° 243 bis.
A No-tre-Da-me de Li - es - se Allons me
dit Li - set - te un jour J'ai peu de foi je le con-
fes - se Mais Li - se mal-gré plus d'un tour Fe - rait tout
croi-re à mon a-mour A - mi no - tre jo - yeux mé-
na - ge Scan-da - li - se le voi - si - na - ge Prenons dit-

el - - le pre - nons donc Pour al - ler en pé - le - - ri -
na - ge Prenons dit - el - - le pre - nons donc Co-quil-les
ro - - sai - re et bour-don Co-quil-les ro - sai - re et bour-
don Co - quil - les ro - sai - re et bour - don.

ENCORE DES AMOURS.

Air de Léonide.

N° 244. Allegretto.
Je me di - sais tous les dieux du bel â - ge M'ont
dé-laissé me voi-là seul et vieux Adieu l'espoir que leur troupe vo-
la - - ge M'a - vait don - né de me fer - mer les
yeux Je me di - sais lorsqu'une enchante - res-se Vient et d'un
mot ra - vit mes sens troublés Ah! c'est encor quelque beau-té trai-
tres - - - se Tous les a - mours ne sont pas en - vo-

lés   Tous les a - mours ne sont pas en - vo - lés.

LA MORT DU DIABLE.

Air de Ninon chez madame de Sévigné

Allegretto.

N° 243.

Du mi - ra - cle que je re - tra - - - - - - - - - -
ce Dans ce ré - cit des plus suc - cincts - Ren-dez gloi-
re au grand saint I - gna - - - - - - - - - - - - - ce Pa-tron de
tous nos pe - tits saints Par un tour qui se - rait in-
fa - - me Si les saints pou vaient a - voir tort Au
dia-ble il a fait ren - dre l'a - - - - - me Au
diable il a fait ren-dre l'a - - - me Le diable est mort
le diable est mort Au diable il a fait ren-dre
l'a - - - - - - - - - me Le diable est mort le diable est

mort Le dia-ble est mort le dia-ble est mort.

LE PRISONNIER DE GUERRE.

Air : *Chante, chante, troubadour, chante* (de Romagnési).

Grazioso.
N° 246.
Ma-rie en-fin quit-te l'ou-vra-ge Voi-ci
l'é-toi-le du ber-ger Ma mè-re un en-fant du vil-
la-ge Lan-guit cap- -tif chez l'é-tran-ger Pris sur mer
loin de sa pa- -tri-e Il s'est ren-du mais
le der-nier. Fi-le fi- -le pau-vre Ma-
ri-e Pour se-cou-rir le pri-son-nier Fi-le fi-le
pau-vre Ma-ri-e Fi-le fi-le pour le pri-son-nier.

LE PAPE MUSULMAN.

Air : *Eh! ma mère, est-ce que j'sais ça.*

Allegro.
N° 247.
Ja-dis vo- -ya-geant pour Ro-me Un pa-

pe né sous le froc Pris sur mer fut le pau-
vre homme Me - - né cap-tif à Ma-roc D'a-bord
il tem-pê - te il sa-cre Re-ni-ant Dieu bel et bien Saint-Pè-
re lui dit son dia - cre Vous vous dam-nez comme un
chien Vous vous dam-nez comme un chien.

LE DAUPHIN.

Air du Carnaval (de Meissonnier).

N° 248.
Allegretto.
Du bon vieux temps souffrez que je vous parle Jadis Ri-
chard trouba-dour re-nom-mé Eut pour roi Jean Louis Phi-lippe on
Char-le Ne sais le-quel mais il en fut ai - mé D'un gros dau-
phin on fê-tait la nais-san-ce Richard à Blois é-tait de-puis un
jour Il ap - prit là le bon-heur de la

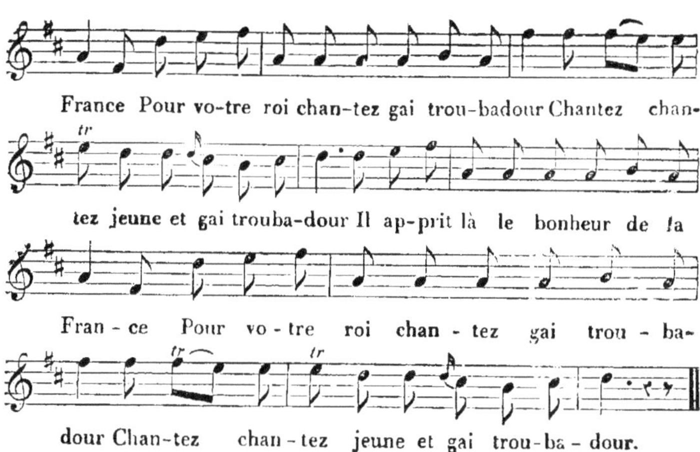

France Pour vo-tre roi chan-tez gai trou-badour Chantez chan-
tez jeune et gai trouba-dour Il ap-prit là le bonheur de la
Fran - ce Pour vo - tre roi chan - tez gai trou - ba-
dour Chan-tez chan - tez jeune et gai trou-ba - dour.

LE PETIT HOMME ROUGE.

Air : *C'est le gros Thomas.*

Allegro.
N° 249.
Foin des mé-con-tens Com-me ba - la-yeuse on me
lo - ge De-puis qua-rante ans Dans le châ-teau près de l'hor-
lo - ge Or mes en -fans sa - chez Que là pour mes pé-
chés Du coin d'où le soir je ne bou-ge J'ai vu le pe-tit homme
rou - ge. Saints du pa - ra - dis Pri - ez pour Char - les - Dix

LE MARIAGE DU PAPE.

Air du Méléagre champenois.

N° 250.
Allegretto.
Vi-te en ca rros-se Vi-te à la no-ce Juif ou chré-
tien tout le monde est pri - é Vite en car - ros - se Vi-te à la
no - ce Al - le - lui - a! le Pape est ma - ri - é. Ain - si chan-
tait un fou que je crois sa - ge Si-non qu'en pape il s'é-ri-geait un
jour Di-sant cor-bleu tâ - tons du ma - ri - a - ge Pour le cler-
gé sanc - ti - fi - ons l'a - mour.

LES BOHÉMIENS.

Air : Mon père m'a donné un mari.

N° 251.
Allegro.
Sor-ciers ba - te-leurs ou fi - lous Reste im-
mon-de D'un an - cien mon-de Sor-ciers ba - te-leurs ou fi-
lous Gais Bo - hé-miens d'où ve - nez-vous? D'où nous ve-

nons l'on n'en sait rien L'hi-ron-del-le D'où vous vient-
el-le D'où nous ve-nons l'on n'en sait rien Où nous i-
rons le sait-on bien Où nous i-rons le sait-on bien?

LES SOUVENIRS DU PEUPLE.

Air : *Passez votre chemin, beau sire.*

Andante.
N° 252.
On par-le-ra de sa gloi-re Sous le
chau-me bien long-temps L'humble toit dans cinquante
ans Ne con-nai-tra plus d'autre histoi-re Là viendront les vil-la-
geois Dire a-lors à quelque vieil-le Par des ré-cits d'au-tre-
fois Mère abré-gez no-tre veil-le Bien dit-on qu'il nous ait
nui Le peuple encor le ré-vè-re Oui le ré-
vè-re Par-lez-nous de lui Par-lez-nous de lui grand'mè-

re Par-lez-nous de lui Par-lez-nous de lui.

MÊME CHANSON,

Air connu.

N° 252 bis.

On par - le - ra de sa gloi - re Sous le
chaume bien long-temps L'humble toit dans cinquante ans ne con-nai-
tra plus d'au - tre his - toi - re Là vien-dront les vil - la-
geois Di-re a-lors à quel-que vieil - le Par des ré-cits d'autrefois Mè-re a - bré-gez no - tre veil - - - le Bien dit-
on qu'il nous ait nui Le peu-ple encor le ré-
vè - re Oui le ré - vè - re Par-lez-nous de lui grand'.
mè - re Grand'-mè - re par - lez-nous de lui Par - lez-
nous de lui grand'mè-re Grand'mè - re par-lez-nous de lui.

LES NÈGRES ET LES MARIONNETTES.

Air : *Pégase est un cheval qui porte.*

N° 253.
Allegro.
Sur son na - vire un ca - pi - tai - - neTrans·
por - tait des noirs au mar - ché   L'en-nui les tu - ait par ving-
tai - - ne Pes - te   dit - il quel dé - bou - ché   Fi
que c'est laid   sots que vous ê - - tes Mais j'ai de quoi vous gué-rir
tous   Ve - nez voir mes ma - ri - on - net - tes   Bons
es-cla-ves a - mu - sez - vous   Ve - nez voir mes ma - ri - on-
net - tes Bons es - cla-ves a - mu - sez - - vous.

L'ANGE GARDIEN.

Air : *Jadis un célèbre empereur.*

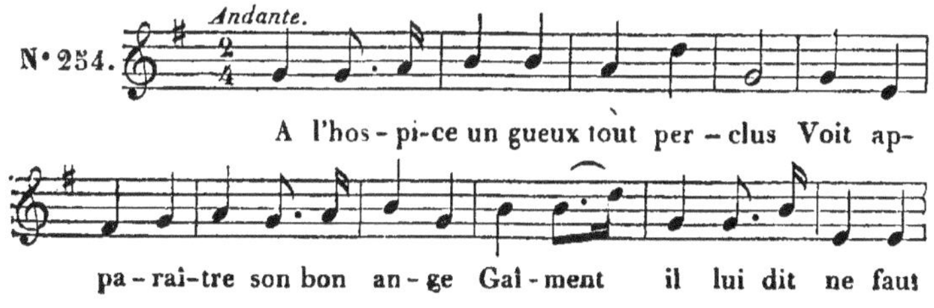

N° 254.
Andante.
A l'hos - pi - ce un gueux tout per - clus Voit ap-
pa - rai-tre son bon an - ge Gai - ment   il lui dit ne faut

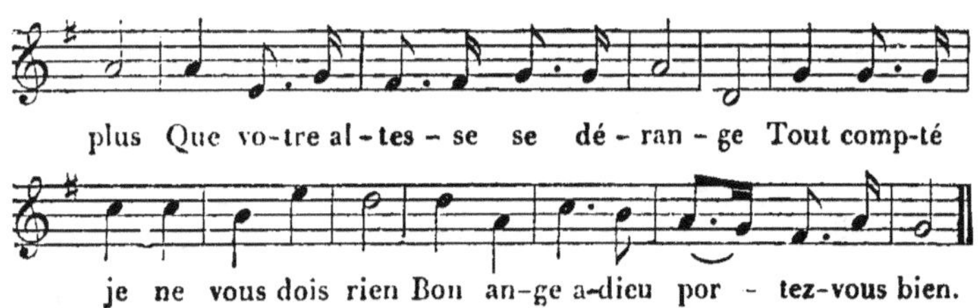

plus Que vo-tre al-tes-se se dé-ran-ge Tout comp-té
je ne vous dois rien Bon an-ge a-dieu por - tez-vous bien.

LA MOUCHE.

Air : *Je loge au quatrième étage.*

Allegretto.
N° 255.
Au bruit de no-tre gai - té fol - le Au bruit des
ver - res des chan-sons Quel-le mou-che mur-mu-re et
vo - le Et re -vient quand nous la chas - sons Et re - vient
quand nous la chassons C'est quelque dieu je le soupçonne Qu'un peu de
bon-heur rend ja - loux Ne souffrons point qu'el - le bour-
don - ne Qu'el - le bour-donne au-tour de nous Ne souf-frons
point qu'el-le bourdon-ne Qu'el-le bour-donne au-tour de nous.

LES LUTINS DE MONTLHÉRI.

Air : *Ce soir-là sous son ombrage.*

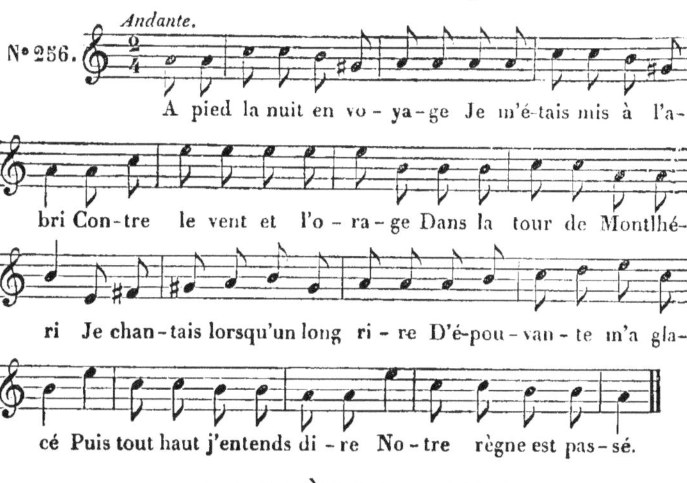

Andante.
Nº 256.
A pied la nuit en vo - ya - ge Je m'é-tais mis à l'a-
bri Con-tre le vent et l'o - ra - ge Dans la tour de Montlhé-
ri Je chan-tais lorsqu'un long ri - re D'é-pou-van - te m'a gla-
cé Puis tout haut j'entends di - re No - tre règne est pas-sé.

LA COMÈTE DE 1832.

Air : *A soixante ans.*

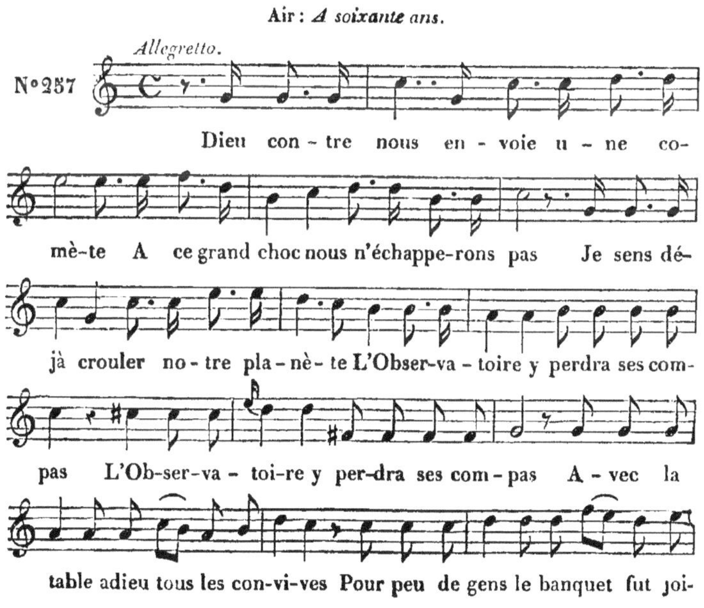

Allegretto.
Nº 257
Dieu con - tre nous en - voie u - ne co-
mè-te A ce grand choc nous n'échappe-rons pas Je sens dé-
jà crouler no - tre pla - nè - te L'Obser-va - toire y perdra ses com-
pas L'Ob-ser-va - toi-re y per-dra ses com-pas A - vec la
table adieu tous les con-vi-ves Pour peu de gens le banquet fut joi-

ieux Pour peu de gens le ban-quet fut jo-yeux Vite à con-
fesse al-lez a-mes crain-ti-ves Fi-nis-sons-en le monde est as-sez
vieux Vi-te à con-fes-se al-lez a-mes crain-ti-
ves Fi-nis-sons-en le monde est as-sez vieux Fi-nis-sons-
en le monde est as-sez vieux Le monde est as-sez vieux.

LE TOMBEAU DE MANUEL.

Air : *T'en souviens-tu.*

Allegretto.
N° 258.
Tout est fi-ni la fou-le se dis-
per-se A son cer-cueil un peuple a dit a-dieu Et l'a-mi-
tié des lar-mes qu'el-le ver-se Ne fe-ra
plus con-fi-den-ce qu'à Dieu J'entends sur lui la ter-re qui re-
tom-be Hé-las! Français vous l'al-lez ou-bli-er A vos en-

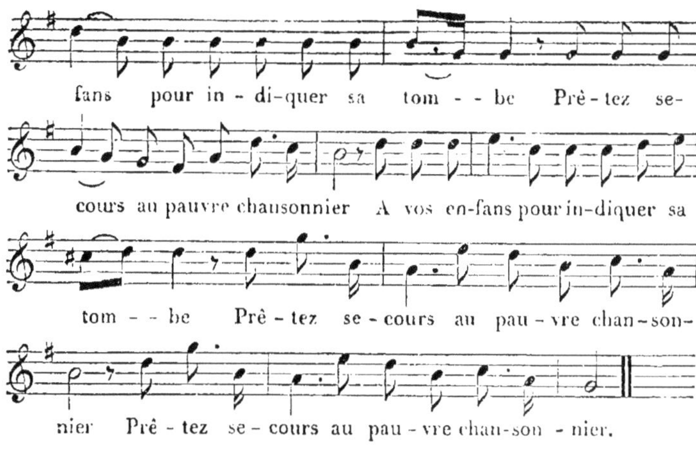
fans pour in - di-quer sa tom - - be Prè - tez se-
cours au pauvre chansonnier A vos en-fans pour in-diquer sa
tom - - be Prè - tez se - cours au pau - vre chan-son-
nier Prè - tez se - cours au pau - vre chan-son - nier.

LE FEU DU PRISONNIER.

Air du vaudeville de Préville et Taconnet.

Allegro.

N° 259.

Com-bien le feu tient dou - ce com-pa - gni - e
Au pri-son - nier dans les longs soirs d'hi-ver Seul a - vec
moi se chauffe un bon gé - ni - e Qui par - le haut rime
ou chante un vieux air Qui par - le haut rime ou chante un vieux
air Il me fait voir sur la brai-se a - ni - mé - e
Des bois des mers un monde en peu d'in stans Des

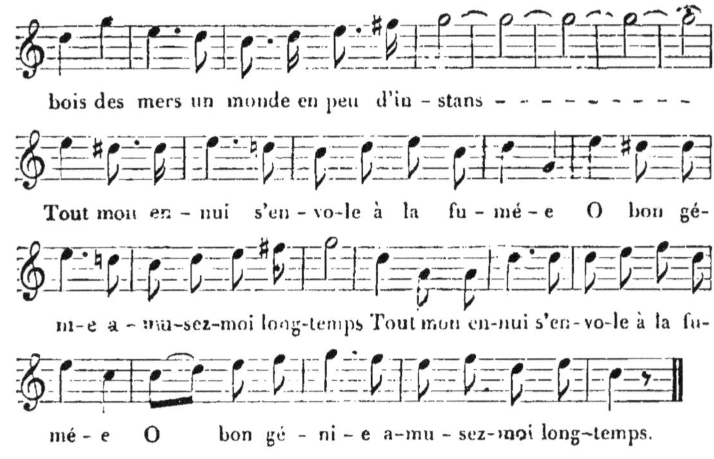

bois des mers un monde en peu d'in - stans - - - - - - -
Tout mon en - nui s'en - vo-le à la fu - mé - e O bon gé-
ni-e a - mu-sez-moi long-temps Tout mon en-nui s'en-vo-le à la fu-
mé - e O bon gé - ni - e a-mu - sez-moi long-temps.

MES JOURS GRAS DE 1829.

Air : *Dis-moi donc, mon petit Hippolyte.*

N° 260. Allegretto.
Mon bon Roi Dieu vous tien - ne en
joi - - - e Bien qu'en but-te à vo - tre courroux Je pas-se en-cor gra - - - Bri-
doi - e Un car-na-val sous les ver - rous Un car-na-
val sous les ver - rous I - ci fal-lait-il que je
vins - se Per - dre des jours vrai-ment sa - crés J'ai

de la ran - cu - ne de prin-ce Mon bon Roi vous me le pai-
rez Mon bon Roi vous me le pai - rez.

LE 14 JUILLET.

Air : *A soixante ans il ne faut pas remettre.*

Allegretto.
N° 261.
Pour un cap - tif sou-ve-nir plein de charmes J'étais bien
jeune on cri-ait vengeons-nous A la bas-tille aux ar-mes vite aux
armes Marchands bourgeois ar-tisans couraient tous Marchands bourgeois ar-ti-sans couraient tous Je vois pâ-lir et mère et femme et
fil - le Le ca - non gron-de aux rap - pels du tambour Le ca - non gronde aux rappels du tambour Vic-toire au
peuple il a pris la bas-til-le Un beau so-leil a fê - té ce grand
jour Vic - toi - re au peu-ple il a pris la bas - til -

le Un beau so - leil a fê - té ce grand jour A fê - té ce grand
jour A fê - té ce grand jour A fê - té ce grand jour.

PASSEZ, JEUNES FILLES.

Air de M. Ropicquet.

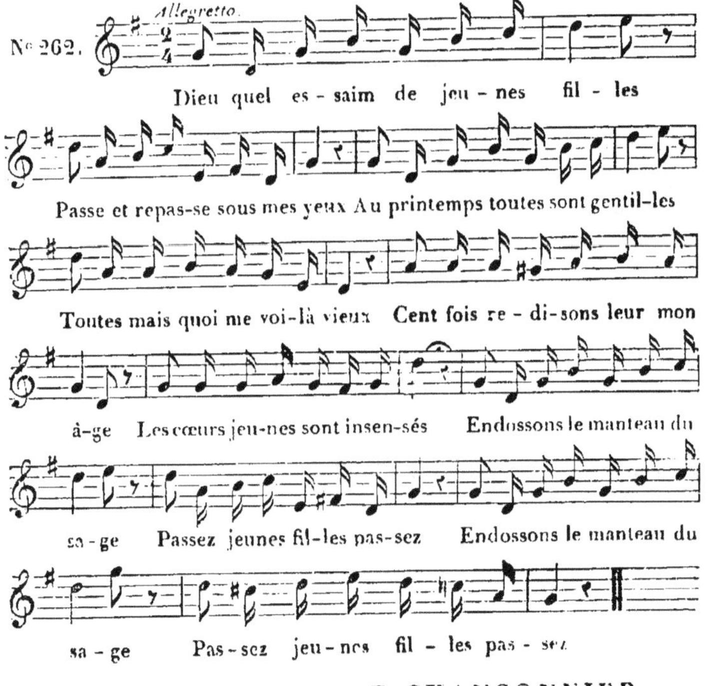

Allegretto.
No 262.
Dieu quel es - saim de jeu - nes fil - les
Passe et repas-se sous mes yeux Au printemps toutes sont gentil-les
Toutes mais quoi me voi-là vieux Cent fois re - di-sons leur mon
à-ge Les cœurs jeu-nes sont insen-sés Endossons le manteau du
sa - ge Passez jeunes fil-les pas-sez Endossons le manteau du
sa - ge Pas-sez jeu-nes fil - les pas - sez

LE CARDINAL ET LE CHANSONNIER.

Air : Je vais bientôt quitter l'empire.

Allegretto.
No 263.
Quel beau mandement vous nous fai - tes Pré-lat il

me com - ble d'hon-neur Vous li - sez donc mes chan-son-
net - tes Ah! je vous y prends Mon - sei - gneur Ah! je vous
y prends Mon - sei - gneur En - tre deux vins sou-vent ma
mu - se Per - dit son ban-deau vir - gi - nal Per - dit son
ban-deau vir - gi - nal Pe - tit pé - ché si son i - vresse a-
mu - - se Qu'en di - tes - vous mon-sieur le Car - di-
nal Qu'en di - tes-vous mon-sieur le Car - di - nal.

COUPLET.

Air : *C'est le meilleur homme du monde.*

Andante.
N° 264.
J'ai sui - vi plus d'en - ter - re-
mens Que de no - ces et de bap-tê - - mes J'ai dis - trait
bien des cœurs ai - mans Des maux qu'ils ag-gravaient eux-mê-

mes Mon Dieu vous m'a-vez bien do - té Je n'ai ni
for - ce ni sa - ges - - se Mais je pos-sè-de u-ne gai-
té Qui n'of-fen - se point la tris-tes - - - se Qui n'of-fen-
se point la tris - tes - - - - se.

MON TOMBEAU.

Air d'Aristippe.

N° 265.
Allegretto.
Moi bien por - tant quoi vous pen - sez d'a-
van-ce A m'é-ri-ger u-ne tombe à grands frais Sot-ti-se a-
mis point de fol-le dé-pen-se Lais - sez aux grands le faste des re-
grets A-vec le prix ou du marbre ou du cui - vre Pour un gueux
mort ha-bit cent fois trop beau Fai-tes a - chat d'un vin qui pousse à
vi - vre Bu - vons gai - ment l'ar - gent de mon tom

beau   Bu-vons gai-ment l'ar-gent de mon tom-beau.

LES DIX MILLE FRANCS.

Air : *T'en souviens-tu.*

N° 266   Allegretto.
Dix mil-le   francs dix mil-le francs d'a-
men - de Dieu quel lo - yer pour neuf mois de prison Le pain est
cher   et   la   mi - sè-re est   gran - de   Et pour long-
temps je di-ne à la mai-son Cher pré- si-dent n'en peut-on rien ra-
bat-tre «Non non jeû-nez et vous et   vos parens Pour fait d'ou-
tra - ge aux en-fans d'Hen-ri - Qua - - tre   De par le
Roi   pa-yez dix mil-le francs Pour fait d'outrage aux enfans d'Henri·
Qua - - tre   De par le Roi   pa - yez dix   mil - le
francs De par le   Roi pa-yez dix mil-le francs.

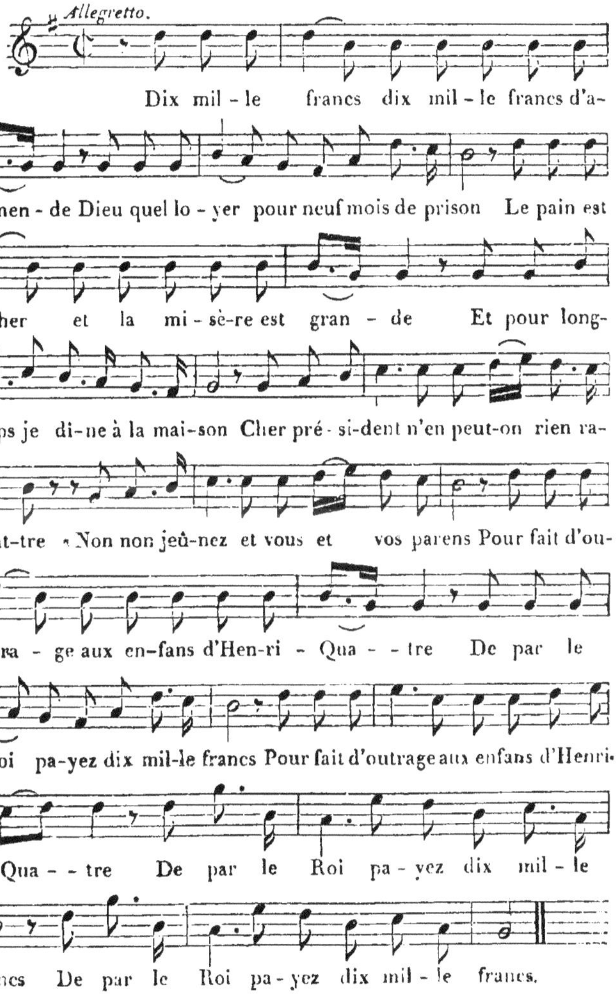

MÊME CHANSON,

Air du vaudeville de Préville et Taconnet.

Allegro.
N° 266 bis.
Dix mil - le francs dix mil - le francs d'a-men - de
Dieu quel lo - yer pour neuf mois de pri-son Le pain est
cher et la mi - sère et gran-de Et pour long-temps je
di-ne à la mai-son Et pour long-temps je di-ne à la mai-
son Cher pré - si - dent n'en peut-on rien ra - bat - tre
« Non non jeu - nez et vous et vos pa - rens Non
non jeu - nez et vous et vos pa - rents
Pour fait d'ou-tra-ge aux en-fans d'Henri - Qua-tre De par le
Roi pa-yez dix mil-le francs Pour fait d'outrage aux enfans d'Henri-
Qua-tre De par le Roi pa-yez dix mil - le francs.

LE JUIF ERRANT.

Air du Chasseur rouge (de M. Amédée de Beauplan).

Allegretto.

N° 267.

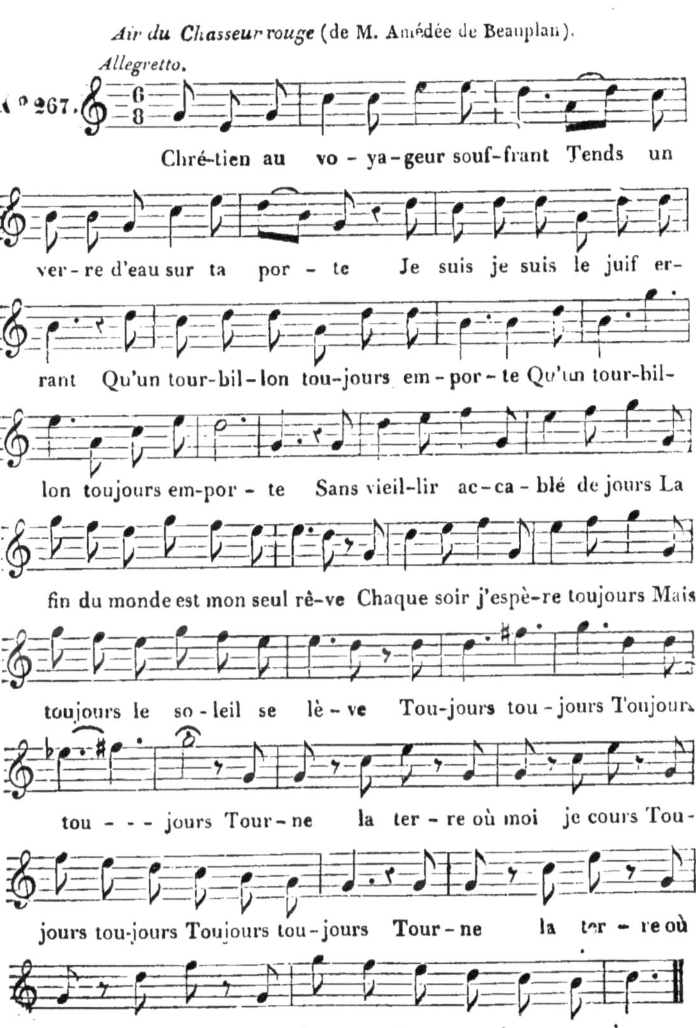

Chré-tien au vo - ya-geur souf-frant Tends un
ver - re d'eau sur ta por - te Je suis je suis le juif er-
rant Qu'un tour-bil-lon tou-jours em-por - te Qu'un tour-bil-
lon toujours em-por - te Sans vieil-lir ac-ca - blé de jours La
fin du monde est mon seul rê-ve Chaque soir j'espè-re toujours Mais
toujours le so - leil se lè - ve Tou-jours tou - jours Toujours
tou - - - jours Tour-ne la ter - re où moi je cours Tou-
jours tou-jours Toujours tou-jours Tour-ne la ter - re où
moi je cours Tou-jours tou-jours Toujours tou - jours.

COUPLET.

Air : *Trouverez-vous un parlement.*

N° 268.

No-tre siè - cle pen-seur bru - tal con-tre Ba - lil-le s'é-ver-to - e
Tel vé-cut sur un piédes-tal Qui n'aura
ja - mais de sta - tu - - - - - e
Ar-tis - te
po - è - te sa - vant A la gloire en vain on s'at - ta - che
C'est un lin-ceul que trop sou - vent La pos - té -
ri - - - té nous ar - ra - - - - - che.

LA FILLE DU PEUPLE.

Air d'Aristippe.

Allegretto.

N° 269.

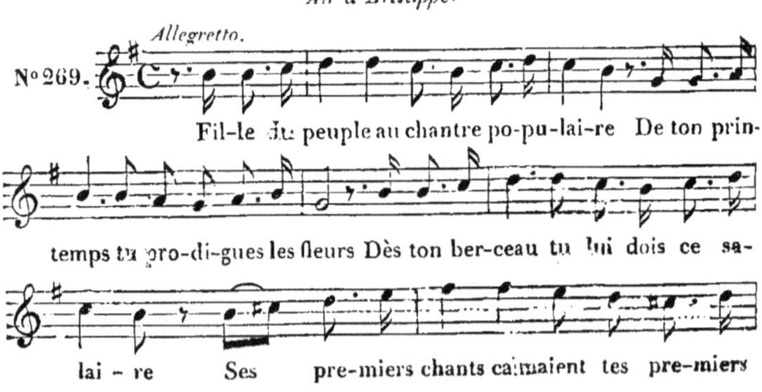

Fil-le du peuple au chantre po-pu-lai-re De ton printemps tu pro-di-gues les fleurs Dès ton ber-ceau tu lui dois ce sa-
lai - re Ses pre-miers chants calmaient tes pre-miers

pleurs Va ne crains pas que ba-ronne ou marqui - se Veuille à me
plaire u-ser ses beaux a-tours Ma muse et moi nous portons pour de-
vi - se Je suis du peuple ain-si que mes a-
mours Je suis du peuple ain-si que mes a - mours.

LE CORDON, S'IL VOUS PLAIT.

Air du vaudeville des Scythes et des Amazones.

N° 270.
Allegro.
Al-lons aux champs fê-ter Ma - ri - e Hâtons-nous
le plai - sir m'at-tend Le pied poudreux la main fleu-
ri - e Là - bas ar - ri - vons en chan-tant Là - bas ar-
ri-vons en chan-tant Gai vo-ya-geur j'ai mes pi-peaux à
pren - dre Pipeaux qu'un sourd a trai-té de sif-flet Por-tier ce
soir gardez vous de m'at-tendre Je veux sor -tir le cordon s'il vous

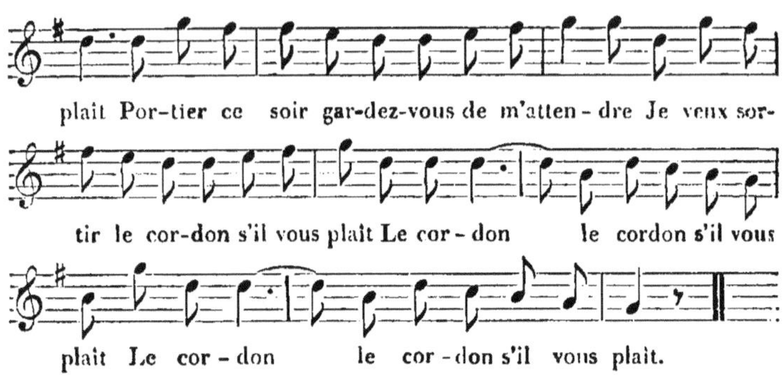
plait Por-tier ce soir gar-dez-vous de m'atten - dre Je veux sor-
tir le cor-don s'il vous plait Le cor - don le cordon s'il vous
plait Le cor - don le cor - don s'il vous plait.

DENYS, MAITRE D'ÉCOLE.

Air : *Je vais bientôt quitter l'empire.*

N° 271.   Allegretto.
De - nys chas-sé de Sy-ra - cu - se A Co-rin-
the se fait pé - dant Ce roi que tout un peuple ac-
cu - se Pauvre et dé-chu se con-so-le en grondant Pauvre et dé-
chu se console en grondant Mai - tre d'é-cole au moins il
pri-me Son bon plai-sir fait et dé-fait des lois Son bon plai-
sir fait et dé - fait des lois Il règne en-cor car il op-
pri - - me Ja - mais l'ex - il n'a cor - ri - gé les

rois Ja - mais l'ex - il n'a cor - ri - gé les rois.

LAIDEUR ET BEAUTÉ.

Air: *C'est à mon maître en l'art de plaire.*

N.°272. Andante.
Sa trop gran-de beau - té m'ob-sè - de C'est un masque ai-sé - ment trom-peur Oui je voudrais qu'el-le fût
lai - de Mais lai - de lai-de à fai - - re peur Bel-le ain-si
faut - il que je l'ai-me Dieu reprends ce don é - - cla-
tant Je le de - man - de à l'en - -fer mê - - me
Qu'el-le soit laide et que je l'aime autant Je le de - man-de à
l'en - fer mê - me Qu'el-le soit laide et que je l'aime autant.

LE VIEUX CAPORAL.

Air de Ninon chez madame de Sévigné.

N° 273. Allegretto.
En a - vant partez ca-ma - ra - - - - - - - -

des L'arme au bras le fu - sil char - gé J'ai ma pi-

pe et vos em - bras - sa - - - - - - - des Ve - nez me

don - ner mon con - gé J'eus tort de vieil - lir au ser-

vi - - - ce Mais pour vous tous jeu - nes sol - dats J'é-

tais un pè - re à l'e - xer - ci - - - - - - ce

A l'e - xer - ci - - - - ce Con - scrits au pas

Ne pleu - rez pas Ne pleu - rez pas Marchez au

pas Mar - chez au pas Au pas au pas au pas au

pas Au pas au pas Mar - chez au pas.

COUPLET AUX JEUNES GENS.

Air: *Un soir après mainte folie.*

Allegro.
Nº 274.
Un jour as - sis sur le ri-

va - - ge Bé - nis-sant un ciel pur et doux Plai-
gnez les marins que l'o - ra - ge A fa - ti-gué de son courroux
N'ont-ils pas droit à quelque esti-me Ceux qui las d'un si long ef-
fort Près de s'en-glou-tir dans l'a - bi - - me Près
de s'englou-tir dans l'a - bi - me Du doigt vous in-diquaient le
port Du doigt vous in - di - quaient le port.

LE BONHEUR.

Musique de M. B. . . . . . .

N° 275.

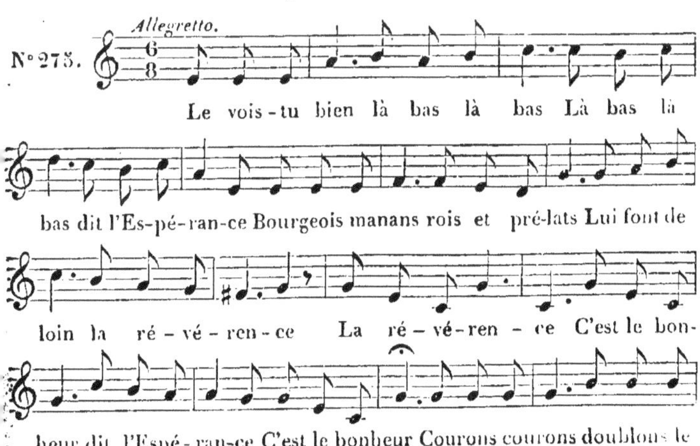
Le vois - tu bien là bas là bas Là bas la
bas dit l'Es-pé-ran-ce Bourgeois manans rois et pré-lats Lui font de
loin la ré - vé - ren-ce La ré - vé - ren - ce C'est le bon-
heur dit l'Espé - ran-ce C'est le bonheur Courons courons doublons le

pas Pour le trou-ver là-bas, là-bas, Là-bas, là---bas.

COUPLET

Air : *J'ai vu le Parnasse des dames.*

N° 276.   Andante.
Pau-vres fous bat-tons la cam-pa-gne Que
nos gre-lots tin-tent sou-dain Com-me les beaux mu-lets d'Es-
pa-gne Nous mar-chons tous dre-lin din-din Des
er-reurs de l'hu-maine es-pè-ce Dieu veut que cha-cun ait son
lot Mê-me au man-teau de la Sa-ges-se La
Fo-lie at-tache un gre-lot La Fo-lie at-tache un gre-lot.

LES CINQ ÉTAGES.

Air : *Dans cette maison à quinze ans.*

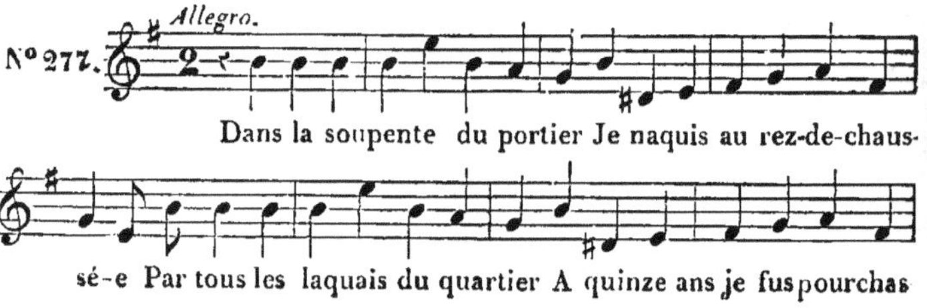
N° 277.   Allegro.
Dans la soupente du portier Je naquis au rez-de-chaus-
sé-e Par tous les laquais du quartier A quinze ans je fus pourchas

sé - e Mais bientôt un jeu-ne seigneur m'enlève à leur doux caque
ta - ge Ma ver - tu me vaut cet hon - neur Ma ver - tu
me vaut cet honneur Et je monte au premier é - ta - -
ge Et je monte au pre-mier é - ta - - - - ge.

MÊME CHANSON,

Air : *J'étais bon chasseur autrefois.*

Moderato.
N° 277 bis.
Dans la sou-[en-te du por-tier Je na-quis
au rez-de-chaus-sé - e Par tous les la-quais du quar
tier A quinze ans je fus pour - chas - sé - - - e
Mais bien-tôt un jeu - ne seigneur M'enlè-ve à leur doux ca-que-
ta - ge Ma ver - tu me vaut cet hon-neur Ma ver - tu
me vaut cet honneur Et je monte au premier é - ta - - - ge.

L'ALCHIMISTE.

Air de la bonne Vieille.

Moderato.
Nº 278.
Tu vas dis - tu vieux et pau - vre al-chi-mis - te
Ti - rer de l'or des mé-taux in - di - gens Et fai-sant
plus pour moi que l'à-ge at - tris - - te Me ra-jeu - nir par
de se-crets a-gens J'ou-vre ma bour-se à ta sci - ence oc-
cul - - te Mon cœur cré - du - - le au grand œuvre a recours Cha-cun pour-tant con - ser - ve - ra son cul - - te
Tout l'or pour toi mais rends-moi mes beaux jours.

MÊME CHANSON.

Air d'Aristippe.

Allegretto.
Nº 278 bis.
Tu vas dis - tu vieux et pauvre al - chi-
mis - te Ti - rer de l'or des métaux in - di - gens Et fai-sant

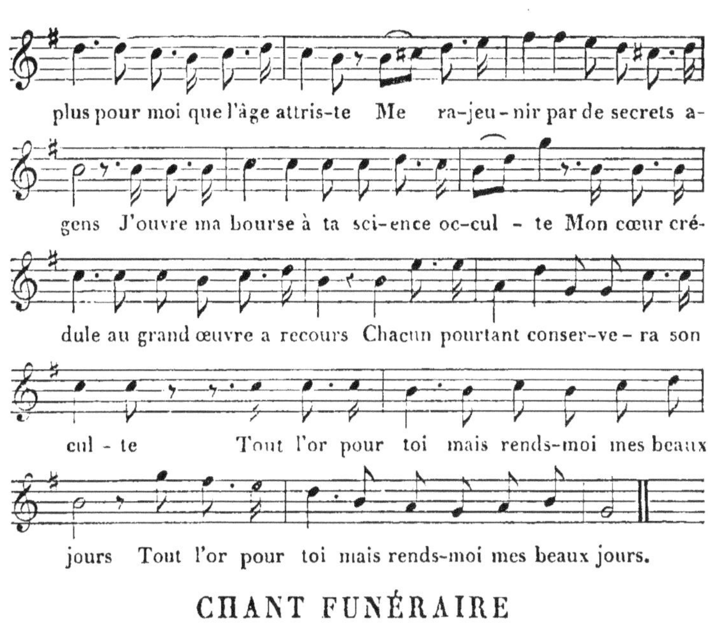

plus pour moi que l'âge attris-te Me ra-jeu-nir par de secrets a-
gens J'ouvre ma bourse à ta sci-ence oc-cul - te Mon cœur cré-
dule au grand œuvre a recours Chacun pourtant conser-ve - ra son
cul - te Tout l'or pour toi mais rends-moi mes beaux
jours Tout l'or pour toi mais rends-moi mes beaux jours.

CHANT FUNÉRAIRE

Air : *Échos des bois, errans dans ces vallons.*

Allegretto.

N°279.

Quoi sourd aux cris d'un long Mi - - - - - se - re-
re Sous ce drap noir que j'as - per-ge en si-
len - ce Quoi ce cer - cueil de cier - ges en - tou-
ré C'est mon a - mi c'est mon a - mi d'en-fan-ce Ces-sez vos
chants prêtres c'est à ma voix De le bé - nir pour ia der-niè-re

fois Ces - sez vos chants prê - tres c'est à ma
voix De le bé - nir pour la der - niè - re fois.

JEANNE-LA-ROUSSE.

Air : Soir et matin sur la fougère.

Andantino.
N° 280.
Un en-fant dort à sa ma - mel - le El-le en porte un au - tre à son dos L'aî - né qu'el - le traî-ne a-près
el - le Gè - - le pieds nus dans ses sa - bots Hé - las!
des gar-des qu'il courrou - ce Hé-las! des gar-des qu'il courrou - ce Au loin le pè-re est pri - son - nier Dieu veil - lez
sur Jean - ne - la - Rous - se On a sur-pris le bra - con
On a sur - - pris le bra - con - nier.

LES RELIQUES.

Air : *Donnez-vous la peine d'attendre.*

281.
Allegro.
D'un saint de paroisse en cré-dit Seul un soir
je bai-sais la châs-se Vient un bon vieil-lard qui me
dit Veux-tu qu'il parle oh! oui de gra - ce Oui
dis-je et me voi-là bé-ant Voi - là qu'il fait des croix ma-
gi-ques Voi - là le saint sur son sé-ant Qui dit d'un
ton de mé - - cré-ant «Dé-vots bai-sez donc mes re-
li-ques Dévots bai - sez donc mes re-li - - - ques

LA NOSTALGIE.

Air de la petite Gouvernante.

N° 282.
Andante.
Vous m'a-vez dit «A Pa-ris jeu-ne
pâ-tre Viens suis-nous cè-de à tes no-bles penchans Notre or noi

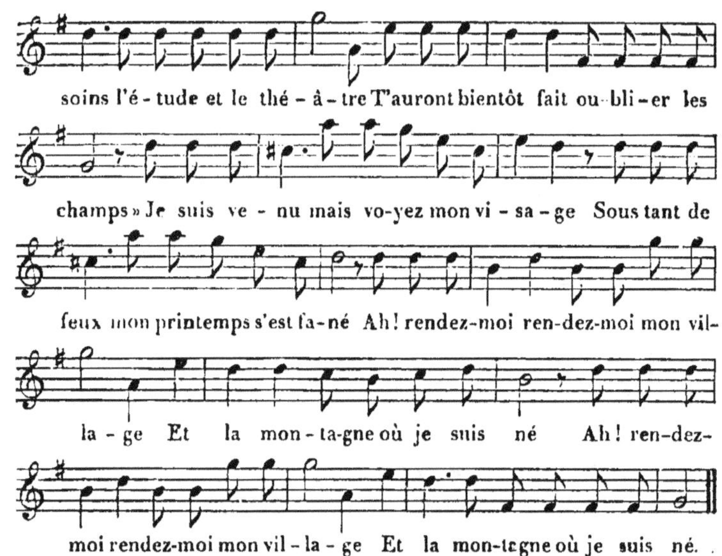
soins l'é - tude et le thé - à - tre T'auront bientôt fait ou-bli-er les
champs » Je suis ve - nu mais vo-yez mon vi - sa - ge Sous tant de
feux mon printemps s'est fa-né Ah! rendez-moi ren-dez-moi mon vil-
la - ge Et la mon-ta-gne où je suis né Ah! ren-dez-
moi rendez-moi mon vil - la - ge Et la mon-tcgne où je suis né. .

MA NOURRICE.

Air : *Dodo , l'enfant do.*

Moderato.
N° 283.
De sou-ve - nir en sou-ve - nir J'ai re-con-
struit mon é - di - fi - ce Je vais con - ter pour en fi-
nir Ce qu'on m'a dit de ma nour-ri - ce Au soir des
ans doit sembler doux Ce chant qui nous a ber-cés tous Dodo l'en-fant do L'en-fant dor-mi - - ra tan - tôt Do-

do l'en-fant   do L'en-fant   dor - mi - - ra   tan - tôt.

LES CONTREBANDIERS.

Air : *Cette chaumière vaut un palais.*

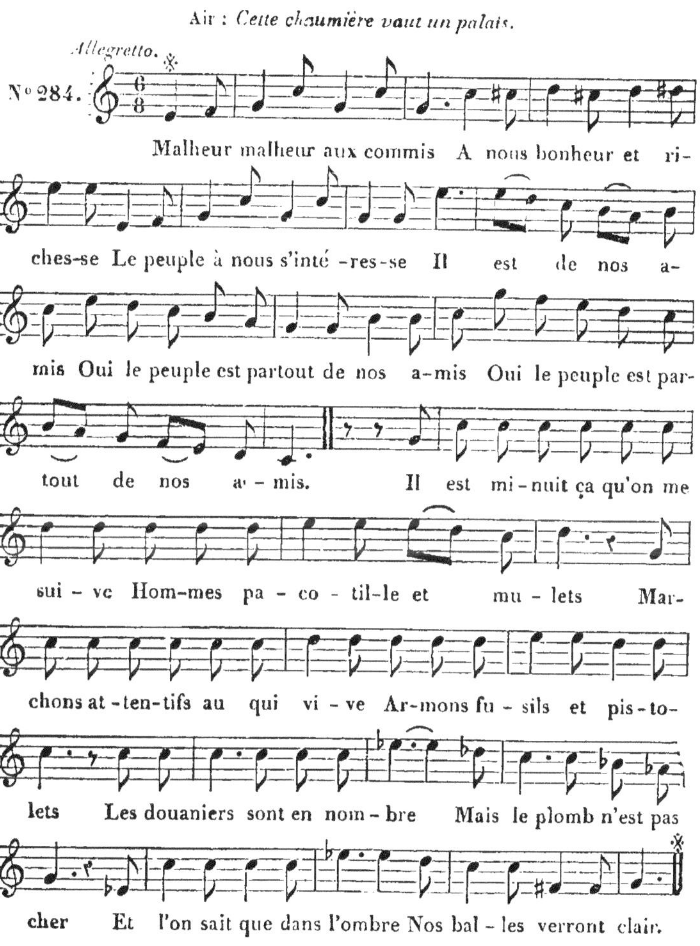

Allegretto.
N° 284.
Malheur malheur aux commis A nous bonheur et ri-
ches-se Le peuple à nous s'inté -res-se Il   est   de nos a-
mis Oui le peuple est partout de nos   a-mis Oui le peuple est partout   de   nos   a - mis.   Il   est mi-nuit ça qu'on me
sui - ve Hom-mes pa - co - til-le et   mu - lets   Mar-
chons at -ten-tifs au   qui vi - ve Ar-mons fu - sils et pis-to-
lets   Les douaniers sont en nom - bre   Mais le plomb n'est pas
cher   Et l'on sait que dans l'ombre Nos bal - les verront clair.

A MES AMIS DEVENUS MINISTRES.

Air de la petite Gouvernante.

Non mes a - mis non je ne veux rien
è-tre Se-mez ail-leurs pla-ces ti - tres et croix Non pour les
cours Dieu ne m'a pas fait naître Oi-seau crain-tif je fuis la glu des
rois Que me faut-il mai-tresse à fi - ne tail-le Pe-tit re-
pas et jo-yeux en-tre-tien De mon berceau près de bé-nir la
paille En me cré-ant Dieu m'a dit ne sois rien De mon ber-
ceau près de bé-nir la paille En me cré-ant Dieu m'a dit ne sois rien.

MÊME CHANSON.

Musique de M. B........

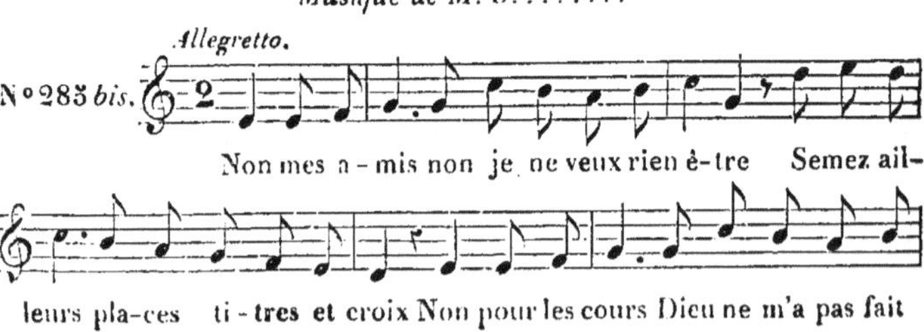

Non mes a - mis non je ne veux rien è-tre Semez ail-
leurs pla-ces ti - tres et croix Non pour les cours Dieu ne m'a pas fait

nai - tre   Oi - seau crain - tif   Je fuis la glu des
rois   Que me faut - il   mai - tres - se à fi - - ne
tail - le   Pe - tit re - pas et jo - yeux en - tre - tien   De mon ber-
ceau près de bé - nir la pail - le En me cré - ant Dieu m'a dit ne sois
rien En me cré - ant Dieu m'a dit ne sois rien.

GOTTON.

Air des Cancans.

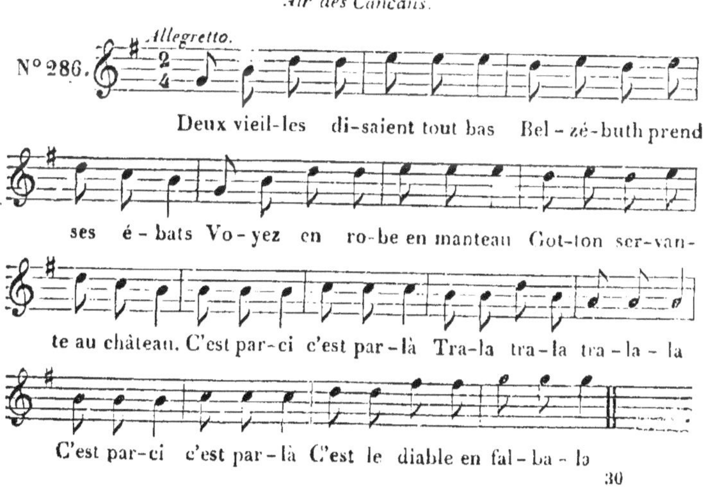
N° 286.   Allegretto.
Deux vieil - les di - saient tout bas   Bel - zé - buth prend
ses é - bats Vo - yez en ro - be en manteau Got - ton ser - van-
te au château. C'est par - ci c'est par - là Tra - la tra - la tra - la - la
C'est par - ci c'est par - là C'est le diable en fal - ba - la

COLIBRI.

Air: *Garde à vous* (de la Fiancée).

Andantino.
N° 287.
Mes a-mis J'ai sou-mis L'en-fer à ma puis-
san-ce De son o-bé-is-san-ce J'ai pour ga - - - ge certain Un lu-tin Un lu-tin Un lu-
tin Sous for-me d'oi-seau-mou-che A mon che-vet il
cou-che Lu-tin doux et ché-ri Bai-sez-moi Co-li-
bri Co-li-bri Co-li-bri Co-li-bri!

ÉMILE DEBRAUX.

Air: *Dis-moi, soldat, t'en souviens-tu ?*

Allegretto.
N° 288.
Le pauvre É-mi-le a pas-sé comme une
om-bre Om-bre jo-yeu-se et chère aux bons vi-vans Ses gais re-
frains vous é-ga-lent en nom-bre Fleurs d'a-ca-

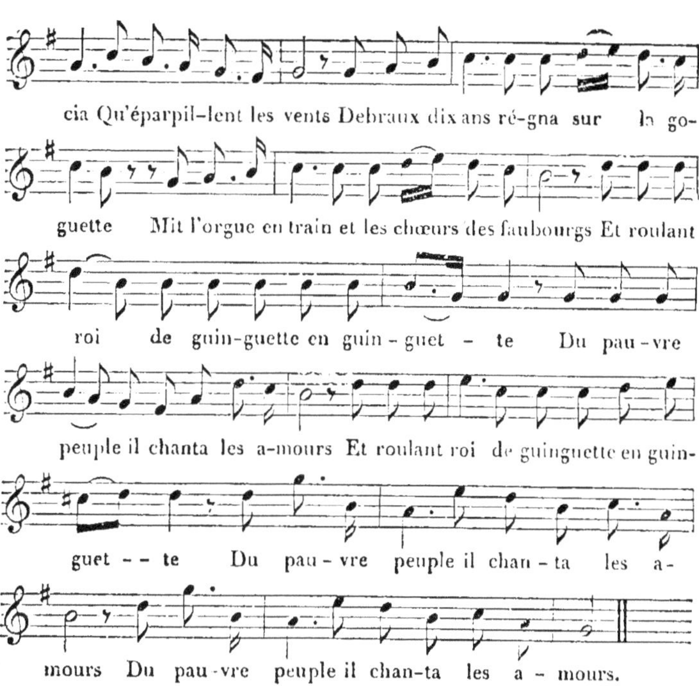

cia Qu'éparpil-lent les vents Debraux dix ans ré-gna sur la go-
guette Mit l'orgue en train et les chœurs des faubourgs Et roulant
roi de guin-guette en guin-guet - te Du pau-vre
peuple il chanta les a-mours Et roulant roi de guinguette en guin-
guet - - te Du pau - vre peuple il chan-ta les a-
mours Du pau-vre peuple il chan-ta les a - mours.

LE PROVERBE.

Air du Ménage de garçon.

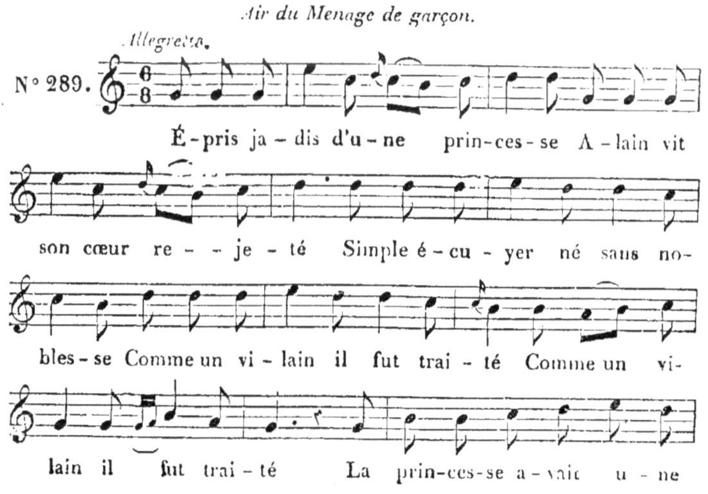

Allegretto.
N° 289.
É-pris ja - dis d'u - ne prin-ces-se A -lain vit
son cœur re - - je - té Simple é - cu - yer né sans no-
bles-se Comme un vi - lain il fut trai - té Comme un vilain il fut trai - té La prin-ces-se a-vait u - ne

dame Dame d'honneur fleur au dé-clin A - lain lui transpor-te sa
flam - me Il est trai - té comme un vi - lain A - lain lui
transpor-te sa flam-me Il est trai - té comme un vi - lain.

LES FEUX FOLLETS.

Air : *Faut l'oublier, disait Colette.*

Allegretto.

Nº 290.
O nuit d'é - té paix du vil - la - ge Ciel pur doux
par-fums frais ruis - seau Vous em - bel - lis - siez mon ber-
ceau Con - so - lez - moi dans un au - tre â - - ge Las
du mon-de i - ci je me plais Tout y re - tra - ce mon en-
fan-ce Oui tout jusqu'à ces feux fol-lets Ja-dis leur é-clat et ieur
dan - se M'auraient fait fuir à pas pres-sés J'ai per-du ma douce igno-
ran - ce Fol - lets dan - sez dan-sez dan - sez

HATONS-NOUS.

Air : *Ah! si madame me voyait.*

Allegretto.
N° 291.
Ah! si j'é-tais jeune et vail-lant Vrai hus-
sard je courrais le mon-de Re-troussant ma mousta-che
blon-de Sous un u-ni-for-me bril-lant Le sabre au
poing et ba-tail-lant Va mon coursier vo-le en Po-
lo - - gne Ar-ra-chons un peuple au tré-pas Que
nos poltrons en aient ver-go-gne Hâtons-nous l'honneur est là-
bas Hâ-tons-nous l'honneur est là-bas.

PONIATOWSKI.

Air des *Trois Couleurs.*

Allegretto.
N° 292.
Quoi vous fu-yez vous les vainqueurs du
mon-de De-vant Leipzig le sort s'est-il mé-pris Quoi vous fui-

iez et ce fleu-ve qui gron-de D'un pont qui sau-te em-
por-te les dé-bris Sol-dats che-vaux pê-le-mê-le et les
ar-mes Tout tom-be là l'Els-ter rou-le en-tra-vé
Il rou-le sourd aux vœux aux cris aux lar-mes
« Rien qu'u-ne main Rien qu'u-ne main Fran-çais je suis sau vé »
Il rou-le sourd aux vœux aux cris aux lar-mes
« Rien qu'une main Rien qu'une main Fran-çais je suis sau-vé! »

L'ÉCRIVAIN PUBLIC.

Air de la petite Gouvernante.

N° 293.

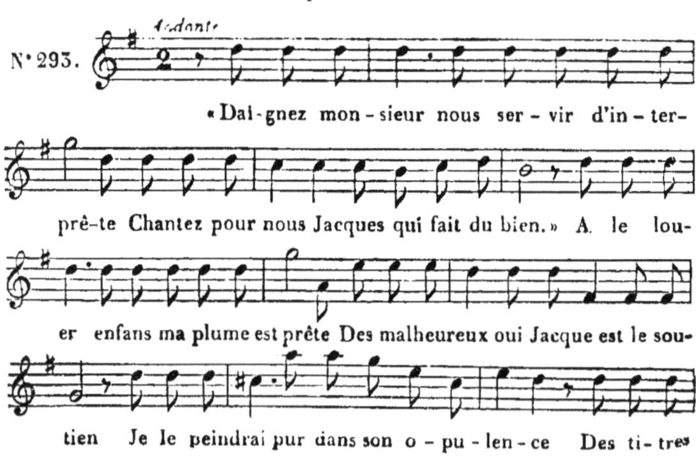
« Dai-gnez mon-sieur nous ser-vir d'in-ter-
prê-te Chantez pour nous Jacques qui fait du bien. » A. le lou-
er enfans ma plume est prête Des malheureux oui Jacque est le sou-
tien Je le peindrai pur dans son o-pu-len-ce Des ti-tres

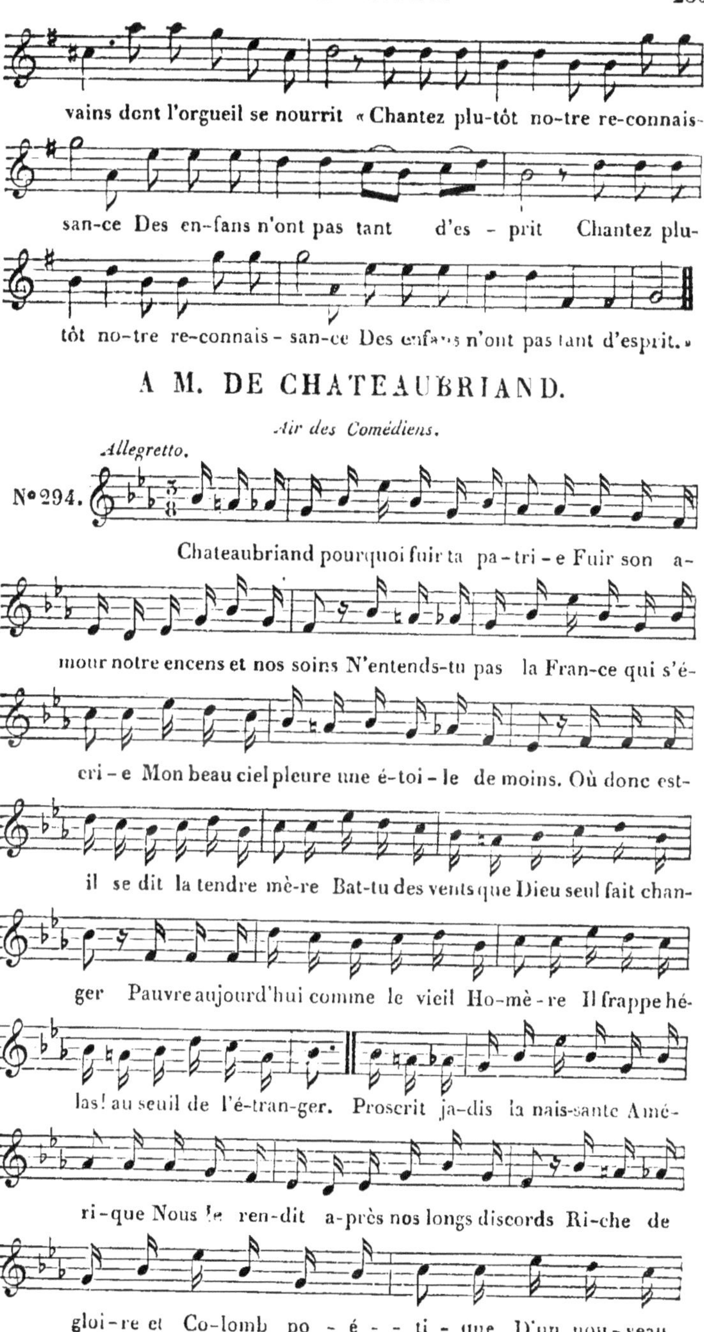

vains dont l'orgueil se nourrit « Chantez plu-tôt no-tre re-connais-
san-ce Des en-fans n'ont pas tant d'es - prit Chantez plu-
tôt no-tre re-connais - san-ce Des enfans n'ont pas tant d'esprit. »

A M. DE CHATEAUBRIAND.

Air des Comédiens.

Allegretto.
N° 294.
Chateaubriand pourquoi fuir ta pa-tri - e Fuir son a-
mour notre encens et nos soins N'entends-tu pas la Fran-ce qui s'é-
cri - e Mon beau ciel pleure une é-toi - le de moins. Où donc est-
il se dit la tendre mè-re Bat-tu des vents que Dieu seul fait chan-
ger Pauvre aujourd'hui comme le vieil Ho-mè - re Il frappe hé-
las! au seuil de l'é-tran-ger. Proscrit ja-dis la nais-sante Amé-
ri-que Nous le ren-dit a-près nos longs discords Ri-che de
gloi-re et Co-lomb po - é - - ti - que D'un nou-veau

monde é-ta-lant les tré-sors. Le pé-le-rin de Grè-
ce et d'I - o - ni - e Chan-tant plus tard le
Cir - que et l'Al-ham-bra Nous re - vit tous dé-
vots à son gé - ni - e De - vant le Dieu que
sa voix cé - lé - bra. De son pa - ys qui lui doit tant de
ly - res Lors-que la sien-ne en pleu-rant s'e - xi-
la Il s'en-qué-rait aux dé-bris des em - pi - res Si des Fran-
çais n'a - vaient point pas - sé là. C'é - tait l'é-
po-que où fé - con - dant l'his - toi - re La gran-de é-
pée ef-froi des na - ti - ons Resplen-dis - sante aux so-leil de la
gloi-re En fit sur nous re-jail - lir les ra-yons. Ta voix ré-

sonne et soudain ma jeu-nes-se Brille à tes chants d'une no-ble rou-
geur J'offre aujourd'hui pour prix de mon i-vres-se Un peu d'eau
pure au pau-vre vo-ya-geur. Chateau-briand pourquoi fuir ta pa-
tri - e Fuir son a-mour notre encens et nos soins N'entends-tu
pas la France qui s'é-cri-e Mon beau ciel pleure une étoi-le de
moins. Des an-ciens rois quand re - - vint la fa-
mil - le Lui de leur sceptre ap-pui re - - li-gi-
eux Crut aux Bourbons fai-re a - dop - ter pour fil - le
La Li-ber-té qui se pas - se d'a-ïeux. Son é-lo-
quence à ces rois fit l'au-mô-ne Pro di-gue fé-e en ces enchan-te-
mens Plus el - le voit de rouille à leur vieux trô-ne Plus el-le y

31

sème et fleurs et di – a-mans. Mais de nos droits il gar-dait la mé-
moi-re Les in – sen –sés di-rent le ciel est beau Chassons cet
hom-me et souf-flons sur sa gloi – re Comme au grand
jour on é-teint un flambeau. Et tu voudrais t'at-ta-cher à leur
chu-te Connais donc mieux leur fol-le va-ni – té Aux rangs des
maux qu'au ciel même il im-pu-te Leur cœur ingrat met ta fi-dé-li-
té. Va sers le peuple en butte à leurs bra-va-des Ce peuple hu-
main des grands talens é-pris Qui t'emportait vainqueur aux bar-ri-
ca-des Comme un trophée entre ses bras meurtris. Ne sers que
lui pour lui ma voix te som – me D'un prompt retour a-près un tris – te a – dieu Sa cau – se est sainte il

souf - fre et tout grand hom - me Au - près du peuple est
l'en - vo - yé de Dieu. Cha-teau-briand pourquoi fuir ta pa-
tri - e Fuir son a - mour no-tre en-cens et nos
soins N'en - tends - tu pas la Fran - ce qui s'é-
cri - e Mon beau ciel pleu-re u-ne é-toi - le de moins.

CONSEIL AUX BELGES.

Air de la petite Gouvernante.

Andante.
N° 295.
Fi - nis - sez - en nos frè - res de Bel-
gi-que Fai-tes un roi morbleu! fi - nis-sez - en De-puis huit
mois vos airs de ré-pu-blique Donnent la fiè-vre à tout bon courti-
san D'un roi tou-jours la ma-tiè - re se trou-ve C'est Jean c'est
Paul c'est mon voi-sin c'est moi Tout œuf ro - yal é-clôt sans qu'on le

cou - ve Fai - tes un roi morbleu! fai - tes un roi Tout œuf ro-
yal é-clot sans qu'on le couve Fai-tes un roi morbleu! faites un roi.

LE REFUS.

Air : *Le premier du mois de janvier.*

Allegretto.
N° 296.
Un mi - nis - tre veut m'en - ri - chir Sans que l'hon-
neur ait à gau-chir Sans qu'au *Mo-ni-teur* on m'af-fi - che Mes
be-soins ne sont pas nombreux Mais quand je pense aux malheureux Je me sens né pour ê - tre ri - che.

LA RESTAURATION DE LA CHANSON.

Air : *J'arrive a pied de province.*

Allegro.
N° 297.
Oui chan-son Mu-se ma fil - le J'ai dé - cla - ré
net Qu'a-vec Charle et sa fa - mil - le On te dé - trô-
nait Mais cha-que loi qu'on nous don - ne Te rap - pel-le i-

ci Chanson reprends ta cou-ron-ne Messieurs grand mer-ci.

SOUVENIRS D'ENFANCE.

Air des Comédiens.

Allegretto.

N° 298.

Lieux où ja-dis m'a ber-cé l'Es-pé-ran-ce Je vous re-
vois à plus de cinquante ans On ra-jeu-nit aux sou-ve-nirs d'en-
fan-ce Comme on re-nait au souf-fle du printemps Sa-lut à
vous a-mis de mon jeune â-ge Sa-lut parens que mon amour bé-
nit Gra-ce à vos soins i-ci pendant l'o-ra-ge Pauvre oi-se-
let j'ai pu trouver un nid. Je veux re-voir jusqu'à l'étroi-te
geô-le Où près de nièce aux frais et doux ap-pas Régnait sur
nous le vieux maî-tre d'é-co-le Fier d'en-sei-
gner ce qu'il ne sa-vait pas. J'ai fait i-ci plus d'un

ap - - pren - tis - - sa - - ge A la pa - res-se hé-
las! tou - jours en - clin Mais je me crus des
droits au nom de sa - - ge Lors-qu'on m'ap-prit le
mé - tier de Fran-klin. C'é-tait à l'âge où naît l'a-mi-tié
fran-che Sol que fleu - rit un ma - tin plein d'es-
poir Un ar-bre y croît dont souvent u - ne bran-che Nous sert d'ap-
pui pour mar - cher jus - qu'au soir. Lieux où ja-
dis m'a ber - cé l'Es - pé - ran - ce Je vous re-
vois à plus de cinquante ans On ra-jeu - nit aux souve-nirs d'en-
fan-ce Comme on re-naît au souf-fle du printemps. C'est dans ces
murs qu'en des jours de dé-fai-tes De l'enne - mi j'é-cou-tais le ca-

non I - ci ma voix mê - lée aux chants des fê - tes De la pa-
trie a bé - ga-yé le nom. A - me rê-veuse aux ai-les de co-
lom-be De mes sa - bots là j'ou-bli-ais le poids Du ciel i-
ci sur moi la fou-dre tombe Et m'appri-voi-se a-vec cel - le des
rois. Con-tre le sort ma rai - - son s'est ar-
mé - e Sous l'humble toit et vient aux mê-mes
lieux Nar-guer la gloire in-con - stan - te fu - mé - e
Qui ti-re aus-si des lar - mes de nos yeux. A - mis parens témoins de mon au-ro - re Ob-jets d'un cul-te avec le temps ac-
cru Oai mon ber-ceau me sem-ble doux en - co - re Et la ber-
ceuse a pourtant dis-pa - ru. Lieux où ja-dis m'a ber-cé l'Es-pé-

ran - ce Je vous re - vois à plus de cin-quan-
te ans On ra - jeu - nit aux sou - ve - nirs d'en-
fan - ce Comme on re - naît au souf - fle du prin-temps.

LE VIEUX VAGABOND.

Air : *Guide mes pas, ô Providence* (des Deux Journées).

N° 299.

Andante.
Dans ce fos - sé ces-sons de vi - vre Je fi - nis
vieux in - firme et las Les pas-sans vont di-re il est i-vre
Tant mieux il ne me plaindront pas J'en vois qui dé-tournent la
tê - te D'au-tres me jet - tent quel-ques sous Cou-rez
vi - te al - lez à la fê - - te Vieux va - ga-bond je puis
mou-rir sans vous Vieux va-ga-bond je puis mourir sans vous Je puis
mourir sans vous Je puis mourir sans vous Je puis mourir sans vous

COUPLETS

AUX HABITANS DE L'ILE DE FRANCE.

Air : *Tendres échos errans dans ces vallons.*

Allegretto.
°300.
Quoi vos é - chos re - di - sent nos chansons Bons Mau - ri - ciens ils sont Français en-
co - re A tra - vers flot tem - pê - tes et mous-
sons Leur voix me vient d'où vient pour nous l'auro - re De tant d'é-
chos ré-sonnant jusqu'à nous Les plus lointains nous semblent les plus
doux De tant d'é - chos ré - son - nant jus - qu'à
nous Les plus loin-tains nous sem-blent les plus doux.

CINQUANTE ANS.

Air : *Du Partage de la richesse.*

Allegro.
N°301.
Pour - quoi ces fleurs est - ce ma fê - te
Non ce bou-quet vient m'an - non - cer Qu'un de-mi-

siè - cle sur ma tê - te A - - - chève au-
jourd'hui de pas - ser O combien nos jours
sont ra - - pi - des O combien j'ai per - du d'in-
stans O com-bien je me sens de ri - des
Hé - - las hé - las j'ai cin - - quan - te ans
Hé - - las hé - las j'ai cin - - quan - te ans.

JACQUES.

Air de Jeannot et Colin.

Andantino.
N° 302.
Jacque il me faut trou-bler ton som-me Dans le
vil - la-ge un gros huis-sier Rôde et court sui - - vi d'un mes-
sier C'est pour l'im - pôt las mon pauvre homme. Lè-ve-
toi Jac - ques lè - - - ve - toi Voi - ci

ve - - nir l'huis-sier du roi Voi - ci voi - ci
ve - - nir Voi-ci ve - nir l'huis - sier du roi.

LES ORANGS-OUTANGS

Air de Calpigi.

Allegretto.
N°303.
Ja - dis si l'on en croit É - so - pe Les o-rangs-
ou-tangs de l'Eu-ro - pe Parlaient si bien que d'eux hé-las Nous sont
ve-nus les a - vo-cats Nous sont ve-nus les a - - - vo-
cats Un des leurs à son au - di - toi - re Dit un jour
« Con-sul-tez l'his-toi-re Messieurs l'homme fut en tout temps Le sin-

ge des o-rangs-ou-tangs Le sin - ge des o-rangs ou-tangs.

LES FOUS.

Air : Ce magistrat irréprochable.

Allegretto.
N°304.
Vieux soldats de plomb que nous som - mes Au cordeau

nous a - li - - - gnant tous Si des rangs
sor - - tent quel - ques hom - mes Tous nous cri-
ons à bas les fous Tous nous cri - ons à bas les
fous On les per - sé -cu - te on les tue Sauf a - près
un lent e - - xa - men A leur dresser u - - ne sta -
tu - e Pour la gloi-re du genre humain A leur dresser u - - ne sta - - tu - e Pour la gloi-re du genre hu-
main Pour la gloi - re du genre hu-main.

LE SUICIDE.

Air d'Agéline (de M. B. Wilhem).

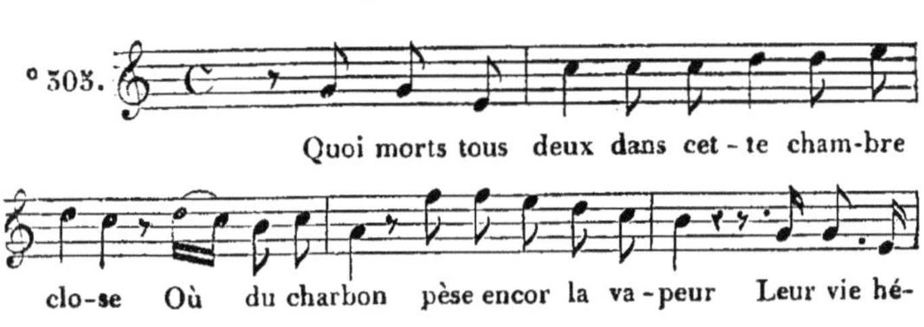
° 303.
Quoi morts tous deux dans cet - te cham-bre
clo-se Où du charbon pèse encor la va -peur Leur vie hé-

las é - tait à pei—ne é - - clo - se Sui - ci-de af-
freux triste objet de stu-peur Ils au—ront dit Le monde fait nau-
fra-ge Vo-yez pâ - lir pi - lote et ma-te — lots Vieux bâ-ti-
ment u - sé par tous les flots Il s'englou-tit sauvons-nous à la
na - ge Et vers le ciel se fra-yant un che - min Ils sont par-
tis en se donnant la main Et vers le ciel se fra-yant un che-
min Ils sont par - tis en se don-nant la main.

LE MÉNÉTRIER DE MEUDON.

Air de la contredanse des Petits Pâtés.

N° 306.
Dan-sez vi - te o-bé - is-sez donc Au mé-né-
tri - er de Meu - don Dan-sez vi-te o - bé - is - sez
donc Il est le roi du ri - - go -

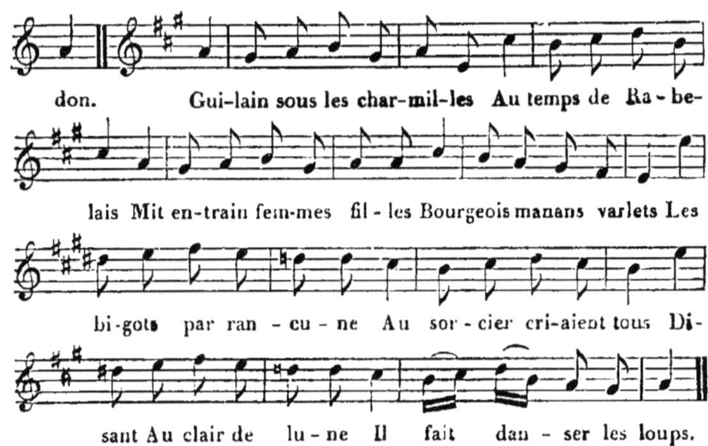
don.
Gui-lain sous les char-mil-les Au temps de Ra-be-
lais Mit en-train fem-mes fil-les Bourgeois manans varlets Les
bi-gots par ran-cu-ne Au sor-cier cri-aient tous Di-
sant Au clair de lu-ne Il fait dan-ser les loups.

JEAN DE PARIS.

Air : *Cette chaumière vaut un palais.*

Allegretto.
N° 307.
Ris et chan-te chante et ris Prends tes gants et cours le
mon-de Mais la bour-se vide ou ron-de Re-viens dans ton Pa-
ris Ah! re-viens ah! reviens Jean de Pa-ris Ah! re-viens ah! re-
viens Jean de Pa-ris. Toujours dit la chro-nique an-
cien-ne Jean sur son grand sa-bre a sau-té Quand
de leu il-le a-vec la sien-ne Des sots com-paraient la beau-

té Pro-cla-mant sur son a-me En pro-se ain-si qu'en
vers Les tours de No-tre-Da-me Cen-tre de l'u-ni-vers.

PRÉDICTION DE NOSTRADAMUS.

Air des Trois Couleurs.

N° 308.

Allegretto.
Nos-tra-da-mus qui vit nai-tre Henri-
Qua-tre Grand as-tro-logue a pré-dit dans ses vers Qu'en l'an deux
mil da-te qu'on peut dé-bat-tre De la mé-dail-le on
ver-rait le re-vers A-lors dit-il Pa-ris dans l'al-lé-
gres-se Au pied du Lou-vre ou-i-ra cet-te voix
Heureux Fran-çais sou-la-gez ma dé--tres-se
Fai-tes l'au-mô-ne Fai-tes l'au-mô-ne au der-nier de vos rois
Heureux Fran-çais sou-la-gez ma dé--tres-se

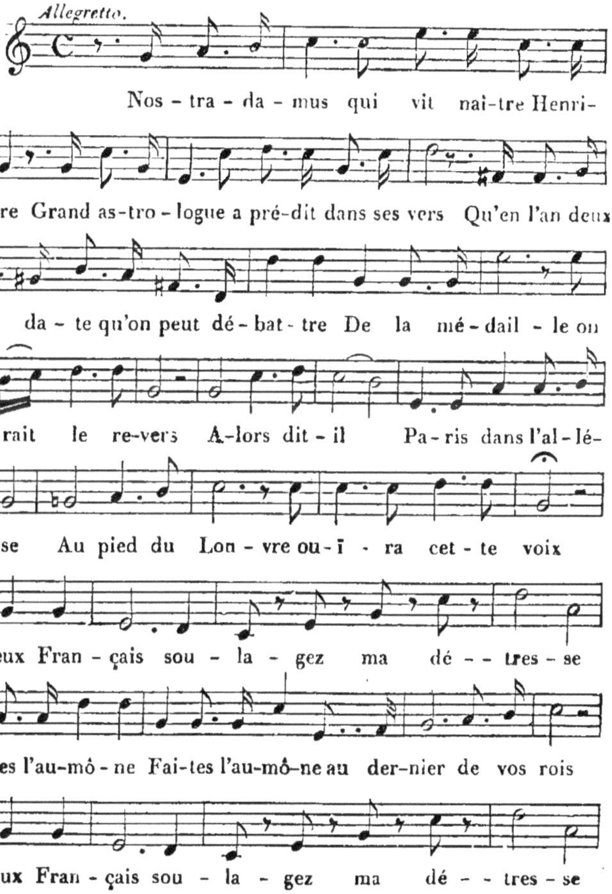

Fai-tes l'au-mô-ne Fai-tes l'au-mône au der-nier de vos rois.

PASSY.

Air : *Dis-moi, soldat, t'en souviens-tu ?*

N° 309.
Allegretto.
Pa - ris a - dieu je sors de tes mu-
rail - les J'ai dans Pas-sy trou-vé gî-te et re-pos Ton fils t'en-
lè - ve un droit de fu - né - rail - - les Et sa pi-
quette échappe à tes im-pôts Puis-sé-je i-ci vieil-lir e - xempt d'o-
ra-ge Et de l'ou-bli prêt de su - bir le poids Comme l'oi-
seau dor-mir dans le feuil - la - - - ge Au bruit mou-
rant des é-chos de ma voix Comme l'oiseau dormir dans le feuil-
la - - ge Au bruit mou - rant des é - chos de ma
voix Au bruit mou - rant des é - chos de ma voix.

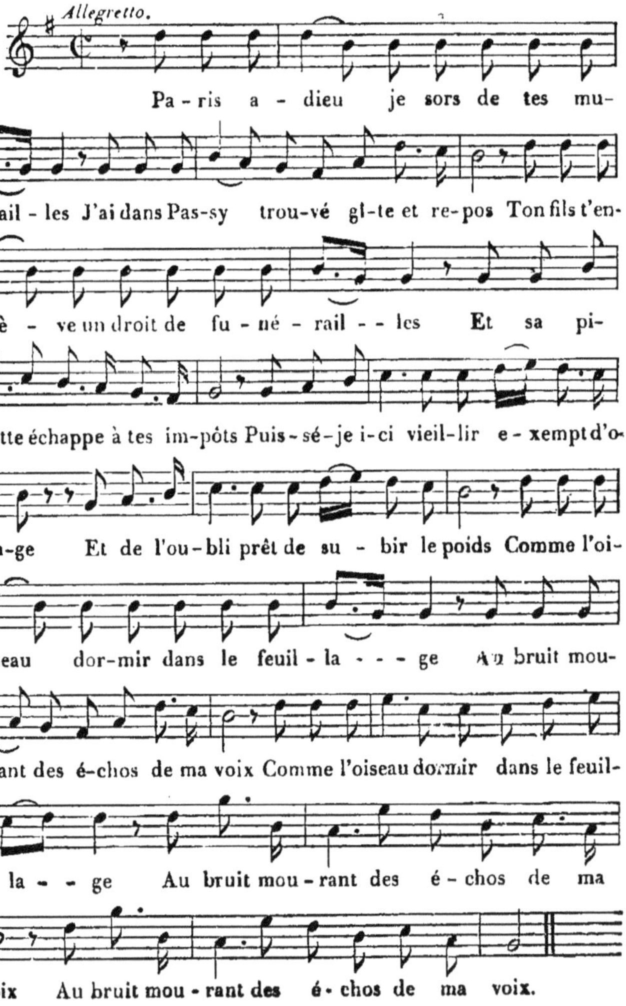

LE VIN DE CHYPRE.

Air du vaudeville de Préville et Taconnet.

Allegro.
N° 310.
Chy-pre ton vin qui ra-jeu-nit ma ver-ve
Me fait re-voir l'en-fant por-te-ban-deau Ju - - pi-ter
Mars Vé-nus Ju-non Mi-ner-ve Ces dieux long-temps ra-
yés de mon Cre-do Ces dieux long-temps ra-yés de mon Cre-
do Si nos au-teurs tout pa-ïens dans leurs li-vres
M'ont fait mau-di - - re un cul-te in-gé - ni - eux M'ont
fait mau-di-re un cul-te in-gé - ni - eux
Ah! de ce vin c'est qu'ils n'é-taient pas i-vres Le vin de
Chypre a cré-é tous les dieux Ah! de ce vin c'est qu'ils n'étaient pas
i-vres Le vin de Chypre a cré-é tous les dieux.

LES QUATRE AGES HISTORIQUES.

Air : *A soixante ans il ne faut pas remettre.*

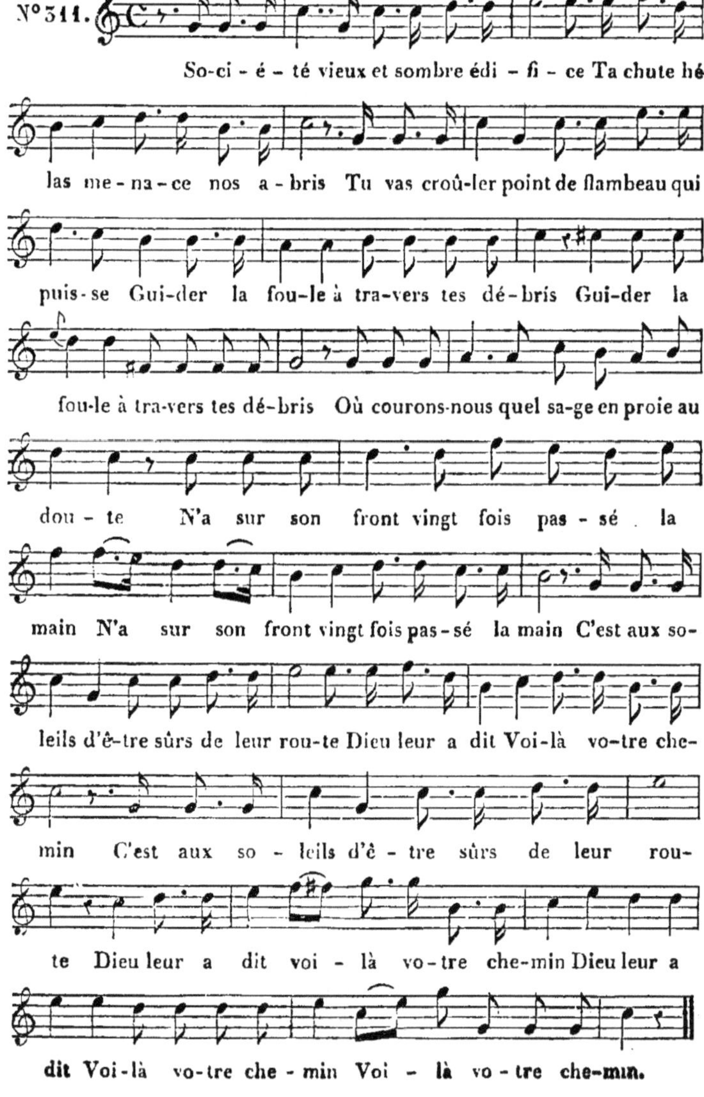

N° 311.
So-ci - é - té vieux et sombre édi - fi - ce Ta chute hé-
las me-na-ce nos a - bris Tu vas croû-ler point de flambeau qui
puis-se Gui-der la fou-le à tra-vers tes dé-bris Gui-der la
fou-le à tra-vers tes dé-bris Où courons-nous quel sa-ge en proie au
dou - te N'a sur son front vingt fois pas - sé la
main N'a sur son front vingt fois pas-sé la main C'est aux so-
leils d'ê-tre sûrs de leur rou-te Dieu leur a dit Voi-là vo-tre che-
min C'est aux so - leils d'ê - tre sûrs de leur rou-
te Dieu leur a dit voi - là vo-tre che-min Dieu leur a
dit Voi-là vo-tre che - min Voi - là vo-tre che-min.

LA PAUVRE FEMME.

Air de Mon Habit.

N°312.
Allegretto.
Il nei-ge il nei-ge et là de-vant l'é - gli -- se
U - ne vieil - le prie à ge - noux Sous ses hail-
lons où s'engouf-fre la bi - se C'est du pain qu'elle attend de
nous Seu - le à tâ-tons au par-vis No-tre-Da - me
El - - le vient hi - ver comme é - té El-le est a - veu-gle hé-
las! la pau-vre fem - me Ah! fai-sons-lui la cha-ri - - té.

MÊME CHANSON,

Air d'Aristippe.

N°312 bis.
Allegretto.
Il neige il neige et là devant l'é-gli-se U-ne vieil-
le prie à ge-noux Sous ses hail-lons où s'engouf-fre la
bi - se C'est du pain qu'elle attend de nous Seu-le à tâ-

tons au par - vis No - tre - Da - - me El - le vient
hi - ver com - me é - té El - le est a - veugle hélas! la pau-vre
fem - me Ah! fai - sons - lui la cha - - ri-
té Ah! fai - sons - lui la cha - - ri - - - té.

MÊME CHANSON,

Air de M. Gaubert.

Allegro moderato.

N° 312 ter.

Il neige il nei-ge et là de - vant l'é-
gli - - se U - - ne vieil-le prie à ge-noux Sous ses hail-
lons où s'en-gouf - fre la bi - se C'est du pain
qu'el - le at-tend de nous Seu-le à tâ-tons au par - vis
No - tre-Da - - me El - le vient hi - - ver com - me é
té El - le est a - veugle hé-las! la pau-vre fem - me

Ah! fai - sons - lui la cha - - ri - té.

LES TOMBEAUX DE JUILLET.

Air des Comédiens.

Allegretto.

N°313.

Des fleurs enfans vous dont les mains sont pures Enfans des

fleurs des palmes des flambeaux De nos Trois-Jours or-nez les sépul-

tu-res Comme les rois le peuple a ses tombeaux. Charle a-vait

dit «Que juillet qui s'é-cou le Ven-ge mon trône en butte aux ni-ve-

leurs Vic-toire aux lis!» Soudain Pa-ris en fou - le S'arme et ré-

pond «Vic - toi-re aux trois cou-leurs!» Pour par - ler

haut pour nous trouver ti-mides Par quels exploits fas-cinez-vous nos

yeux N'i-mi-tez pas l'homme des py-ra-mi-des Dans son lin-

ceul tiendraient tous vos a - ïeux. Quoi d'u-ne Char-te on nous

a fait l'au - mô - ne Et sous le joug vous
vou - lez nous cour-ber Nous sa - - vons tous com-
ment s'é - croule un trô - ne Dieu jus - te en-core un
roi qui veut tomber Car u-ne voix qui vient d'en haut sans
dou - te Au fond du cœur nous crie É - ga - li -
té L'é-ga-li - té c'est peut-ê-tre u-ne rou-te Qu'aux malheureux fer - me la ro - yau - té. Mar-chons mar--
chons à nous l'Hô - tel - de - Vil - le A nous les
quais à nous le Louvre à nous Entrés vainqueurs dans le ro-yal a-
si - le Sur le vieux trône ils se sont as - sis tous. Qu'un peuple est
grand qui pauvre gai mo-deste Seul maître après tant de sang et d'ef-

forts Chasse en ri - ant les princes qu'il dé-tes - te Et de l'é-
tat garde à jeun les trésors ! Des fleurs enfans vous dont les mains sont
pu-res En-fans des fleurs des palmes des flambeaux De nos Trois-
Jours ornez les sé-pul-tu-res Comme les rois le peuple a ses tom
beaux. Des ar - ti - sans des sol - - dats de la
Loi - re Des é - co - liers s'es - sa - - yant au ca-
non Sont tom - bés là vous lé - - guant leur vic - toi - re
Sans pen-ser même à nous di - re leur nom. A ces hé-
ros la France doit un temple Leur gloire au loin inspire un saint ef-
froi Les rois que trouble un aus-si grand ex - em-ple Tout bas ont
dit Qu'est-ce aujourd'hui qu'un roi ? Voit-on ve-nir le drapeau trico-

lo - re Ré-pè-tent - ils de sou-ve-nir rem-plis Et sur leur
front ce dra - peau semble en - co - re Je - ter d'en
haut les ombres de ses plis. En paix voguant de royaume en royaume A Sainte-Hé-lè-ne en sa course il at-teint Na - po - lé-
on gi-gan-tes-que fan-tô-me Pa-raît debout sur ce vol-can é-
teint. A son tombeau la main de Dieu l'en-lè - ve « Je t'at-ten-
dais mon drapeau glo-ri-eux Sa-lut! » Il dit brise et jet-te son
glai-ve Dans l'O-cé-an et se perd dans les cieux. Dernier conseil de son gé - nie aus - tè - re Du glai-ve er
lui fi - nit la ro - yau - té Le con-quérant des
scep - tres de la ter - re Pour succes-seur choi-

sit la Li-ber-té. Des fleurs enfans vous dont les mains sont
pu - res En - fans des fleurs des pal - mes des flambeaux De nos Trois-Jours or - nez les sé - pul-
tu-res Comme les rois le peuple a ses tombeaux. Des corrup-
teurs la fac-ti-on ti - tré-e Dé-serte en vain cet humble mo-nu-
ment En vain com-pare à l'é-meute eni - vré - e De nos ven-
geurs le no - ble dé - voû - ment. En - fans en
rêve on dit qu'avec les anges Vous é-changez la nuit les plus doux
mots De l'a - ve - nir pré-di - sez les lou-an - ges Pour con-so-
ler ces a - mes de hé - ros. Di - tes-leur Dieu veil - le
sur vo - tre ou - vra - ge Par nos er - reurs ne

vous lais - - sez trou - bler Du coup qu'i-ci frap-
pa vo - - tre cou - ra - - ge La terre en-core a
long - temps à trembler. Mais dans nos murs fondrait l'Europe en-
tiè - re Qu'au prompt dé - part de vingt peu - ples ri -
vaux La li - ber - té naî-trait de la pous-siè - re Qu'emporte-
raient les pieds de leurs che-vaux. Partout luira l'é-ga-li - té fé-
con-de Les vieil-les lois errent sur des dé-bris Le monde ancien fi - nit d'un nou - veau mon - de La Fran-ce est
rei - ne et son Louvre est Pa - ris. A vous en-
fans ce fruit des Trois-Journées Ceux qui sont là vous frayaient le che-
min Le sang fran-çais des grandes des-ti - né - es Trace en tout

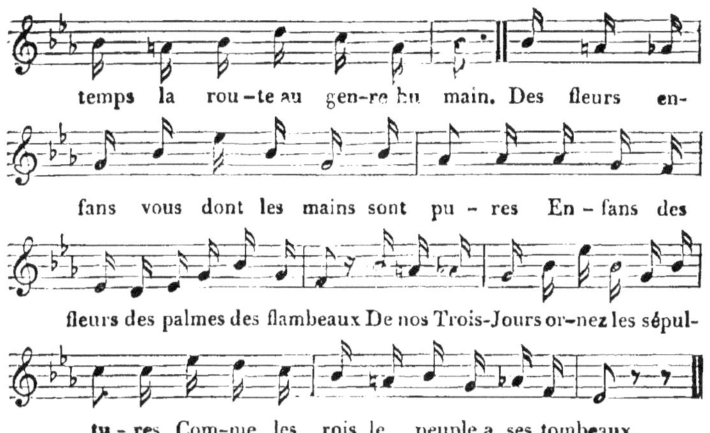

temps la rou—te au gen—re hu main. Des fleurs en-
fans vous dont les mains sont pu — res En — fans des
fleurs des palmes des flambeaux De nos Trois-Jours or—nez les sépul-
tu — res Com—me les rois le peuple a ses tombeaux.

ADIEU, CHANSONS.

Air d'Agéline (de B. Wilhem).

N° 314.
Pour ra — jeu — nir les fleurs de mon tro-
phé- e Na — guère encor tendre docte ou railleur J'al-lais chan-
ter quand m'ap-pa — rut la fé - e Qui me ber-
ça chez le bon vieux tail - leur « L'hi - - ver dit
el - le a souf - flé sur ta tê - te Cherche un a-
bri pour tes soirs longs et froids Vingt ans de

lut-te ont é - pui - sé ta voix Qui n'a chan-
té qu'au bruit de la tem - pê - - te. » A - dieu chansons mon front chau - ve est ri - - dé L'oi-seau se
tait l'a - qui - lon a gron - dé. A - dieu chansons mon front chau-ve est ri - - dé L'oi-seau se
tait l'a - qui - lon a gron - dé.

NOTRE COQ.

Air: *Madelon s'en fut à Rome, tonderontaine, tonderonton.*

Allegro.
N° 315.
No - tre coq d'humeur ac - ti - ve, Las d'Al -
ger, s'é-crie: Il faut Que ıus - qu'au bon Dieu j'ar-
rı - - ve, Pour voir s'il s'en-dort là - haut. J ai ré-

ponse à tout qui - vi - ve, Co , co , co-que-ri - co, Fran- ce
re-mets ton sha - ko, Co - que - ri - co, co - que - ri - co.

C'est à partir d'ici que la disposi-
tion du volume de *Musique des Chansons de Béranger* a été modifiée, et
que cette édition, qui est absolument
complète, diffère des précédentes où
l'on n'avait pu faire une place aux
chansons posthumes.

LE GRILLON.

Air de Jeannot et Colin.

N° 346.

Andantino.
Au coin de l'âtre où je — ti - son-ne, En rê -

vant à je ne- sais quoi, Pe-tit gril - lon, chante a-vec moi Qui, dé-jà
vieux, toujours chan - son-ne. Pe-tit gril - lon, n'a-yons - i -
- ci —— N'ayons du monde au-cun sou - ci. Pe - tit gril-lon,
n'ayons i - ci — N'a - yons du monde au-cun sou - - ci.

LE GRILLON.

Air nouveau de Frédéric Bérat.

Andantino.
N° 316 bis.
Au coin de l'âtre où je ti - son-ne, En rê-
- vant à je ne sais quoi, Pe - tit gril - lon, chante a - vec
moi, Qui, dé - jà vieux, toujours chan - son-ne. Pe tit gril -
- lon, n'a-yons i ci, N'ayons du monde - au - cun sou - ci.

LES ÉCHOS.

N° 317.
On pèche au ciel, et c'est un fait no -
- toi - - re Que les é - chos sont tous des es - prits
purs, Pour leurs pé - chés tom - bés en pur - ga -
- toi - - re Dans nos val - lons, dans nos bois, dans nos
murs. Tant qu'i - ci - bas du - re leur pé - ni -
- ten - ce, Tout cri, tout mot, est par eux ré - pé-
- té; C'est leur sup - plice, il est cru - el en
Fran - - ce; Les é - chos sont trop mal - heu -
- reux; Les é - chos, les é - chos sont trop mal - heu - reux.

L'ORPHÉON.

Air de Laurent de Rillé.

Allo Moderato.
N° 348.
Mon vieil a - mi, ta gloire est
gran - de ; Grâce à tes mer - veil - leux ef -
- forts, Des tra - vail - leurs la voix s'a -
- men - de Et se plie aux sa - vants ac -
- cords. D'u - ne fée as - tu la ba -
- guet - te, Pour rendre ain - si l'art fa - mi -
- lier ? Il pu - ri - fie - ra la guin -
- guet - te, Il sanc - ti - fie - ra l'a - te - lier.

LES PIGEONS DE LA BOURSE.

Air de l'Entrevue.

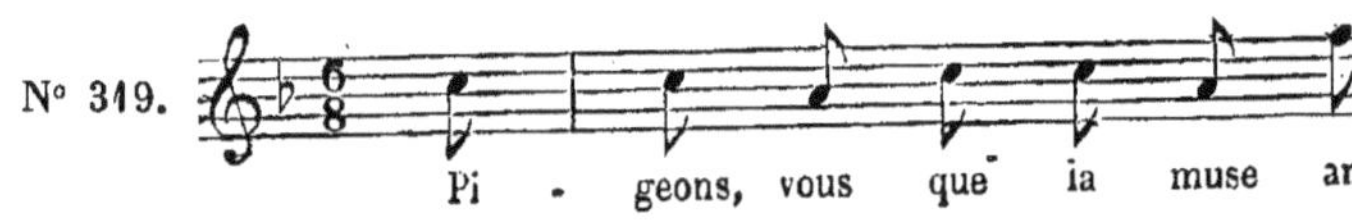
N° 349.
Pi - geons, vous que la muse an -

- ti - que At - te - lait au char des A -
- mours, Où vo - lez vous? las! en Bel -
- gi - que, Des ren - tes vous por - tez le
cours. Ain - si de tout fai - sant res -
- sour - ce, No - bles ta - rés, sots par - ve -
- nus Trans - for - ment en cour - tiers de
Bour - se Les doux mes - sa - gers de Vé -
- nus, trans - for - ment en cour - tiers de
- Bour - se Les doux mes - sa - gers de Vé - nus.

LE BAPTÊME DE VOLTAIRE.

Air: *Les cloches du monastère.*

N° 320.

Allegretto.
La foule en-com-bre l'é - - - gli - se; Les prê-

35

tres sont en é - moi. C'est un garçon qu'on bap - ti - se Fils d'un
tré so - rier du roi. Le cu - - - ré court en per -
son - ne Dire au be-deau : son-ne! son - ne! Dig-don! dig-
don! dig don! dig - don! Que n'a - vons-nous un bour - don! Dig -
don! dig - - - don Que n'a - -vons - nous un bour -
don! Dig - don! dig - don! dig - - - - don!

CLAIRE.

Air de Lantara.

N° 321.
Quelle est cet-te fil-le qui pas - se D'un pied lé -
- ger, d'un air ri - ant? Dans son sou-ri - re que de
grâ - ce, De bon - té dans son œil bril - lant, De bon-

- té dans son œil bril - lant Elle est mo-diste et dé - ses -
- pè - re ses com - pa-gnes par sa frai-cheur; Sa beau-
- té fait l'or - gueil d'un pè - re : C'est la
fil - le du fos - so - yeur. Sa beau-té fait l'or - gueil d'un
pè - - re : C'est la fil - le du fos - so -
- yeur, C'est la fil - le du fos - so - yeur

LE DÉLUGE.

Air *des trois Couleurs.*

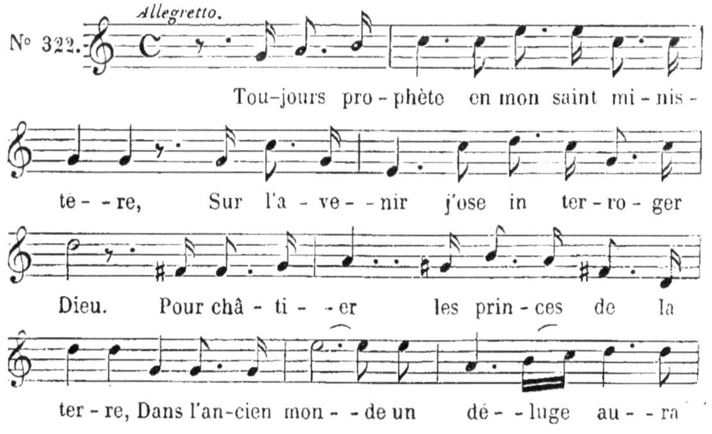

Allegretto.
N° 322.
Tou-jours pro - phète en mon saint mi - nis -
té - - re, Sur l'a - ve - - nir j'ose in ter - ro - ger
Dieu. Pour châ - ti - - er les prin - ces de la
ter - re, Dans l'an-cien mon - - de un dé - - luge au - - ra

lieu. Dé - jà près d'eux, l'O - cé - an sur ses
grè-ves Mu-git, se gonfle: il vient, maî-tres, vo-
yez! Vo-yez, leur dis-je; ils ré - pon - dent: Tu
rê - ves. Ces pau - vres rois, ces pau - vres rois, ils se-
ront tous no - yés. Vo - yez, leur dis-je; ils
ré - - pon - - dent: Tu rê - ves. Ces pau - vres rois,
ces pau - vres rois, ils se - - ront tous no - - - - yés.

LES ESCARGOTS.

Air : *Gnia que Paris.*

N° 323.

Chas - sé d'un gî - te par huis -
- sier, Je cherchais lo - gis au vil - la - - ge, Lorsqu'un
co - li - ma - çon gros - sier Me fait les cor - nes au pas -
- sa - ge. Voy - ez comme ils font les gros dos Ces beaux mes-

- sieurs les es-car-gots, Ces beaux mes-sieurs les es-car-gots.

MA GAITÉ.

Air nouveau de Frédéric Bérat.

Andantino.
N° 324.
Ma gaî-té s'en est al--lé-e, Sage ou
fou qui la ren--dra A ma pauvre âme i-so-
-lé-e, Dieu l'en ré-com-pen-se----ra. Tout
vient ag-gra-ver ma per-te: L'in-fi-dèle, en s'é-va-
Poco rit. -
-dant, Au cha--grin toujours rô-dant, A lais
Tempo dolce.
-sé ma porte ou-ver-te. Au lo-gis ra-me-nez-
la, --- Vous tous qu'el-le con-so---la; Au lo
-gis ra-me-nez---la, Vous
tous qu'el---le con-so----la.

AIRS AVEC ACCOMPAGNEMENT DE PIANO.

NOTRE COQ.

Air : *Madelon s'en fut à Rome, tonderontaine, tonderonton.*

Disposé pour piano, à deux et à quatre voix, par M. HALÉVY.

CHANT.
PIANO.
Allegro.
No - tre coq d'humeur ac - ti - ve, Las d'Al-
ger s'é-crie: Il faut Que jus - qu'au Bon Dieu j'ar-
ri - - ve, Pour voir s'il s'en-dort là - haut. J'ai ré-

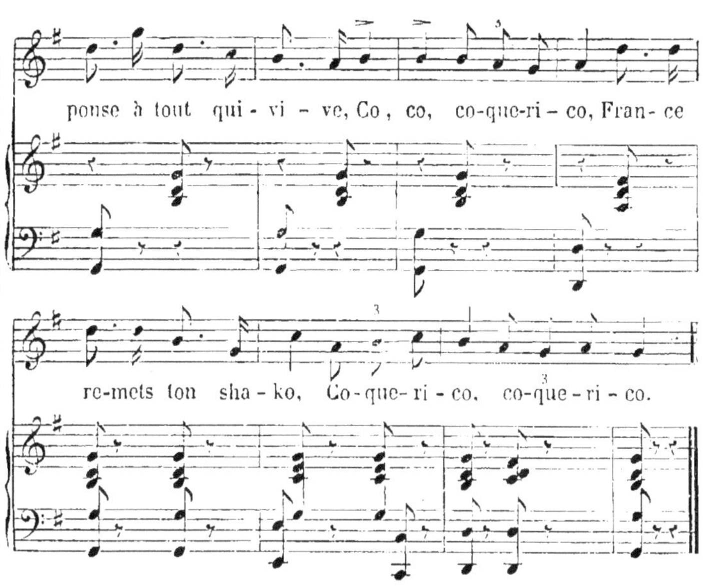
ponse à tout qui - vi - ve, Co, co, co-que-ri - co, Fran- ce
re-mets ton sha - ko, Co-que-ri - co, co-que-ri - co.

A DEUX VOIX,

AVEC OU SANS LE MÊME ACCOMPAGNEMENT.

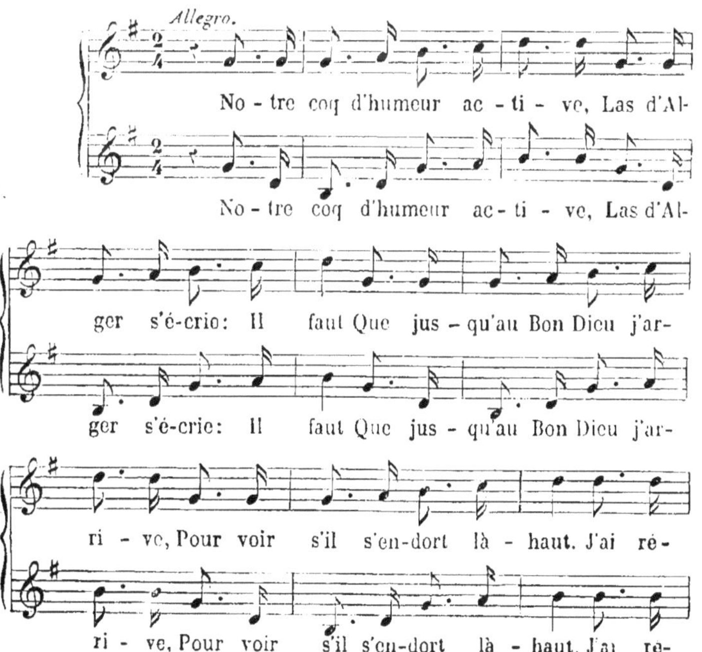
Allegro.
No - tre coq d'humeur ac - ti - ve, Las d'Al-
No - tre coq d'humeur ac - ti - ve, Las d'Al-
ger s'é-crie: Il faut Que jus - qu'au Bon Dieu j'ar-
ger s'é-crie: Il faut Que jus - qu'au Bon Dieu j'ar-
ri - ve, Pour voir s'il s'en-dort là - haut. J'ai ré-
ri - ve, Pour voir s'il s'en-dort là - haut. J'ai re-

ponse à tout qui - vi - ve, Co, co. co-que - ri - co, Fran-ce
ponse à tout qui - vi - ve, Co. co, co-que- ri - co, Fran-ce
re - mets ton sha-ko, Co-que - ri - co, co-que - ri - - co.
re- mets ton sha - ko, Co- que- ri - co, co- que- ri - - co.
A QUATRE VOIX.
1er TÉNOR.
Allegro
p cres.
No - tre coq d'humeur ac - ti - ve, Las d'Al-
2e TÉNOR.
p cres.
No - tre coq d'humeur ac - ti - ve, Las d'Al-
1re BASSE.
p cres.
No - tre coq d'humeur ac - ti - ve, Las d'Al-
2e BASSE.
p cres.
No - tre coq d'humeur ac - ti - ve, Las d'Al-
ger s'é-crie: Il faut Que jus - qu'au Bon Dieu j'ar-
ger s'é-crie: Il faut Que jus - qu'au Bon Dieu j'ar-
ger s'é-crie: Il faut Que jus - qu'au Bon Dieu j'ar-
ger s'é-crie: Il faut Que jus - qu'au Bon Dieu j'ar-

ri - ve, Pour voir s'il s'endort là - haut. J'ai re-
ri - ve Pour voir s'il s'en-dort là - haut. J'ai ré-
ri - ve Pour voir s'il s'en-dort là - haut. J'ai ré-
ri - ve pour voir s'il s'en-dort là - haut. J'ai ré-
ponse à tout qui- vi - ve, Co - co, coque-ri - co. Fran-ce
ponse à tout qui - vi - ve, Co - co, coque-ri - co, Fran-ce
ponse à tout qui - vi - ve, Co - co, coque-ri - co, Fran-ce
ponse à tout qui - vi - ve, Co - co, co-que-ri - co, Fran-ce
remets ton sha - ko, Co-queri - co, co-que - ri - - co.
remets ton sha - ko, Co-queri - co, Co-que - ri - - co.
remets ton sha - ko, Co-queri - co, co-que-ri - co.
remets ton sha - ko, Co-queri - co, co-que-ri - co.

MÊME CHANSON,

Musique de Laurent de Rillé.

N° 201 ter.
Moderato.
Cap - tif au ri - va - ge du Mau-re, Un guer
- rier, cour-bé sous ses fers, Di - sait: je vous re-vois en-
- co - re, Oi - seaux en - ne - mis des hi - vers. Hi - ron
- del-les, que l'es-pé - ran-ce Suit jus - qu'en ces brû-lants cli
- mats, Sans dou - te vous quit-tez la Fran - ce: De mon pa-
- ys ne me par-lez-vous pas? Sans dou - te vous quittez la -
rall.
Fran - ce: De mon pa - ys ne me par-lez-vous pas?

Le chœur à 4 voix se vend chez le même éditeur.

LE JUIF ERRANT.

Musique de M. Gounod.

Moderato.
N° 267 bis.
Chré — tien, au voy - a - geur souf-frant
Tends un ver-re d'eau sur ta por - te! Je suis, je suis le
Juif - er - rant Qu'un tourbillon tou - jours em-por - te!..
Sans vieillir, ac - ca - blé de jours, La fin du monde est
mon seul rê - ve... Cha - que soir j'es-pè - re toujours,
Cha - que soir j'es-pè - re toujours Et tou-jours le so-leil se
lè — ve!.. Tou - jours... tou - jours...
Tour - ne la terre où moi je cours! Tou - jours! tou
Adagio.
- jours! tou - jours! tou - jours!

CHANSONS POSTHUMES.

PLUS DE VERS.
Air : Muse des bois et des accords champêtres.

N° 325.

UN ANGE.
Air de l'Entrevue.

N° 326.

LE PHÉNIX.

N° 327.

LES CHANSONNETTES.
Air : Ainsi jadis un grand prophète.

N° 328.

LES FOURMIS.
Air de la Petite Cendrillon.

N° 329.

LE BAPTÊME.

N° 330.

L'ÉGYPTIENNE.

N° 331.

DE PROFUNDIS.

Air des Scythes et des Amazones.

N° 332

LA PRISONNIÈRE.

Air : *Elle aime à rire, elle aime à boire.*

N° 333.

ADIEU PARIS.

Air de Ninon chez madame de Sévigné.

N° 334.

MON JARDIN.

Air : *Je l'ai planté, je l'ai vu naître.*

Langui o.
N° 335.
A - vec   Dieu bien sou -vent je
cau - se; Il m'é - coute   et   dans sa   bon -
- té   Me ré - pond   tou - jours   quel-que
cho - se Qui tou - jours me rend ma   gaie - té.

LE CHEVAL ARABE.

Air d'Abadie.

Adagio. Déclamé.
N° 336.
Mon beau che - val,   oui,   je viens de te

ven - dre, Moi pauvre et jeune of - fi - cier sans cré - dit,
A ce vieux juif qui va ve - nir te pren - dre;
Oh! du des - tin c'est moi qui suis mau - dit!
Contre un peu d'or, hé - las! c'est pour ma mè - re,
C'est pour mes sœurs que je vais t'é - chan - ger.
De mon cha - grin si tu pou-vais ju - ger
Tu pleu - re - rais comme un cour - sier d'Ilo -
mè - re, Mon bel a - rabe, a - dieu; sans toi, de -
- main Ma no - ble mère i - rait ten - dre la
main, Mon bel a - rabe, a - dieu, sans toi, de -
- main Ma no - ble mère i - rait ten - dre la main.

LA ROSE ET LE TONNÈRRE.

N° 337.

AU GALOP.

Air de la Légère.

N° 338.

ASCENSION.

Air : *C'est à mon maître en l'art de plaire.*

N° 339.

L'AIGLE ET L'ÉTOILE.

Air : *Je nes beautés, vous à qui la nature.*

Amoroso.
N° 40.
A son é - toile, à tra-vers un nu -
- a - ge, L'ai - - - gle s'a - dresse: on manque d'air i -
- ci; Cette î - - - - le d'El - be est une
é - troi - - - te ca - ge. Pa - ris m'at - tend; qu'il
di - se: Le voi - ci! Brille, et je pars, on manque d'air i -
- ci. Brille, et je pars, on manque d'air i - ci.

SAINTE HÉLÈNE.

Air du Vaudeville de la Petite Gouvernante.

LA LEÇON D'HISTOIRE.

Air du Ballet des Pierrots.

IL N'EST PAS MORT.

Air des Trois couleurs.

MADAME MÈRE.

DIX-NEUF AOUT.

Air : J'ai vu partout dans mes voyages.

LES OISEAUX DE LA GRENADIÈRE.

LE MATELOT BRETON.

Air du Ballet des Pierrots.

DAME MÉTAPHYSIQUE.

Air : Passez, jeunes filles, passez (de Robiquet).

PETIT BONHOMME VIT ENCORE.

Air : Dis-moi donc, mon p'tit Hippolyte.

LE TAMBOUR-MAJOR.

Air du Partage de la richesse.

N° 350.

L'OFFICIER.

Air de la Pipe de tabac.

N° 351.

UNE IDÉE.

Air : Avec les jeux dans le village.

N° 352.

Andante.
Des maux pré - sents l'âme ob - sé-
- dé - e, Je rê-vais en vrai son - ge creux, Quand de-vant
moi passe une i - dé - e, Une i - dé-e, oui, bourgeois peu_
- reux. Cel - le ci, messieurs, jeune et belle, Est
faible en - cor, mais je - pré - tends,
Si le bon Dieu prend pi - tié d'el - le, La
voir gran-dir gran - dir en peu de temps.

LA COURONNE RETROUVÉE.

N° 353.

JE SUIS MÉNÉTRIER.

Air : *Eh, ma mère, est-c'que j'sais ça.*

N° 354.

LES AILES.

Air du Ballet des Pierrots.

N° 355.

LE CHASSEUR

Air : *La jeune Iris dans un bocage.*

N° 356.

Allegro.
Pe - tits oi - seaux, que j'aime en -
- ten - dre Vos concerts dans ces bois é - pais! Vo - tre chan-
- son, joy - euse ou ten - dre, Est pour mon cœur l'hymne de
paix. Mais craignez les lacs qu'on peut ten - dre, Le bon-heur
fait tant de ja - loux! Tai - sez - vous, oiseaux, tai-sez-vous.

LA RIVIÈRE.

Air : *C'est à mon maître en l'art de plaire.*

N° 357.

LA SIRÈNE

N° 358.

LES BOIS.

Air de Lantara.

N° 359.

LE MERLE.

N° 360.

LA JEUNE FILLE.

Air : *Nos plaisirs sont légers, mais ils sont sans alarmes.*

N° 361.

Andante.
D'où nais - sent mes tour-ments?
Dieu veut il que je meu - re, A quinze ans, grande et
bel - le, en de va-gues en - nuis? Je dors
sans re - po - ser : je m'é - veille et je
pleu - re ; Mon front ré - vèle au jour le
trou-ble de mes nuits, Le trou - ble de mes nuits.

LES GAGES.

Air : *Ainsi jadis un grand prophète.*

N° 362.

LA TOURTERELLE ET LE PAPILLON.

N° 363.

LA GUERRE.

Air : *Avec les jeux dans le village.*

N° 364.

GUTENBERG.

Air du Vaudeville de la Petite Gouvernante.

LES VENDANGES.

Air : *Dois-je encor chanter les charmes?*

Nᵒ 366.
Ac - cou - - rez, ai - ma - ble
Lau - re, Nos ven – dan - geurs vont aux
champs; En sur - - saut dé - jà l'au -
- ro - re S'é - veille à leurs joy - eux
chants. Tout vi - gne - ron à l'ou - vra - ge, Mène en -
- fants, a - mis, voi - sins; Tant ses
ton - nes en veu - va - - ge Ont soif du
jus des rai - sins, Tant ses ton-
- nes en veu - va - - ge Ont soif, ont

soif   du   jus   des   rai - sins

L'ARGENT.

Air : Attendez-moi sous l'orme.

N° 367.

LE PANTHÉISME.

Air de la Pipe de tabac.

N° 368.

AVIS.

Air : Ce magistrat irréprochable.

N° 369.

LA PLUIE.

Air : Que ne suis-je la fougère?

N° 370.

RETOUR A PARIS.

Air du Vaudeville de la Petite Gouvernante.

N° 371.

LES GRANDS PROJETS.

Air : O Fontenay qu'embellissent les roses!

N° 372.

J'ai   le   su - jet   d'un   po -
- ème   hé - ro - ï - que;   Qu'a - vant   dix

ans le monde en soit do - té.
Oui, le front ceint de la cou-ronne é -
- pi - que, Dans l'a - ve - nir fon - -
- dons ma roy - au - té, Dans l'a - ve -
- nir fon - - dons ma roy - au - té

LA FILLE DU DIABLE.

Air du Ballet des Pierrots.

N° 373.

LES VOYAGES.

Air : *Ce magistrat irréprochable.*

N° 374.

LE SAINT.

Air : *Un petit capucin.*

N° 375.

Chez un Saint qu'é - pou - van - te le
mot d'a - mour, le diable un jour vient
en jeu - ne ser - van - te. Le Saint, lui dit: Sa -

- tan, va - t'en! Va - t'en, Sa - tan, va - t'en!

LES VIOLETTES.

Air : *Mes chers enfants, point de louange.*

Andante.
Nº 376.
Hé — las! vi - o - let - tes char-
- man - tes, Vous vous hâ - tez trop de fleu - rir. Au so - leil
ces nei - ges fu - man - tes, Le ver - glas
peut les re - cou - vrir; Mars nous garde
en - cor des tour - men - tes. Nais - sez - vous
aus - - si pour - souf - frir? Mars nous garde
en - - cor des tour - men - tes. Nais - sez - vous
aus - - si pour - souf - frir?

LA PAQUERETTE ET L'ÉTOILE.

Air : *Je l'ai planté, je l'ai vu naître.*

Nº 377.

L'APOTRE.

MES CRAINTES.
Air : *Ain i jadis un grand prophète*

LA FÉE AUX RIMES.

LE POSTILLON.
Air des Scythes et des Amazones.

LES DÉFAUTS.
Air : *Faut d'la vertu, pas trop n'en faut.*

LE ROSIER.

L'OISEAU FANTOME.

MON CARNAVAL.
Air : *Ainsi jadis un grand prophète.*

LEÇON DE LECTURE.

NOTRE GLOBE.
Air du Vaudeville de la Partie Carrée.

LE DIEU JEAN.

Air : *Toto, Carabo.*

N° 388.

SAINT NAPOLÉON.

Air : *Tendres échos, errants dans ces vallons.*

N° 389.

LE JONGLEUR.

Air : *Soir et matin sous la fougère.*

N° 390.

LE PACTOLE.

N° 391.

CHACUN SON GOUT.

Air : *Il est certain qu'un jour de l'autre mois.*

N° 392.
Andte
Je don-ne - rais, pour re-vivre à vingt ans,
L'or de Rothschild, la gloi-re de Vol - tai - re, Mais d'au-tre
sorte on cal - cule en ce temps, Chez l'au-teur même et
nul n'en fait mys - tè - - - re: On veut ga -
-gner, ga - gner, gagner en - cor. J'en sais plu - sieurs, le

pour - ra - t - on bien croi - re qui don - ne -
- raient, pour leur plein gous - set d'or, Et leurs vingt
ans et Vol - taire et sa gloi - re, Et leurs vingt
ans, et Vol - taire et sa gloire et sa gloi - re.

L'OLYMPE RESSUSCITÉ.

Air : *Je regardais Madelinette.*

N° 393.

LES PAPILLONS.

N° 394.

LA DERNIÈRE FÉE.

Air d'Ageline.

N° 395.

LE SAVANT.

N° 396.

PLUS D'OISEAUX.

Air : *Ainsi jadis un grand prophète.*

N° 397.

MON OMBRE.

Air : *J'étais bon chasseur autrefois.*

N° 398.

LA COLOMBE ET LE CORBEAU DU DÉLUGE

Air du Vaudeville des Visitandines.

N° 399.

MA CANNE.

N° 400.

LES TAMBOURS.

Air : *Faut d'la vertu, pas trop n'en faut.*

N° 401.

HISTOIRE D'UNE IDÉE.

Air de la Rosière de Salency.

Moderato.
N° 402.
I - dée, i - dée, é - veil - le - toi;
Vite, é - veil - le - toi, Dieu t'ap - pel - le.
Sommeil-lait - elle au front d'un roi? Au front d'un
pa - pe dor - mait - el - le?
Une i - dée a frap - pé chez nous,
Fer - mons no - 're porte aux ver - rous.

LES BÉNÉDICTIONS.

Air : *Tendres échos errants dans ces vallons.*

N° 403.

ENFER ET DIABLE.

Air : *Ce magistrat irréprochable.*

N° 404.

RÊVE DE NOS JEUNES FILLES.

Air : *Douce amitié, sagesse aimable.*

N° 405.

Le pe - tit oi - seau sur la bran-che, Lais-se mou-
- rir son chant d'a - mour, Et mi-di voit le lis qui
pen - che S'a - lan - guir sous les feux du
jour. Le pe - tit oi - seau sur la
bran - che, Sur la bran - che lais - se mou-
- rir Son chant d'a - mour Son chant d'a - mour.

LE CORPS ET L'AME.

N° 406.

LA NOURRICE.

Air : *Dans les prisons de Nantes.*

pp Andantino.
N° 407.
Dors Flo - ra, ma ché - ri - e,
tra, la, tra - la - la, la, la, la; Su -
- zon, qui t'a nour - ri - e, Te berce et ber - ce -
Dolce.
- ra Tou - jours et chan - te - - - ra.

LE SEPTUAGÉNAIRE.

Air : *Lison dormait dans un bocage.*

N° 408.

MES FLEURS.

Air : *Charmant ruisseau, le gazon de tes rives.*

Andte
N° 409.
Mo - des - - tes fleurs em - pres - sez
vous d'é - - clo - re : Dé - jà bien
vieux, j'ai hâ - te de vous voir.
De votre é - clat, vite, é - gay-ez l'au - ro - re;

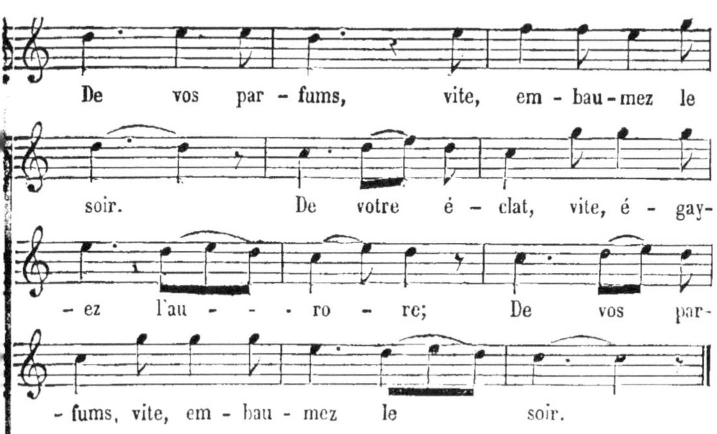
De vos par - fums, vite, em - bau - mez le
soir. De votre é - clat, vite, é - gay-
- ez l'au - - ro - re; De vos par -
- fums, vite, em - bau - mez le soir.

L'AVENIR DES BEAUX ESPRITS.

Air : *C'est à mon maitre en l'art de plaire.*

N° 410.

LA PRÉDICTION.

N° 411.

L'OR.

Air : *Do, do, l'enfant do.*

N° 412.

LA MAITRESSE DU ROI.

Air : *Lison dormait dans un bocage.*

N° 413.

LE CHAPELET DU BONHOMME.

Air : *On dit partout que je suis bête.*

N° 414.

LE PREMIER PAPILLON.

N° 415.

ADIEU.

Air d'Abadie.

Adagio. Un peu déclamé.
N° 416.
Fran - ce, je meurs, je meurs; tout me l'an -
- non - ce. Mère a - do - rée, a - dieu.
Que ton saint nom Soit le der - nier que
ma bou - che pro - non - ce. Au - cun Fran-
Un peu plus vite.
- çais t'ai - ma-t-il plus? oh! non. Je t'ai chan-
- tée a - vant de sa - voir li - re;
Et quand la mort me tient sous son é -
Espress.
- pieu. En te chan - tant mon
der - nier souffle ex - pi - re. A tant d'a -
Dolce. Ten.
- mour donne u - ne lar - me. A - dieu!

BÉRANGER COMPOSITEUR [1]

Un homme d'esprit, qui de notre temps a contribué beaucoup
à populariser l'art musical, a publié un livre sous ce titre :
Molière musicien. C'est un vrai tour de force, car, ni M. Castil-
Blaze, ni aucun des biographes de Molière, n'a jamais pu établir
que l'auteur du *Misanthrope* ait su la musique, ni qu'il en ait de
sa vie écrit une note. Mais c'est là un petit détail où l'auteur, son
titre une fois trouvé, ne pouvait raisonnablement s'arrêter. L'ou-
vrage existe, il est amusant, qu'importe le reste? Or, si de son
titre M. Castil-Blaze a pu faire sortir deux gros volumes, du mien
je parviendrai peut-être à tirer quelques lignes dont mon imagi-
nation n'aura pas à faire tous les frais, puisque Béranger a réelle-
ment composé quelques airs sur des paroles de son recueil.

Non pas que Béranger soit plus musicien que Molière, dans l'ac-
ception technique du mot, et plus près d'écrire un opéra comme
Rossini, ou une symphonie comme Beethoven. Je crois bien qu'à
cet égard l'auteur de *Tartuffe* et l'auteur des *Missionnaires* sont

(1) Nous reproduisons ici quelques pages curieuses d'un écrivain de goût,
M. Génin. Elles ont paru dans l'*Illustration,* en 1855.

absolument but à but. Aussi ne chante-t-il pas comme Rubini ou Lablache. Il chante cependant, et surtout il est chanté : cela me paraît incontestable, *quoi qu'on die.* Eh bien ! il compose comme il chante, naturellement et par inspiration. Il est de l'ancien temps, où l'on disait que la poésie et la musique sont sœurs; vérité d'autrefois, mensonge d'aujourd'hui. Dans ce temps-là, vous savez, lorsqu'on chantait au dessert (à présent on ne chante plus qu'au lutrin et à l'Opéra), il arrivait souvent qu'un chansonnier fît à la fois l'air et les paroles de sa chanson, et l'ensemble n'en était pas plus mauvais pour cela, oui ! Et vous avez nombre d'airs populaires, de ces airs demeurés proverbes, qui n'ont pas d'autre origine. Par exemple, on doit à Dufresny l'air : *Une faveur, Lisette,* et l'air : *Attendez-moi sous l'orme,* si fréquents dans les vieux recueils, et surtout l'air impérissable : *Réveillez-vous, belle endormie.*

Favart a fait l'air des *Fleurettes* et celui des *Portraits à la mode,* vaudeville aussi célèbre en son temps que le *Roi d'Yvetot* l'est dans le nôtre.

Laujon a mis en musique lui-même un grand nombre de ses chansons. J'avoue que cette musique est la plupart du temps aussi fade que les paroles; il y a cependant des exceptions de l'un et de l'autre genre, et, comme Laujon a de très-jolis couplets, il a aussi quelques airs qui sont restés dans la mémoire, ne fût-ce que *Pierrot sur le bord d'un ruisseau; Vous me grondez d'un ton sévère; le Premier du mois de janvier,* et le vaudeville si connu de *Jean Monnet.*

Beffroy de Reigny, plus connu sous le nom de cousin Jacques, avait un talent naturel des plus remarquables pour trouver des chants d'une allure franche et vive. L'originalité des airs n'a pas été de peu dans le succès inouï de quelques-unes de ses pièces. *Nicodème dans la lune,* en treize mois, eut cent quatre-vingt-onze représentations. La ronde *Colinette au bois s'en alla* fit le tour de la France, aussi bien que celle du *Club des bonnes gens : Dans la paix et l'innocence.* La romance *Deux enfants s'aimaient d'amour tendre* (de l'*Histoire universelle*), la chanson *L'aut' jour la p'tite Isabelle,* ne rencontrèrent pas moins de faveur. Aussi je m'explique difficilement la sentence de M. Fétis : « Il (Beffroy de Reigny) faisait les paroles et la musique de ses pièces, mais il n'avait guère plus de talent dans un genre que dans l'autre. » La *Biographie* Didot constate que quatre cents représentations n'épuisèrent pas le succès de *Nicodème dans la lune*, et M. Fétis lui-même dit que cette pièce « fit courir tout Paris aux boulevards pendant plus d'une année. » Il est vrai que, de ses deux opinions contradictoires, M. Fétis exprime l'une à l'article Beffroy, et l'autre à l'article Leblanc (1).

Tout le monde sait que l'auteur d'*Émile* est aussi l'auteur de l'air : *Je l'ai planté, je l'ai vu naître*; on sait moins communément que la romance : *Du serin qui te fait envie*, appartient à Dorat, pour la musique comme pour les paroles.

L'auteur de *Victor ou l'enfant de la forêt*, de *Célina ou l'enfant du mystère*, de *Paul*, d'*Alexis*, des *Petits orphelins du hameau*, et de tant d'autres romans aujourd'hui dédaignés, après avoir joui d'une vogue égale à celle de Pigault-Lebrun, mais dans un genre tout différent, Ducray-Duminil était chansonnier aussi joyeux que romancier sentimental. L'air de *la Marmotte en vie : Je quittai la montagne*, celui de *la Croisée*, la ronde *A la fête du hameau, ah ! comme c'est beau! Ce mouchoir, belle Raymonde*, ont survécu et survivront longtemps aux compositions romanesques qui ont fait la fortune et la réputation de l'auteur.

Ducray-Duminil eut un bien beau jour dans sa vie d'amateur de musique : ce fut celui de la première représentation d'*Une folie*. Méhul, le grand Méhul, avait fait à Ducray l'honneur de lui prendre une de ses inspirations! La chanson paysanne, *Eh ! you piou piou, comme il attrape ça!* que chante au premier acte Jacquinet-la-Treille, est une ronde de Ducray-Duminil; elle était gravée avec accompagnement de guitare, sous le nom de Ducray. Ainsi tout Paris, toute la France fut témoin de l'événement : l'auteur d'*Euphrosine* empruntant une mélodie à l'auteur de *Lolotte et Fanfan!* quel hommage flatteur! quelle gloire!

---

(1) M. Fétis attribue la musique de *Nicodème* tantôt à Beffroy (et alors elle est mauvaise), tantôt à Leblanc (et alors elle est bonne).

Méhul a bien fait de ne pas mépriser la musique d'amateur, la musique d'un chansonnier. Sans doute il était de force à composer une ronde comme *You piou piou!* L'eût-il aussi bien réussie? c'est une question. Méhul s'est trouvé une fois en lutte avec un simple amateur, et la victoire ne lui est pas demeurée. Le *Chant du départ* est certes une magnifique inspiration, du moins le début; mais ce début grandiose et solennel tourne court et tombe à plat : c'est un superbe portique derrière lequel il n'existe rien. Au contraire, voyez *la Marseillaise!* quel développement! quel coloris soutenu! quel souffle inspiré jusqu'à la fin! Après la majesté des premières mesures, comme la passion bouillonne, monte, éclate et se répand sur ces deux terribles *marchons! marchons!* où l'harmonie de Gossec a fait entendre un coup de tonnerre à l'aide d'une simple dissonance de triton. Ce fut un trait de génie, ce triton! Rouget de Lisle ne l'avait pas trouvé, mais il avait trouvé le chant qui le comportait, il avait trouvé le cri de l'âme, et ce cri avait été compris de tous les ignorants comme l'auteur. Méhul, profond harmoniste, en produisant *le Chant du départ*, ne laissa rien à y ajouter: mais quand Gossec instrumenta *la Marseillaise* dans l'ouverture du *Camp de Grand-pré*, il traduisit ce que la foule sentait d'instinct, il accentua le trait comme il devait l'être, et le redoutable *si bémol* mugissant à la basse tandis que les autres voix jettent pour la seconde fois l'accord parfait d'*ut majeur*, cette suspension harmonique répandit dans toute la salle un frisson d'enthousiasme et d'épouvante.

J'ai souvent, en 1848, entendu *la Marseillaise* exécutée par des orchestres de théâtre ou de musique militaire; jamais aucun n'a employé le merveilleux effet d'harmonie que Gossec avait mis sur ce passage : tous sonnaient deux fois de suite l'accord parfait; la trouvaille du vieux maître s'était reperdue dans l'oubli. Eh bien! dépourvue de cette addition de force, l'hymne paraissait encore assez puissante.

Si nous portons nos regards sur un genre tout opposé, y a-t-il dans aucune musique, chez aucun peuple, un chant plus doux, plus pathétique, allant plus droit au cœur, que la romance du

Pauvre Jacques? Qui a composé cet air? un homme du métier?
Ah, vraiment! un homme du métier aurait rejeté une inspiration
aussi simple, supposé qu'elle lui fût venue. Grétry seul aurait pu
l'accueillir, parce que Grétry était, selon l'expression de Casali,
son maître, *un vero asino in musica.* Non, *Pauvre Jacques* est de
Mme de Travanet, attachée à Mme Élisabeth. Mme de Travanet composa cette romance sur une petite laitière de Trianon, séparée de
son amant, et sur-le-champ ces accents naïfs trouvèrent un écho
dans tous les cœurs, et se gravèrent dans toutes les mémoires en
traits ineffaçables.

Chacun son lot, ce n'est pas trop! Messieurs les compositeurs scientifiques écrivent de superbes ouvertures, des sympho-
nies, des morceaux d'ensemble, des airs de bravoure tant qu'on
voudra! mais des airs populaires, halte-là, non! ceci est une
autre affaire, c'est pour les ânes en musique!

Depuis douze ou quinze ans, M. Scribe ne fait pas un livret
d'opéra-comique sans y fourrer *l'air du pays, la ronde du pays :*
— « Et puis, la *chanson du pays...* » — M. Scribe ne se lasse pas
d'offrir l'occasion à son musicien, mais c'est en pure perte : de
tous ces *airs du pays,* aucun n'est devenu populaire; jamais le
compositeur n'est parvenu à saisir la physionomie de *l'air du
pays;* toujours il va trop haut ou trop bas. Voyez seulement pour
échantillon cet air dans *la Part du Diable :* combien de fois *l'air
du pays* revient-il dans les trois actes, et combien de fois la pièce
a-t-elle été jouée! Et cependant, qui a retenu *l'air du pays?*
Personne. MM. Scribe et Auber ont pris à tâche de renouveler le
tour de force de la romance de *Richard;* jusqu'ici ils n'ont pu
en approcher.

Dans toutes les œuvres des compositeurs dramatiques, je ne
vois qu'un pendant à l'air *Pauvre Jacques :* c'est la romance de
Nina, mais aussi c'est Dalayrac!... La partition de *Nina,* comme
celle de *Renaud d'Ast,* comme celle des *Deux Savoyards,* n'est que
la musique d'amateur tout au plus; les amateurs de notre temps
sont la plupart plus forts que cela; mais, à la fin du dix-huitième
siècle, ils ne visaient encore qu'à faire du chant, et souvent y
réussissaient.

Qui ne connaît l'air *Cœurs sensibles, cœurs fidèles*, et cet autre : *Toujours, toujours, il est toujours le même?* Ils sont de Beaumarchais, aussi bien que les paroles (1).

Piis, qui a fait tant de chansons, parmi lesquelles il s'en trouve de fort plaisantes, Piis trop oublié (mais quoi! la postérité est si occupée aux contemporains!), ce Piis, dont Beaumarchais disait par forme d'oraison : *Auge piis ingenium*, s'est mêlé aussi de composer des airs. On a retenu de lui : *Mes bons amis, pourriez-vous m'enseigner*, et *Décacheter sur ma porte*, mieux tournés et plus gais que beaucoup d'airs des grands faiseurs de l'Opéra-Comique.

Toute la génération qui achève aujourd'hui de s'écouler a chanté *la Treille de sincérité,* sans se mettre en peine de qui était cet air si vif, si joyeux, si bien adapté au sens des paroles. Il est de l'auteur de ces paroles, de Désaugiers lui-même, qui en a fait bien d'autres, sans jamais attacher la moindre prétention à ce talent chez lui héréditaire. L'air de la première ronde du *Départ pour Saint-Malo,* sur lequel Béranger a composé *les Gueux,* est encore un échantillon de la musique de Désaugiers.

Je m'arrête, car insensiblement je pourrais faire ainsi deux volumes. Ces exemples suffisent pour montrer que de tout temps les bons chansonniers ont eu d'heureuses inspirations musicales. On verra tout à l'heure que le privilége d'un double lyrisme ne s'est pas amoindri dans le génie de Béranger.

Par malheur, Béranger, qui ne sait pas *noter* comme il sait écrire, n'a mis aucune importance aux airs qui lui venaient à la tête. Il les chantait avec ses amis, et puis il les oubliait. J'en ai sauvé trois, que j'ai scrupuleusement écrits sous sa dictée, et dont, après audition réitérée, il a approuvé l'exactitude.

L'un de ces airs, Béranger le composa pour un projet d'opéra-comique de lui, — (Béranger avoue même des tragédies exécutées, poussées à bout!) — que Wilhem devait mettre en mu-

---

(1) Les autres morceaux de musique du *Mariage de Figaro* sont de Baudron, chef d'orchestre du Théâtre-Français.

sique, c'était un sujet de chevalerie. L'opéra-comique avorta, et plus tard Béranger adapta sur ce chant *la Prisonnière et le Chevalier,* avec cette note ironique : « Genre à la mode, » et cette indication modeste : *Air à faire.* C'était à l'époque où M. de Marchangy faisait *flores* avec sa *Gaule poétique*; Béranger était déjà bien revenu de la chevalerie et de l'opéra-comique !

Le second, *l'Espérance,* est gravé à peu près dans le recueil de Perrotin, sous le numéro 275. Seulement le rédacteur de cette notation a commis une singulière inadvertance : il commence en *la majeur* et finit en *ut majeur*, sans qu'on ait vu passer la modulation ! Et il a mis en tête « Musique de M. B....... »

La même indication se retrouve au numéro 285 *bis* pour le couplet « A mes amis devenus ministres. » Probablement ici encore cette initiale désigne Béranger; mais Béranger m'a déclaré n'avoir aucune connaissance de l'air qu'on lui attribue.

Guichard Printemps, auteur de ce recueil, avait déjà précédemment été chargé du même travail dans l'édition Baudouin. Il avait profité de l'occasion pour y larder de la musique de ses amis, et surtout de la sienne, qui n'en est pas devenue plus célèbre. Il paraît que cette fois on l'avait prié d'éliminer les inspirations de sa muse; mais il a donné dans un autre abus, celui d'ajuster aux chansons de Béranger des airs de son choix, souvent inconnus à Béranger et ridiculement prétentieux, des airs de scène, par exemple : *Je ne vous vois jamais rêveuse,* de *Ma tante Aurore,* ou bien : *Un soir, après mainte folie,* de *Françoise de Foix,* dont Béranger serait bien en peine de dire une seule note ! C'est une faute grave. Ce qu'il est intéressant de connaître, c'est l'air authentique, celui dont s'est inspiré le poëte. Que m'importe que les paroles aillent sur un timbre différent? On trouve toujours des timbres ! Encore moins tient-on à la musique composée après coup.

J'ai mis en chœur le refrain de *Jeannette,* sur l'indication de Béranger lui-même : « Avons-nous chanté cela avec mes amis, quand nous étions jeunes !... »

A ces trois morceaux, j'en ai ajouté un quatrième.

Béranger, lorsqu'il était apprenti imprimeur chez M. Laisney,

à Péronne, avait appris une chanson qu'il entendait tous les jours
à l'atelier :

Demain matin au point du jour,   ⎫
On bat la générale,   ⎬ *bis.*
Pour aller r'joindr' le régiment, ⎭
Raplan, raplan,
Raplan, pataplan,
Pour aller r'joindr' le régiment,
Qui va-t-à Perpignan!

Il avait retenu cet air d'un caractère tout particulier, et c'est
celui sur lequel il composa plus tard *la Vivandière.* Mais Wilhem
persuada à son ami que cet air peu connu nuirait au succès de la
chanson, et qu'il valait bien mieux que lui, Wilhem, en composât
un exprès. Béranger, toujours complaisant, surtout quand il s'agit
de sacrifier son amour-propre, y consentit; Wilhem fit l'air, on
le mit sur les orgues de Barbarie, et c'est avec l'air : *Il faut partir,
Agnès l'ordonne,* la seule mélodie de Wilhem qui ait pu devenir
populaire. Quant à moi, je n'hésite pas à préférer, et de beau-
coup, l'air supprimé, dont, au surplus, Wilhem avait reproduit le
rhythme et l'allure militaire. Ceux qui savent quel soin extrême
notre poëte apporte à choisir ses airs pour les mettre en harmonie
avec ses sujets, et produire cette unité dont la puissance dans les
arts se fait bien plus sentir que remarquer, ceux-là me sauront
quelque gré d'avoir restitué le véritable air de *la Vivandière,* et
replacé la pensée du poëte dans son cadre primitif.

F. Génin.

JEANNETTE.

Paroles et musique de Béranger.

(EN CHŒUR.)
Allegro.

DESSUS.
TÉNOR.
BASSE.
Fi des co - quet - tes ma - nié -
Fi des co - quet - tes ma - nié -
Fi des co - quet - - tes ma - nié -
- ré - es! Fi des bé - guen - les du grand ton! Je pré -
- ré - es! Fi des bé - gueu - les du grand ton! Je pré -
- ré - es! Fi des bé - gueu - les du grand ton! Je pré -
- fère à ces mi - - jau - ré - es Ma Jean -
- fère à ces mi - jau - ré - es Ma Jean -
- fère à ces mi - jau - ré - es Ma Jean -

- net-te, ma Jean - ne - ton! Je pré - fère à ces mi - jau-
- net - te, ma Jean-ne - ton! Je pré - fère à ces mi -jau-
- net - te, ma Jeanne - ton! Je pré-fère à
Rallent.   Fin.
- ré - es Ma Jean - net-te, ma Jean - ne - ton!
- ré - es Ma Jean - net - te, ma Jean-ne - ton!
ces mi - jau - ré - - es Ma Jean-ne - ton!
SOLO.
Jeu - ne, gen - tille et bien fai - te, Elle est
fraîche et ron - de - let - te, Son œil noir est pe - til-
- lant; Pru - des, vous di - tes sans ces - se Qu'elle a
le sein trop sail - lant; C'est, pour ma main qui le
pres - se, Un dé - faut bien sé - dui - sant.

JEANNETTE.

Paroles et musique de Béranger.

Allegro.
Fi des co - quet - tes ma - nié -
- ré - es! Fi des bé - gueu - les du grand ton! Je pré -
- fère à ces mi - jau - ré - es Ma Jean - net - te, ma Jean - ne -
- ton! Je pré - fère à ces mi - jau - ré - es Ma Jean
Rallent.   FIN.
- net - te, ma Jean - ne - ton! Jeu - ne, gen - tille et bien
fai - te, Elle est fraîche et ron - de - let - te. Son œil
noir est pe - til - lant; Pru-des, vous di tes sans
ces - se Qu'elle a le sein trop sail - lant: C'est, pour
ma main qui le pres - se, Un dé - faut bien sé - dui-sant.

LA PRISONNIÈRE ET LE CHEVALIER.

Paroles et musique de Béranger.

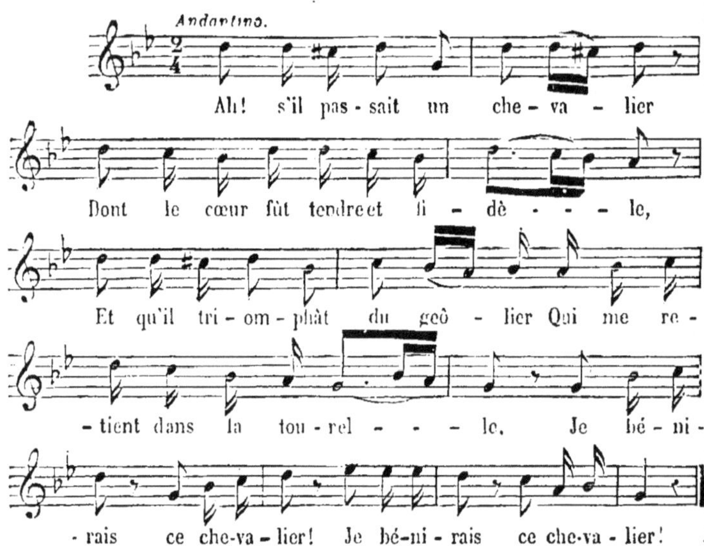
Andantino.
Ah! s'il pas - sait un che - va - lier
Dont le cœur fût tendre et fi - dè - - - le,
Et qu'il tri - om - phât du geô - lier Qui me re -
- tient dans la tou - rel - - - le, Je bé - ni -
- rais ce che-va - lier! Je bé-ni - rais ce che-va - lier!

LE BONHEUR.

Paroles et musique de Béranger.

Allegretto
Le vois-tu bien là-bas, là - bas, Là-bas, là
- bas, dit l'Es-pé - ran - ce, Bourgeois, ma - nants, rois et pré-
- lats Lui font de loin la ré - vé - ren - ce. C'est le Bon-

- heur, dit l'Es-pé — ran - ce, Courons, cou — rons, doublons le
Pressez
pas, Pour le trou - ver là-bas, là - bas, Là-bas, là — bas!

LA VIVANDIÈRE DU RÉGIMENT.

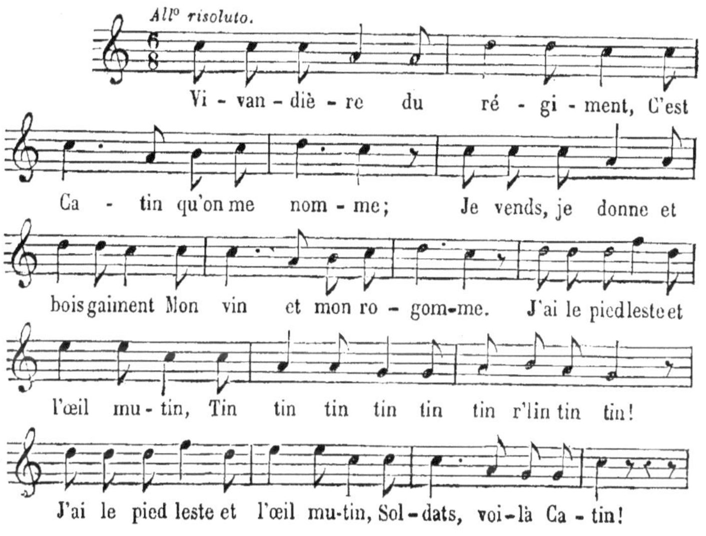
Allo risoluto.
Vi - van — diè - re du ré - gi - ment, C'est
Ca - tin qu'on me nom - me; Je vends, je donne et
bois gaîment Mon vin et mon ro - gom-me. J'ai le pied leste et
l'œil mu - tin, Tin tin tin tin tin tin r'lin tin tin!
J'ai le pied leste et l'œil mu-tin, Sol - dats, voi - là Ca - tin!

TABLE

DES CHANSONS DE BÉRANGER

ET DE LEURS AIRS

. **LE ROI D'YVETOT** — Quand un tendron vint en ces lieux (air du vaudeville de *Bastien et Bastienne,* employé par Moreau dans une ronde). — Air N° 1.

LA BACCHANTE. — Fournissez un canal au ruisseau (air tiré de *Rose et Colas,* de Monsigny) ; le ton primitif est en *mi.* — 2.

LE SÉNATEUR. — J'ons un curé patriote (air tiré du vaudeville : *Encore un Curé*). — 3.

L'ACADÉMIE ET LE CAVEAU. — Tout le long de la rivière (air de Philidor). — 4.

LA GAUDRIOLE. — La bonne aventure (air de Chardini). — 5.

ROGER BONTEMPS. — Air de la ronde de Grandpré (fait par Gossec, en 1792) ; c'est le timbre de Béranger. Il a été arrangé par Wilhem. — 6.

—— Air nouveau d'Amédée de Beauplan. — 6 *bis.*

PARNY N'EST PLUS. — Musique de Wilhem (Béranger a fait cette chanson sans timbre). — 7.

PLUS DE POLITIQUE. — Ce jour-là sous l'ombrage, ou air du vaudeville de *Madame Scarron*. — 78.

MARGOT. — C'est une bouteille. — 79.

A MON AMI DÉSAUGIERS. — *La Calacoua,* air populaire en 1788. — 80.

MA VOCATION. — Attendez-moi sous l'orme (air de Lulli, sur une chanson ancienne). — 81.

LE VILAIN. — Air de *Ninon chez madame de Sévigné* (de Berton). — 82.

LE VIEUX MÉNÉTRIER. — C'est un lan la, landerirette (air de Gillier, sur une chanson de Piron). — 83.

LES OISEAUX. — Air de *l'Entrevue* (de Doche); le ton est en *fa*. Béranger n'avait pas choisi de timbre. — 84.

———— Air de Charles Maurice. — 84 *bis.*

LES DEUX SOEURS DE CHARITÉ. — Air de *la Treille de Sincérité* (de Désaugiers). — 85.

COMPLAINTE D'UNE DE CES DEMOISELLES. — Faut d' la vertu, pas trop n'en faut (air de Dezède dans *l'Erreur d'un moment*). — 86.

CE N'EST PLUS LISETTE. — Eh! non, non, non, vous n'êtes pas Ninette (chanson ancienne, air de Lambert). — 87.

L'HIVER. — Une fille est un oiseau (Monsigny, dans *On ne s'avise jamais de tout*). — 88.

LE MARQUIS DE CARABAS. — Air du *Roi Dagobert* (air ancien; le ton est en *fa*). 89. —

MA RÉPUBLIQUE. — Air du vaudeville de *la Petite Gouvernante* (de Doche); le ton est en *mi* ♭. — 90.

L'IVROGNE ET SA FEMME. — Quand les bœufs vont deux à deux (Grétry, dans *Richard Cœur-de-Lion*). — 91.

PAILLASSE. — Amis, dépouillons nos pommiers (de Doche, dans *le Val de Vire*). — 92.

———— Mon père était pot (de Blaise); cet air n'est pas indiqué dans les chansons de Béranger. — 92 *bis.*

MON AME. — Air du vaudeville *des Scythes et des Amazones* (de Doche). — 93.

LE JUGE DE CHARENTON. — Air de *la Codaqui* (chanson populaire). — 94.

LES CHAMPS. — Mon amour était pour Marie. — 95.

LA COCARDE BLANCHE. — Air des *Trois Cousines* (de Dufrény; le ton est en *fa*). — 96.

MON HABIT. — Air du vaudeville de *Décence*. — 97.

———— Air de M. Gaubert. — 97 *bis.*

LE VIN ET LA COQUETTE. — Je vais bientôt quitter l'empire (air de Tourterelle dans *les Filles à marier*); le ton est en *ré* majeur. — 98.

LA SAINTE ALLIANCE BARBARESQUE. — Air de Calpigi (Salieri, dans *Tarare*, opéra de Beaumarchais); le ton est en *la* majeur. — 99.

L'ERMITE ET SES SAINTS. — Ce jour-là sous l'ombrage. — 100.

MON PETIT COIN. — Air du vaudeville de *la Petite Gouvernante* (Doche). — 101.

LE SOIR DES NOCES. — Zon! ma Lisette, zon! ma Lison. — 102.

L'INDÉPENDANT. — Je vais bientôt quitter l'empire (Tourterelle, dans *les Filles à marier*). — 103.

LES CAPUCINS. — Faut d' la vertu, pas trop n'en faut (Dezède, dans *l'Erreur d'un moment*). — 104.

LA BONNE VIEILLE. — Musique de Wilhem. — 105.

———— Muse des bois et des accords champêtres (romance de Doche; c'est sur ce timbre que Béranger a fait sa chanson). — 105. *bis.*

———— Musique de E. Bruguière. — 105 *ter.*

LA VIVANDIÈRE. — Musique de Wilhem, ou Demain matin, au point du jour, on bat la générale (voir l'Appendice pour la part prise par Béranger dans la mise en musique de cette chanson). — 106.

COUPLETS A MA FILLEULE. — J'étais bon chasseur autrefois (air de Doche dans *Florian*). — 107.

L'EXILÉ. — Ermite, bon ermite (air de Ducray-Duminil). — 108.

———— Musique de M. A. Romagnési. — 108 *bis.*

LA BOUQUETIÈRE ET LE CROQUE-MORT. — Eh! le cœur à la danse (Grétry). — 109.

LA PETITE FÉE. — C'est le meilleur homme du monde (Philidor). — 110.

MA NACELLE. — Eh! vogue la galère (chanson ancienne). — 111.

———— Musique de Panseron. — 111 *bis.*

MONSIEUR JUDAS. — J'ons un curé patriote (air du vaudeville : *Encore un Curé*). — 112.

LE DIEU DES BONNES GENS. — Air du vaudeville de *la Partie carrée* (Doche). — 113.

ADIEU A DES AMIS. — C'est un lanla, landerirette (air de Gillier, sur une chanson de Piron). — 114.

LA RÊVERIE. — Air de *la Signora malade* (opéra comique de Chardini). — 115.

BRENNUS. — Musique de Wilhem. — 116.

———— Air de *Pierre le Grand* (Jadis un célèbre empereur), de Grétry; c'est là le timbre de Béranger. — 116 *bis.*

LES CLEFS DU PARADIS. — A coups d' pied, à coups d' poing (Blaise, sur une chanson de Vadé). — 117.

SI J'ÉTAIS PETIT OISEAU. — Musique de Wilhem. — 118.

—— Il faut que l'on file doux (air ancien); c'est le timbre de la chanson de Béranger. — 118 *bis*.

LE BON VIEILLARD. — Contentons-nous d'une simple bouteille (air de Mouret; ancienne chanson de table). — 119.

—— Musique de E. Bruguière. — 119 *bis*.

QU'ELLE EST JOLIE. — Air de *Lantara* (Doche); Béranger n'a pas indiqué de timbre pour cette chanson. — 120.

—— Musique de Guichard Printemps. — 120 *bis*.

LES CHANTRES DE PAROISSE. — Air du *Bastringue* (air populaire en 1794). — 121.

L'AVEUGLE DE BAGNOLET. — Air de la ronde de *la Ferme et du Château*, ou Babababalancez-vous donc (air de Tourterelle). — 122.

—— Musique d'Auguste Andrade. — 122 *bis*.

LE PRINCE DE NAVARRE. — Air du ballet des *Pierrots* (vieil air usité dans les chansonniers). — 123.

LA MORT SUBITE. — Air du ballet des *Pierrots*. — 124.

LES CINQUANTE ÉCUS. — Martin est un fort bon garçon. — 125.

—— Musique d'Amédée de Beauplan. — 125 *bis*.

LE CARNAVAL DE 1818. — A ma Margot du bas en haut (air de Champein dans *le Poëte supposé*, opéra comique); le ton est en *si* ♭. — 126.

LE RETOUR DANS LA PATRIE. — Suzon sortant de son village (air de Dalayrac). — 127.

—— Musique de Laflèche. — 127 *bis*.

LE VENTRU. — J'ons un curé patriote (air du vaudeville : *Encore un Curé*). — 128.

· LA COURONNE. — J'étais bon chasseur autrefois (Doche); Béranger a fait cette chanson sans timbre. C'est un fragment d'un des vaudevilles qu'il ébauchait dans sa jeunesse. — 129.

LES MISSIONNAIRES. — Eh! le cœur à la danse (Grétry). — 130.

LE BON MÉNAGE. — Air de *la Légère* (contredanse), ou Moi je flâne. — 131.

LE CHAMP D'ASILE. — Air de la romance de *Bélisaire* (de Garat). — 132.

—— Musique de Gatayes. — 132 *bis*.

LA MORT DE CHARLEMAGNE. — Le bruit des roulettes gâte tout. — 133.

LE VENTRU. — Faut d' la vertu, pas trop n'en faut (air de Dezède dans *l'Erreur d'un moment*). — 134.

LA NATURE. — Ah! que de chagrins dans la vie (air de Doche dans *Lantara*). — 135.

LES CARTES ET L'HOROSCOPE. — Air du vaudeville de *la Petite Gouvernante* (de Doche). — 136.

LA SAINTE ALLIANCE DES PEUPLES. — Air du vaudeville de *la Partie carrée* (Doche). — 137.

ROSETTE. — Musique de M. A. de Beauplan. — 138.

—— Musique de Guichard Printemps. — 138 *bis*.

—— Musique de M. Charles Maurice (Béranger a fait cette chanson sans timbre). — 138 *ter*.

LES RÉVÉRENDS PÈRES. — Air de *la Codaqui,* ou Bonjour mon ami Vincent (chanson populaire). — 139.

LES ENFANTS DE LA FRANCE. — Air du vaudeville de *Turenne* (de Doche); le ton est en *si* ♭. — 140.

—— Musique de M. A. de Beauplan. — 140 *bis*.

LES MIRMIDONS. — Air du vaudeville de *la Garde nationale*. — 141.

LES ROSSIGNOLS. — C'est à mon maître en l'art de plaire (air de Boïeldieu dans *l'Entrevue*). — 142.

—— Musique de M. A. de Beauplan. — 142 *bis*.

HALTE-LA. — Halte-là, la garde royale est là (air de Tourterelle dans *les Habitants des Landes*). — 143.

L'ENFANT DE BONNE MAISON. — Air de *la Treille de sincérité* (de Désaugiers). — 144.

LES ÉTOILES QUI FILENT. — Air du ballet des *Pierrots* (air usité dans tous les chansonniers). — 145.

L'ENRHUMÉ. — Le petit mot pour rire (air ancien, employé par Lattaignant; le ton est en *fa*). — 146.

LE TEMPS. — Ce magistrat irréprochable (air de Wicht). — 147.

LA FARIDONDAINE. — A la façon de Barbari (ancien air populaire). — 148.

MA LAMPE. — Air d'*Aristippe* (opéra de Kreutzer); le ton est en *fa*. Béranger a fait cette chanson sans timbre. — 149.

—— Musique de Guichard Printemps. — 149 *bis*.

LE BON DIEU. — Tout le long de la rivière (Philidor). — 150.

LE VIEUX DRAPEAU. — Elle aime à rire, elle aime à boire (chanson ancienne). — 151.

LA MARQUISE DE PRETINTAILLE. — A coups d' pied, à coups d' poing, de Blaise (chanson de Vadé), ou J' veux être un chien. — 152.

LE TREMBLEUR. — Je vais bientôt quitter l'empire (Tourterelle, dans *les Filles à marier*). — 153.

MA CONTEMPORAINE. — Ma belle est la belle des belles (air de A. Piccini; le ton est en *la* majeur). — 154.

LA MORT DU ROI CHRISTOPHE. — Air de *la Catacoua* (1788). — 155.

LA FORTUNE. — Air de *la Sabotière* (contredanse). — 156.

LOUIS XI. — Sans un petit brin d'amour (air de Dezède, dans *les Trois Fermiers*). — 157.

—— Musique de M. A. de Beauplan. — 157 *bis*.

LES ADIEUX A LA GLOIRE. — Je commence à m'apercevoir (d'Alexis) ; air de Dalayrac. — 158.

LES DEUX COUSINS. — Ah! daignez m'épargner le reste, ou Dans cette maison à quinze ans (Devienne, dans *les Visitandines*). — 159.

LES VENDANGES. — Pierrot sur les bords d'un ruisseau (air de Laujon). — 160.

—— Musique de M***. — 160 *bis*.

L'ORAGE. — C'est l'amour, l'amour, l'amour (contredanse de *la Pie voleuse,* par Constantin). — 161.

LE CINQ MAI. — Muse des bois et des accords champêtres (romance de Doche). — 162.

COMPLAINTE SUR LA MORT DE TRESTAILLON. — Air de toutes les complaintes (air ancien). — 163.

NABUCHODONOSOR. — Air de Calpigi (Salieri, dans *Tarare*). — 164.

LA MESSE DU SAINT-ESPRIT. — Air de *la Coduqui* (chanson populaire). — 165.

LA GARDE NATIONALE. — Halte-là! la garde royale est là (Tourterelle, dans *les Habitants des Landes*). — 166.

NOUVEL ORDRE DU JOUR. — C'est l'amour, l'amour, l'amour (Constantin, contredanse de *la Pie voleuse*). — 167.

DE PROFUNDIS. — Eh! gai, gai, mon officier (air ancien). — 168.

PRÉFACE. — Air du vaudeville de *Préville et Taconnet* (de Darondeau). — 169.

LA MUSE EN FUITE. — Halte-là (Tourterelle, dans *les Habitants des Landes*). — 170.

DÉNONCIATION EN FORME D'IMPROMPTU. — Air du ballet des *Pierrots* vieil air usité chez les chansonniers). — 171.

ADIEUX A LA CAMPAGNE. — Muse des bois et des accords champêtres (romance de Doche). — 172.

LA LIBERTÉ. — Chantons *Lœtamini* (chanson de Lattaignant; le ton est en *mi* ♭). — 173.

LA CHASSE. — Tonton, tontaine, tonton (air de chasse ancien). — 174.

MA GUÉRISON. — Air de *la Treille de sincérité* (de Désaugiers). — 175.

L'AGENT PROVOCATEUR. — Je vais bientôt quitter l'empire (air de Tourterelle, dans *les Filles à marier*). — 176.

MON CARNAVAL. — Air de J. Meissonnier. — 177.

MON CARNAVAL. — Air des *Chevilles de maître Adam* (chanson de Laborde). C'est sur cet air de Laborde que Béranger a composé son *Carnaval*; mais la musique de Meissonnier était d'une inspiration si heureuse que lui-même l'adopta, et qu'il composa depuis différents airs sur son timbre. — 177 *bis*.

L'OMBRE D'ANACRÉON. — Air de *la Sentinelle* (de Choron); le ton est en *si* ♭. — 178.

L'ÉPITAPHE DE MA MUSE. — Air de *Ninon chez madame de Sévigné* (de Berton). — 179.

LA SYLPHIDE. — Je ne sais plus ce que je veux (romance de Romagnési). — 180.

LES CONSEILS DE LISE. — Air de *la Treille de sincérité* (de Désaugiers). — 181.

LE PIGEON MESSAGER. — Air du vaudeville de *Préville et Taconnet* (de Darondeau). — 182.

L'EAU BÉNITE. — Faut d' la vertu, pas trop n'en faut (air de Dezède, dans *l'Erreur d'un moment*). — 183.

L'AMITIÉ. — Quand des ans la fleur printanière (air du ballet de *la Dansomanie*; le ton est en *si* ♭. — 184.

LE CENSEUR. — Air du vaudeville de *la Petite Gouvernante* (de Doche), ou de *la Robe et les Bottes*. — 185.

LE MAUVAIS VIN. — On dit partout que je suis bête. — 186.

LA CANTHARIDE. — Air des *Comédiens,* ou un Tour de jardin (valse dite des *Comédiens*, de Miller). — 187.

LE TOURNEBROCHE. — Le bruit des roulettes gâte tout. — 188.

LES SCIENCES. — Air des *Mauvaises têtes* (Béranger n'a pas indiqué de timbre pour cette chanson); le ton de l'air des *Mauvaises têtes* est en *si* ♭. — 189.

LE TAILLEUR ET LA FÉE. — Air d'*Agéline*, de Wilhem. — 190.

LA DÉESSE. — Air du vaudeville de *la Petite Gouvernante* (de Doche). — 191.

LE MALADE. — Muse des bois et des accords champêtres (romance de Doche). — 192.

LA COURONNE DE BLUETS. — J'ai vu partout dans mes voyages (Louis Jadin; dans *Jaloux malgré lui*). — 193.

——— Air portant le même timbre, par Plantade. — 193 *bis*.

L'ÉPÉE DE DAMOCLÈS. — A soixante ans il ne faut pas remettre (air de Tourterelle, dans *le Dîner de Madelon*). — 194.

LA MAISON DE SANTÉ. — Air du *Ménage de garçon,* ou Je loge au quatrième étage (air de Bouffet sur une chanson de Joseph Pain). — 195.

LA BONNE MAMAN. — J'étais bon chasseur autrefois (air de Doche, dans *Florian*). — 196.

LE VIOLON BRISÉ. — Je regardais Madelinette (air de Doche, dans *le Poëte satirique*). — 197.

LE CONTRAT DE MARIAGE. — Daignez m'épargner le reste (air de Devienne, dans *les Visitandines*). — 198.

LE CHANT DU COSAQUE. — Dis-moi, soldat, dis-moi, t'en souviens-tu (air employé par Debraux, et tiré des *Deux Edmond*, de Doche). — 199.

LE BON PAPE. — Air du *Sorcier* (de Philidor); le timbre est en *fa* mineur. — 200.

LES HIRONDELLES. — Air de la romance de *Joseph* (Méhul). — 201.

—— Musique de M. A. de Beauplan. — 201 *bis*.

—— Chœur à quatre voix, par Laurent de Rillé. — 201 *ter*.

LES FILLES. — Verdrillon, verdrillette, verdrille (le ton est en *fa*). — 202.

LE CACHET OU LA LETTRE A SOPHIE. — Air de *la Bonne Vieille* (de Béranger); musique de Wilhem. — 203.

LA JEUNE MUSE. — Où s'en vont ces jeunes bergers? (air de Dalayrac, dans *le Corsaire*). — 204.

LA FUITE DE L'AMOUR. — Dis-moi, soldat, dis-moi, t'en souviens-tu? (air employé par Debraux, et tiré des *Deux Edmond*, de Doche); Béranger n'a pas indiqué de timbre pour cette chanson. — 205.

L'ANNIVERSAIRE. — Air du *Partage de la richesse* (de Doche, dans *Fanchon la Vielleuse*); le ton est en *fa* mineur. — 206.

LE VIEUX SERGENT. — Dis-moi, soldat, dis-moi, t'en souviens-tu? (air des *Deux Edmond*, de Doche). — 207.

LE PRISONNIER. — Air de *la Balançoire* (de M. A. de Beauplan). — 208.

L'ANGE EXILÉ. — A soixante ans il ne faut pas remettre (air de Tourterelle, dans *le Dîner de Madelon*). — 209.

LA VERTU DE LISETTE. — Air : Je loge au quatrième étage (du *Ménage de garçon;* paroles de J. Pain, musique de Bouffet). — 210.

LE VOYAGEUR. — Plus on est de fous, plus on rit (air de Fasquel, sur une chanson d'Armand Gouffé). — 211.

OCTAVIE. — Air de la valse des *Comédiens*, de Miller. — 212.

LE FILS DU PAPE. — Lison dormait dans la prairie (air de Dezède, dans l'opéra-comique de *Julie*). — 213.

MON ENTERREMENT. — Quand on ne dort pas la nuit (air de Grétry, dans *Lisbeth*); le ton est en *ré* majeur. — 214.

LE POËTE DE COUR. — Air de *la Treille de sincérité* (de Désaugiers). — 215.

COUPLET ÉCRIT SUR UN RECUEIL DE CHANSONS. — Air du vaudeville de *la Petite Gouvernante* (de Doche). — 216.

LES TROUBADOURS. — Je commence à m'apercevoir (air de Dalayrac, dans *Alexis*). — 247.

LES ESCLAVES GAULOIS. — Un soldat, par un coup funeste (air de Martini, dans *la Bataille d'Ivry*); le ton est en *fa* mineur. — 218.

TREIZE A TABLE. — Air du vaudeville de *Préville et Taconnet* (de Darondeau); le ton est en *la* majeur. — 219.

LAFAYETTE EN AMÉRIQUE. — A soixante ans il ne faut pas remettre (air de Tourterelle, dans *le Dîner de Madelon*). — 220

MAUDIT PRINTEMPS. — C'est à mon maître en l'art de plaire (air de Boïeldieu, dans *l'Entrevue*). — 221.

——— Musique de Darondeau. — 221 *bis*.

PSARA. — A soixante ans il ne faut pas remettre (air de Tourterelle, dans *le Dîner de Madelon*). — 222.

LE VOYAGE IMAGINAIRE. — Muse des bois et des accords champêtres (romance de Doche). — 223.

L'IN-OCTAVO ET L'IN-TRENTE-DEUX. — Air du *Carnaval* (de Béranger); musique de J. Meissonnier. — 224.

COUPLETS SUR UN PRÉTENDU PORTRAIT DE MOI. — Je loge au quatrième étage (*le Ménage de garçon,* chanson de J. Pain, mise en musique par Boullet. — 225.

LE GRENIER. — Air du *Carnaval* (de Béranger), par J. Meissonnier. — 226.

L'ÉCHELLE DE JACOB. — Ah! si madame me voyait (romance de Romagnési). — 227.

LE CHAPEAU DE LA MARIÉE. — Air du *Pêcheur* (Béranger n'a pas indiqué de timbre pour cette chanson). — 228.

LA MÉTEMPSYCOSE. — Air de *la Robe et les Bottes,* ou du vaudeville de *la Petite Gouvernante* (de Doche). — 229.

LES PAUVRES AMOURS. — Jupiter, un jour en fureur (chanson de Dauvergne, sur des paroles de Séguier père); le ton est en *fa*. — 230.

A M. GOHIER. — Air des *Chevilles de maître Adam* (chanson de Laborde) — 231.

LE SACRE DE CHARLES LE SIMPLE. — Air du *Beau Tristan* (de M. A. de Beauplan). — 232.

LE CONVOI DE DAVID. — Air de *Roland* (Méhul), le ton est en *si* ♭. — 233.

——— Musique de Choron sur le même timbre. — 233 *bis*..

LES INFINIMENT PETITS. — Ainsi jadis un grand prophète (air de Chardini, dans *les Deux Panthéons*). — 234.

LE CHASSEUR ET LA LAITIÈRE. — Je ne vous vois jamais rêveuse (air de Boïeldieu, dans *Ma tante Aurore*). — 235.

BONSOIR. — Air de *la Petite Gouvernante* (de Doche). — 236.

LES MISSIONNAIRES DE MONTROUGE. — Allez-vous-en, gens de la noce (chanson ancienne, air de Rameau). — 237.

COUPLETS SUR LA JOURNÉE DE WATERLOO. — Muse des bois et des accords champêtres (romance de Doche). — 238.

COUPLET ÉCRIT SUR L'ALBUM DE MADAME DE V.... — Air du *Carnaval* (de Béranger), par J. Meissonnier; Béranger n'a pas marqué d'air pour ce couplet. — 239.

ORAISON FUNÈBRE DE TURLUPIN. — Air : C'est à boire, à boire, à boire. — 240.

———— Air du *Comte Ory* (de Doche); le ton est en *si* ♭. — 240 *bis.*

A MADEMOISELLE ***. — Muse des bois et des accords champêtres (romance de Doche). — 241.

LES DEUX GRENADIERS. — Guide mes pas, ô Providence (air de Cherubini, dans *les Deux Journées*); le ton est en *fa.* — 242.

LE PÈLERINAGE DE LISETTE. — Bababababalancez-vous donc (air de Tourterelle, dans le vaudeville de *la Ferme et du Château*). — 243.

———— Musique de Doche. — 243 *bis.*

ENCORE DES AMOURS. — Air de *Léonide* (Béranger n'a pas indiqué de timbre pour cette chanson). — 244.

LA MORT DU DIABLE. — Air de *Ninon chez madame de Sévigné* (de Berton). — 245.

LE PRISONNIER DE GUERRE. — Chante, chante, troubadour, chante (air de Romagnési); le ton est en *ré* majeur. — 246.

LE PAPE MUSULMAN. — Eh! ma mère, est-ce que j' sais ça (air de Beffron de Reigny, le cousin Jacques, dans l'opéra du *Club des Bonnes Gens*). — 247.

LE DAUPHIN. — Air du *Carnaval* (de Béranger), par Meissonnier. — 248.

LE PETIT HOMME ROUGE. — C'est le gros Thomas (air de la ronde de *Cadichon*, par Propiac). — 249.

LE MARIAGE DU PAPE. — Air du *Méléagre champenois* (*la Chasse*, ancienne contredanse). — 250.

LES BOHÉMIENS. — Mon père m'a donné un mari (ancienne chanson); le ton est en *mi* ♭. — 251.

LES SOUVENIRS DU PEUPLE. — Passez votre chemin, beau sire (ancienne chanson); le ton est en *si* ♭. — 252.

———— Air connu. — 252 *bis.*

LES NÈGRES ET LES MARIONNETTES. — Pégase est un cheval qui porte (air d'A. Piccini, dans *Arlequin musard*); le ton est en *si* ♭. — 253.

L'ANGE GARDIEN. — Jadis un célèbre empereur (Grétry, opéra comique de *Pierre le Grand*). — 254.

330   TABLE DES CHANSONS

LA MOUCHE. — Je loge au quatrième étage (musique de Bouffet, sur *le Ménage de garçon*, de J. Pain). — 255.

LES LUTINS DE MONTLHÉRY. — Ce soir-là sous l'ombrage. — 256.

LA COMÈTE DE 1832. — A soixante ans, il ne faut pas remettre (air de Tourterelle, dans *le Dîner de Madelon*). — 257.

LE TOMBEAU DE MANUEL. — Te souviens-tu, disait un capitaine (air tiré des *Deux Edmond*, de Doche). — 258.

LE FEU DU PRISONNIER. — Air du vaudeville de *Préville et Taconnet* (de Darondeau). — 259.

MES JOURS GRAS. — Dis-moi donc, mon p'tit Hippolyte (chanson de Debraux). — 260.

LE 14 JUILLET. — A soixante ans, il ne faut pas remettre (air de Tourterelle, dans *le Dîner de Madelon*). — 261.

PASSEZ, JEUNES FILLES. — Air de *M. Robiquet* (Béranger n'a pas indiqué de timbre pour cette chanson. — 262.

LE CARDINAL ET LE CHANSONNIER. — Je vais bientôt quitter l'empire (air de Tourterelle, dans *les Filles à marier*. — 263.

COUPLET. — C'est le meilleur homme du monde (air de Philidor). — 264.

MON TOMBEAU. — Air d'*Aristippe* (opéra de Kreutzer). — 265.

LES DIX MILLE FRANCS. — Te souviens-tu, disait un capitaine (air arrangé par Debraux, et tiré du vaudeville des *Deux Edmond*, de Doche.) — 266.

———— Air du vaudeville de *Préville et Taconnet* (de Darondeau). — 266 *bis*.

LE JUIF ERRANT. — Air du *Chasseur rouge* (de M. A. de Beauplan. — 267.

———— Musique de M. Gounod. — 267 *bis*.

COUPLET. — Trouverez-vous un parlement? (air de Doche, dans *Molière à Lyon*). — 268.

LA FILLE DU PEUPLE. — Air d'*Aristippe* (opéra de Kreutzer). — 269.

LE CORDON, S'IL VOUS PLAÎT. — Air du vaudeville des *Scythes et des Amazones* (de Doche). — 270.

DENYS, MAITRE D'ÉCOLE. — Je vais bientôt quitter l'empire (air de Tourterelle, dans *les Filles à marier*). — 271.

LAIDEUR ET BEAUTÉ, — C'est à mon maître en l'art de (air de Boïeldieu, dans *l'Entrevue*). — 272.

LE VIEUX CAPORAL. — Air de *Ninon chez madame de Sévigné* (de Berton). — 273.

COUPLET AUX JEUNES GENS. — Un soir après mainte folie (Béranger n'a pas indiqué d'air.) — 274.

LE BONHEUR. — Musique de M. B*** (M. B*** c'est Béranger lui-même, voir l'Appendice). — 275.

COUPLET. — J'ai vu le Parnasse des dames (air de Doche, dans le vaudeville *Rien de trop;* Béranger n'a pas indiqué d'air). — 276.

LES CINQ ÉTAGES. — Dans cette maison à quinze ans, ou Daignez m'épargner le reste (air de Devienne, dans *les Visitandines*). — 277.

—— J'étais bon chasseur autrefois (air de Doche, dans *Florian.*) — 277 *bis.*

L'ALCHIMISTE. — Air de *la Bonne Vieille* (de Béranger), musique de Wilhem. — 278.

—— Air d'*Aristippe* (opéra de Kreutzer). — 278 *bis.*

CHANT FUNÉRAIRE. — Tendres échos, errants dans ces vallons (air de Gilles, employé dans le vaudeville de *la Somnambule*). — 279.

JEANNE LA ROUSSE. — Soir et matin sur la fougère (Villeneuve, chanson ancienne). — 280.

LES RELIQUES. — Donnez-vous la peine d'attendre. — 281.

LA NOSTALGIE. — Air du vaudeville de *la Petite Gouvernante* (de Doche). — 282.

MA NOURRICE. — Dodo, l'enfant do (air ancien, employé dans *Annette et Lubin*). — 283.

LES CONTREBANDIERS. — Cette chaumière-là vaut un palais. — 284.

A MES AMIS DEVENUS MINISTRES. — Air du vaudeville de *la Petite Gouvernante* (de Doche). — 285.

—— Musique de M. B*** (c'est peut-être encore Béranger). — 285 *bis.*

GOTON. — Air des *Cancans* (dans un vaudeville de Blanchard). — 286.

COLIBRI. — Garde à vous (air de *la Fiancée*, d'Auber). — 287.

ÉMILE DEBRAUX. — Te souviens-tu, disait un capitaine (air arrangé par Debraux, et tiré du vaudeville des *Deux Edmond* (de Doche). — 288.

LE PROVERBE. — Air du *Ménage de garçon* (chanson de J. Pain, mise en musique par Bouffet). — 289.

LES FEUX FOLLETS. — Faut l'oublier, disait Colette (romance de Romagnési). — 290.

HATONS-NOUS. — Ah! si madame me voyait (romance de Romagnési). — 291.

PONIATOWSKI. — Air des *Trois Couleurs* (de Vogel). — 292.

L'ÉCRIVAIN PUBLIC. — Air du vaudeville de *la Petite Gouvernante* (de Doche). — 293.

A M. DE CHATEAUBRIAND. — Air de la valse des *Comédiens* (de Miller). — 294.

CONSEIL AUX BELGES. — Air du vaudeville de *la Petite Gouvernante* (de Doche). — 295.

LE REFUS. — Le premier du mois de janvier (chanson de Laujon). — 296.

LA RESTAURATION DE LA CHANSON. — J'arrive à pied de ma province (air de Vimeux). — 297.

SOUVENIR D'ENFANCE. — Air de la valse des *Comédiens* (de Miller). — 298.

LE VIEUX VAGABOND. — Guide mes pas, ô Providence (air de Cherubini, dans *les Deux Journées*). — 299.

COUPLETS AUX HABITANTS DE L'ÎLE DE FRANCE. — Tendres échos errants dans ces vallons (air de Gilles, employé dans le vaudeville de *la Somnambule*). — 300.

CINQUANTE ANS. — Air du *Partage de la richesse* (de Doche, dans *Fanchon la Vielleuse*); Béranger n'avait pas indiqué de timbre pour cette chanson. — 301.

JACQUES. — Air de *Jeannot et Colin*. — 302.

LES ORANGS-OUTANGS. — Air de Calpigi. Salieri (dans *Tarare*). — 303.

LES FOUS. — Ce magistrat irréprochable (air de Wicht. — 304.

LE SUICIDE. — Air d'*Agéline* (de Wilhem). — 305.

LE MÉNÉTRIER DE MEUDON. — Air de la contredanse des *Petits Pâtés* (air employé dans le vaudeville *de Piron à Beaune*). — 306.

JEAN DE PARIS. — Cette chaumière-là vaut un palais. — 307.

PRÉDICTION DE NOSTRADAMUS. — Air des *Trois Couleurs* (de Vogel). — 308.

PASSY. — Dis-moi, soldat, dis-moi, t'en souviens-tu (air tiré du vaudeville des *Deux Edmond*, de Doche). — 309.

LE VIN DE CHYPRE. — Air du vaudeville de *Préville et Taconnet* (de Darondeau). — 310.

LES QUATRE AGES HISTORIQUES. — A soixante ans il ne faut pas remettre (air de Tourterelle, dans *le Dîner de Madelon*). — 311.

LA PAUVRE FEMME. — Air du vaudeville de *Décence*. — 312.

—— Air d'*Aristippe* (opéra de Kreutzer). — 312 *bis*.

—— Air de *M. Gaubert*. — 312 *ter*.

LES TOMBEAUX DE JUILLET. — Air de la valse des *Comédiens* (de Miller). — 313.

ADIEU, CHANSONS. — Air d'*Agéline* (de Wilhem). — 314.

CHANSONS PUBLIÉES EN 1827.

LE COQ. — Air : *Madelon s'en fut à Rome*. — 315.

LE GRILLON. — Air de *Jeannot et Colin*. — 316.

—— Air nouveau (de Frédéric Bérat). — 316 *bis*.

LES ÉCHOS. — Air du vaudeville de *la Servante justifiée* (d'A. Piccini).
— 317.

L'ORPHÉON. — Air nouveau (de Laurent de Rillé). — 318.

LES PIGEONS DE LA BOURSE. — Air de *l'Entrevue*. — 319.

LE BAPTÊME DE VOLTAIRE. — Les cloches du monastère (air de Gataves;
carillon employé pour une chanson de Gentil). — 320.

CLAIRE. — Air de *Lantara*. — 321.

LE DÉLUGE. — Air des *Trois Couleurs*. — 322.

LES ESCARGOTS. — Air : *G'nia que Paris* (de Darondeau, dans *les Poëtes
sans souci*). — 323.

MA GAIETÉ. — Air nouveau (de Frédéric Bérat). — 324.

CHANSONS POSTHUMES.

PLUS DE VERS. — Muse des bois et des accords champêtres (romance de
Doche). — 325.

UN ANGE. — Air de *l'Entrevue* (de Doche). — 326.

LE PHÉNIX. — Air à faire. — 327.

LES CHANSONNETTES. — Ainsi jadis un grand prophète (air de Chardini,
dans *les Deux Panthéons*). — 328.

LES FOURMIS. — Air de *la Petite Cendrillon* (de Nicolo). — 329.

LE BAPTÊME. — Air à faire. — 330.

L'ÉGYPTIENNE. — Air à faire. — 331.

DE PROFUNDIS. — Air des *Amazones* (de Doche). — 332.

LA PRISONNIÈRE. — Elle aime à rire, elle aime à boire (chanson ancienne). — 333.

ADIEU, PARIS. — Air de *Ninon chez madame de Sévigné* (de Berton).
— 334.

MON JARDIN. — Je l'ai planté, je l'ai vu naître (de J.-J. Rousseau).
— 335.

LE CHEVAL ARABE. — Air d'*Abadie*. — 336.

LA ROSE ET LE TONNERRE. — Air à faire. — 337.

AU GALOP. — Air de *la Légère* (contredanse). — 338.

ASCENSION. — C'est à mon maître en l'art de plaire (air de Boïeldieu,
dans *l'Entrevue*). — 339.

L'AIGLE ET L'ÉTOILE. — Jeunes beautés, vous à qui la nature (air de
Doche dans la *Petite Coquette*). — 340.

SAINTE-HÉLÈNE. — Air de *la Petite Gouvernante* (de Doche). — 341.

LA LEÇON D'HISTOIRE. — Air du ballet des *Pierrots* (vieil air usité chez les chansonniers). — 342.

IL N'EST PAS MORT. — Air des *Trois Couleurs* (de Vogel). — 343.

MADAME MÈRE. — Air à faire. — 344.

DIX-NEUF AOUT. — J'ai vu partout dans mes voyages (de Louis Jadin, dans *le Jaloux malgré lui*). — 345.

LES OISEAUX DE LA GRENADIÈRE. — Air à faire. — 346.

LE MATELOT BRETON. — Air du ballet des *Pierrots* (ancien air usité chez les chansonniers). — 347.

DAME MÉTAPHYSIQUE. — Passez, jeunes filles, passez (de Robiquet). — 348.

PETIT BONHOMME. — Dis-moi donc, mon petit Hippolyte (d'Émile Debraux). — 349.

LE TAMBOUR-MAJOR. — Air du *Partage de la richesse* (de Doche, dans *Fanchon la Vielleuse*). — 350.

L'OFFICIER. — Air de *la Pipe de tabac* (de Gaveaux). — 351.

UNE IDÉE. — Avec les jeux dans le village (Mme *** de Bordeaux; air employé dans *les Amours d'été*). — 352.

LA COURONNE RETROUVÉE. — Air à faire. — 353.

JE SUIS MÉNÉTRIER. — Ah! ma mère, est-c' que j' sais ça? (du cousin Jacques, dans *le Club des Bonnes Gens*). — 354.

LES AILES. — Air du ballet des *Pierrots* (ancien air usité chez les chansonniers'. — 355.

LE CHASSEUR. — La jeune Iris dans un bocage (Gillier, chanson de Gallais). — 356.

LA RIVIÈRE. — C'est à mon maître en l'art de plaire (air de Boïeldieu, dans *l'Entrevue*. — 357.

LA SIRÈNE. — Air à faire. — 358.

LES BOIS. — Air de *Lantara* (de Doche). — 359.

LE MERLE. — Air à faire. — 360.

LA JEUNE FILLE. — Nos plaisirs sont légers, mais ils sont sans alarmes (de Julie Candeille). — 361.

LES GAGES. — Ainsi jadis un grand prophète (air de Chardini, dans *les Deux Panthéons*). — 362.

LA TOURTERELLE ET LE PAPILLON. — Air à faire. — 363.

LA GUERRE. — Avec les jeux dans le village. — 364.

GUTENBERG. — Air du vaudeville de *la Petite Gouvernante* (de Doche). — 365.

LES VENDANGES. — Dois-je encor chanter tes charmes (romance de Bianchi). — 366.

L'ARGENT. — Attendez-moi sous l'orme (de Lulli). — 367.

PANTHÉISME. — Air de *la Pipe de tabac* (de Gaveaux). — 368.

AVIS. — Ce magistrat irréprochable (de Wicht, dans *Monsieur Guillaume*). — 369.

LA PLUIE. — Que ne suis-je la fougère (de J.-J. Rousseau). — 370.

RETOUR A PARIS. — Air de *la République*. — 371.

LES GRANDS PROJETS. — O Fontenay, qu'embellissent les roses (romance de Doche). — 372.

LA FILLE DU DIABLE. — Air du ballet des *Pierrots* (vieil air des chansonniers). — 373.

LES VOYAGES. — Ce magistrat irréprochable (de Wicht, dans *Monsieur Guillaume*). — 374.

LE SAINT. — Un petit capucin. — 375.

LES VIOLETTES. — Mes chers enfants, point de louange (de Rameau). — 376.

LA PAQUERETTE ET L'ÉTOILE. — Je l'ai planté, je l'ai vu naître (de J.-J. Rousseau. — 377.

L'APÔTRE. — Air à faire. — 378.

MES CRAINTES. — Ainsi jadis un grand prophète (de Chardini, dans les *Deux Panthéons*). — 379.

LA FÉE AUX RIMES. — Air à faire. — 380.

LE POSTILLON. — Air des *Amazones* (de Doche). — 381.

LES DÉFAUTS. — Faut d' la vertu, pas trop n'en faut (de Dezède, dans *l'Erreur d'un moment*). — 382.

LE ROSIER. — Air à faire. — 383.

L'OISEAU-FANTÔME. — Air à faire. — 384.

MON CARNAVAL. — Ainsi jadis un grand prophète (de Chardini, dans les *Deux Panthéons*). — 385.

LEÇON DE LECTURE. — Air à faire. — 386.

NOTRE GLOBE. — Air du vaudeville de *la Partie carrée* (de Doche). — 387.

LE DIEU JEAN. — Toto Carabo (air ancien). — 388.

SAINT NAPOLÉON. — Déjà la nuit, de ses voiles épais. — 389. — (Voir *Tendres échos*.)

LE JONGLEUR. — Soir et matin sur la fougère (de J.-J. Rousseau). — 390.

LE PACTOLE. — Air à faire. — 391.

CHACUN SON GOUT. — Il est certain qu'un jour de l'autre mois (Blaise, chanson de Sauvigny). — 392.

L'OLYMPE RESSUSSITÉ. — Je regardais Madelinette (de Doche, dans le *Poëte satirique*). — 393.

LES PAPILLONS. — Air à faire. — 394.

LA DERNIÈRE FÉE. — Air d'*Agéline* (de Wilhem). — 395.

LE SAVANT. — Air à faire. — 396.

PLUS D'OISEAUX. — Ainsi jadis un grand prophète (de Chardini, dans *les Deux Panthéons*). — 397.

MON OMBRE. — J'étais bon chasseur autrefois (de Doche, dans *Florian*). — 398.

LA COLOMBE. — Air du vaudeville des *Visitandines*. — 399.

MA CANNE. — Air à faire. — 400.

LES TAMBOURS. — Faut d' la vertu, pas trop n'en faut (de Dezède, dans *l'Erreur d'un moment*. — 401.

HISTOIRE D'UNE IDÉE. — Air de *la Rosière de Salency* (de Pezay). — 402.

LES BÉNÉDICTIONS. — Tendres échos errants dans ces vallons. — 403

ENFER ET DIABLE. — Ce magistrat irréprochable (de Wicht, dans *Monsieur Guillaume*). — 404.

RÊVE DE NOS JEUNES FILLES. — Douce amitié, sagesse aimable (du cousin Jacques). — 405.

LE CORPS ET L'AME. — Air à faire. — 406.

LA NOURRICE. — Dans les prisons de Nantes. — 407.

LE SEPTUAGÉNAIRE. — Lison dormait dans un bocage (de Dezède, dans l'opéra-comique de *Julie*). — 408.

MES FLEURS. — Charmant ruisseau, le gazon de tes rives (romance de Domnich. — 409.

L'AVENIR DES BEAUX ESPRITS. — C'est à mon maître en l'art de plaire (air de Boïeldieu, dans *l'Entrevue*). — 410.

LA PRÉDICTION. — Air à faire. — 411.

L'OR. — Dodo, l'enfant do (ancien air employé dans *Annette et Lubin*). — 412.

LA MAÎTRESSE DU ROI. — Lison dormait dans un bocage (de Dezède, dans l'opéra-comique de *Julie*). — 413.

LE CHAPELET DU BONHOMME. — On dit partout que je suis bête. — 414.

LE PREMIER PAPILLON. — Air à faire. — 415.

ADIEU. — Te souviens-tu, disait un capitaine (air tiré du vaudeville des *Deux Edmond*, de Doche). — 416.

—— Air nouveau (d'Abadie). — 416 *bis*.

TABLE DES AIRS.

TIMBRES.	Nᵒˢ.
A coups d' pied, à coups d' poing.	
Pour LES BOXEURS OU L'ANGLOMANE....	42
— LES CLEFS DU PARADIS..........	117
— LA MARQUISE DE PRETINTAILLE....	152
Adieux de Marie Stuart. *Musique de* B. Wilhem.....................	52
Agéline (air d'), *de B. Wilhem.*	
Pour LE TAILLEUR ET LA FÉE........	190
— LE SUICIDE..................	305
— ADIEU, CHANSONS..............	314
Ah! ah! qu'elle est bien!.............	43
Ah! le bel oiseau, maman.............	35
Ah! que de chagrins dans la vie........	135
Ah! s'il passait un chevalier. *Musique de* M. Karr......................	66
Ah! si madame me voyait!	
Pour l'ÉCHELLE DE JACOB............	227
— HATONS-NOUS...............	291
Ainsi jadis un grand prophète.	
Pour LE DOCTEUR ET SES MALADES......	69
— LES INFINIMENT PETITS..........	234
A la façon de Barbari.................	148
Alleluia............................	14
'Allez-vous-en, gens de la noce.	
Pour L'AGE FUTUR................	23
— L'HABIT DE COUR..............	77
— LES MISSIONNAIRES DE MONTROUGE.	237
A ma Margot du bas en haut...........	126
Amazones (air des).................	93
A mes amis devenus ministres. *Musique de M. B.*.................. 285 *bis.*	
Amis, dépouillons nos pommiers........	92
Amis, voici la riante semaine. *Musique de* M. J. Meissonnier..............	177
Aristippe (air d').	
Pour MA LAMPE.................	149
(Voyez aussi nᵒ 149 bis.)	
— MON TOMBEAU................	265
— LA FILLE DU PEUPLE...........	269
— L'ALCHIMISTE.............. 278 *bis.*	
— LA PAUVRE FEMME.......... 342 *bis.*	
TIMBRES.	Nᵒˢ.
Arlequin cruello (air d')...............	65
A soixante ans il ne faut pas remettre.	
Pour L'ÉPÉE DE DAMOCLÈS...........	194
— L'ANGE EXILÉ.................	209
— LAFAYETTE EN AMÉRIQUE........	220
— PSARA....................	222
— LA COMÈTE DE 1832............	257
— LE 14 JUILLET.............	261
— LES QUATRE AGES HISTORIQUES....	314
Attendez-moi sous l'orme..............	81
Aveugle (l') de Bagnolet. *Musique de* M. Auguste Andrade.......... 122 *bis.*	
Ba ba ba balancez-vous donc..........	243
(Voyez aussi nᵒ 243 *bis.*)	
Balançoire (air de la). *Musique de M. Amédée de Beauplan*...............	208
Ballet des pierrots (air du).	
Pour A ANTOINE ARNAULT........	70
— LE PRINCE DE NAVARRE........	123
— LA MORT SUBITE.......	124
— LES ÉTOILES QUI FILENT..........	145
— DÉNONCIATION EN FORME D'IMPROMPTU......................	171
Bastringue (air du)................	121
Beaucoup d'amour. *Mus. de B. Wilhem...*	41
Beau Tristan (air du). *Musique de M. Amédée de Beauplan*................	232
Bélisaire (air de la romance de)........	132
(Voyez aussi nᵒ 132 *bis.*)	
Boira qui voudra, larirette............	21
Bonheur (le). *Musique de M. B*........	275
Bonjour, mon ami Vincent.	
Pour LE JUGE DE CHARENTON.........	94
— LES RÉVÉRENDS PÈRES..........	139
— LA MESSE DU SAINT-ESPRIT.......	165
Bon vieillard (le). *Musique de M. Bruguière*..................... 119 *bis.*	
Bon voyage, cher Dumolet.............	45
Bonne aventure.....................	5

TIMBRES.	Nos.
Bonne vieille (la). *Mus. de B. Wilhem.*	105
Idem. *Musique de M. E. Bruguière*	105 *ter.*
Bonne vieille (air de la). *Musique de B. Wilhem.*	
Pour LE CACHET OU LETTRE A SOPHIE	203
— L'ALCHIMISTE	278
(Voyez aussi n° 278 *bis.*)	
Bossus (air des)	9
Brennus (le). *Musique de B. Wilhem*	116
Bruit (le) des roulettes gâte tout.	
Pour LA MORT DE CHARLEMAGNE	133
— LE TOURNEBROCHE	188
Calpigi (air de).	
Pour LA SAINT.-ALLIANCE BARBARES-QUE	99
— NABUCHODONOSOR	164
— LES ORANGS-OUTANGS	303
Cancans (air des)	286
Car c'est une bouteille	79
Carnaval (air du). *Musique de M. A. Meissonnier.*	
Pour L'IN-OCTAVO ET L'IN-TRENTE-DEUX.	224
— LE GRENIER	226
— COUPLET ÉCRIT SUR L'ALBUM DE MADAME AMÉDÉE DE V	239
— LE DAUPHIN	248
Catacoua (air de la).	
Pour TRINQUONS	48
— LE BOUQUET	56
— A MON AMI DÉSAUGIERS	80
— LA MORT DU ROI CHRISTOPHE	155
Ce jour-là sous son ombrage.	
Pour PLUS DE POLITIQUE	78
— LES LUTINS DE MONTLHÉRY	256
Ce magistrat irréprochable.	
Pour PRIÈRE D'UN ÉPICURIEN	49
— TRAITÉ DE POLITIQUE	75
— LE TEMPS	147
— LES FOUS	304
Ce n'est plus Lisette. *Musique de M. Amédée de Beauplan*	87 *bis.*
C'est à boire, à boire	240
(Voyez aussi n° 240 *bis.*)	
C'est à mon maître en l'art de plaire.	
Pour LES ROSSIGNOLS	142
— MAUDIT PRINTEMPS	221
— LAIDEUR ET BEAUTÉ	272
C'est l'amour, l'amour, l'amour.	
Pour L'ORAGE	161
— NOUVEL ORDRE DU JOUR	167

TIMBRES	Nos.
C'est le gros Thomas.	
Pour MADAME GRÉGOIRE	17
— LE PETIT HOMME ROUGE	249
C'est le meilleur homme du monde.	
Pour LA PETITE FÉE	110
— COUPLET	264
C'est un lan la, landerirette.	
Pour LES BILLETS D'ENTERREMENT	62
— LE VIEUX MÉNÉTRIER	83
— ADIEU A DES AMIS	114
C'est une bouteille	79
Cette chaumière-là vaut un palais.	
Pour LES CONTREBANDIERS	284
— JEAN DE PARIS	307
Champ d'asile (le). *Musique de M. Galayes*	132 *bis.*
Chante, chante, troubadour, chante. *Musique de M. A. Romagnési*	246
Chantons lætamini	173
Charles VII. *Musique de B. Wilhem*	18
Chasseur rouge (air du). *Musique de M. Amédée de Beauplan*	267
Chevilles de Maître-Adam (air du vaud. des).	
Pour LE COMMENCEMENT DU VOYAGE	31
— MON CARNAVAL	177 *bis.*
— A. M. GOHIER	231
Cinquante écus (les). *Musique de M. Amédée de Beauplan*	125 *bis.*
Codaqui (air de la).	
Voyez Bonjour, mon ami Vincent.	
Comédiens (air des).	
Pour LA CANTHARIDE OU LE PHILTRE	187
— OCTAVIE	212
— A M. DE CHATEAUBRIAND	294
— SOUVENIRS D'ENFANCE	298
— LES TOMBEAUX DE JUILLET	313
Comte Ory (air du)	240 *bis.*
Contentons-nous d'une simple bouteille.	
Pour LE VIEUX CÉLIBATAIRE	24
— LE BON VIEILLARD	119
(Voyez aussi n° 119 *bis.*)	
Contredanse de la rosière (air de la)	30
Contredanse des petits pâtés (air de la)	306
Convoi (le) de David. *Mus. de Choron.*	233 *bis*
Daignez m'épargner le reste.	
Pour LES DEUX COUSINS	159
— LE CONTRAT DE MARIAGE	198
Dans cette maison à quinze ans	277
(Voyez aussi n° 277 *bis.*)	

TABLE DES AIRS.

339

TIMBRES.	NOS.

Décence (air de).

Pour MES CHEVEUX........ 19

— MON HABIT.................... 97

(Voyez aussi nº 97 *bis.*)

— LA PAUVRE FEMME.......... .. 312

(Voyez aussi nᵒˢ 312 *bis* et *ter.*)

Deux Edmond (air des)...... 44

Deux saisons règlent toutes choses....... 10

Dieu des bonnes gens (air du).......... 137

Dieu ! quel essaim de jeunes filles ! *Musi-*
que de M. Ropicquet.............. 262

Dis-moi donc, mon petit Hippolyte....... 260

Dis-moi, soldat, t'en souviens-tu ?

Pour LE CHANT DU COSAQUE.......... 199

— LA FUITE DE L'AMOUR............ 205

— LE VIEUX SERGENT.............. 207

— LE TOMBEAU DE MANUEL........ 258

— LES DIX MILLE FRANCS.......... 266

(Voyez aussi nº 266 *bis.*)

— ÉMILE DEBRAUX................ 288

— PASSY...................... 309

Do do, l'enfant do.................. 283

Donnez-vous la peine d'attendre........ 281

Échos des bois errants dans ces vallons... 279

Eh ! gai, gai, gai, mon officier.......... 168

Eh ! le cœur à la danse.

Pour LE CÉLIBATAIRE............... 47

— LA BOUQUETIÈRE ET LE CROQUE-
MORT....................... 109

— LES MISSIONNAIRES.............. 130

Eh ! lon lan la, landerirette........ 57

Eh ! ma mère, est-ce que j' sais ça?...... 247

Eh ! non, non, non, vous n'êtes pas Ninette. 87

(Voyez aussi nº 87 *bis.*)

Eh ! qu'est-ce que cela m' fait à moi ?

Pour LA CENSURE................... 40

— LE VOISIN................... 59

Eh quoi ! vous sommeillez encore........ 34

Eh ! vogue la galère.................. 111

Elle aime à rire, elle aime à boire.

Pour LES PARQUES................. 53

— LE VIEUX DRAPEAU............. 151

Enfants (les) de la France. *Musique de*
M. Amédée de Beauplan..... .. 140 *bis.*

En revenant de Bâle en Suisse.......... 8

Entrevue (air de l'), *par M. Doche*....... 84

Ermite, bon ermite.

Pour LES INFIDÉLITÉS DE LISETTE...... 50

— L'EXILÉ......... 108

TIMBRES.	NOS.

Exilé (l'). Romance à deux voix, *musique*
de M. A. Romagnési......... 108 *bis.*

Farira dondaine gai (la).

Pour LA MUSIQUE................... 32

— LE SCANDALE................. 68

Faut d' la vertu, pas trop n'en faut.

Pour REQUÊTE PRÉSENTÉE PAR LES CHIENS
DE QUALITÉ.................... 39

— COMPLAINTE D'UNE DE CES DEMOI-
SELLES..................... 86

— LES CAPUCINS............... 104

— LE VENTRU DE 1819............. 134

— L'EAU BÉNITE.... 183

Faut l'oublier, disait Colette........... 290

Fête des bonnes gens (la)............. 55

Fi des coquettes maniérées. *Mus. de Karr.* 73

Fleuve d'oubli (le)................. 72

Fournissez un canal au ruisseau........ 2

Gai, gai, marions-nous................ 26

Garde à vous, avançons en silence (de *la*
Fiancée)...................... 287

Guide mes pas, ô Providence !

Pour LES DEUX GRENADIERS.......... 241

— LE VIEUX VAGABOND............. 299

Halte-là, la garde royale est là.

Pour HALTE-LA !.................... 143

— LA GARDE NATIONALE............ 166

— LA MUSE EN FUITE............... 170

Hirondelles (les). *Musique de M. Amédée*
de Beauplan................. 201 *bis.*

Hiver (l') redoublant ses ravages........ 84

Il est toujours le même................ 13

Il faut que l'on file doux............ 118 *bis.*

Jacques (air de).

Voyez Jeannot et Colin (air de).... 302

Jadis un célèbre empereur............. 254

J'ai vu le Parnasse des dames.......... 276

J'ai vu partout dans mes voyages.

Pour LES ROMANS...... 74

— LA COURONNE DE BLUETS.... 193

(Voyez aussi nº 193 *bis.*)

J'arrive à pied de province............. 297

Jeannette. *Musique de Karr*............ 73

Jeannot et Colin (air de)

Pour JACQUES..................... 302

— LE GRILLON................. 316

(Voyez aussi nº 316 *bis.*)

TIMBRES.   N^{os}.

Je commence à m'apercevoir.
- Pour LES ADIEUX A LA GLOIRE........ 158
- — LES TROUBADOURS.............. 217

Je disais aux fils d'Epicure. *Musique de B. Wilhem.*...................... 7

Je loge au quatrième étage.
- Pour LA VERTU DE LISETTE........... 210
- — COUPLET SUR UN PRÉTENDU PORTRAIT DE MOI.................. 225
- — LA MOUCHE.................. 255

Je ne sais plus ce que je veux.......... 180
Je ne vous vois jamais rêveuse........ 235
Je regardais Madelinette.............. 197

J'étais bon chasseur autrefois.
- Pour COUPLETS A MA FILLEULE........ 107
- — LA COURONNE............. 129
- — LA BONNE MAMAN... 196
- — LES CINQ ÉTAGES........... 277 *bis.*

Je vais bientôt quitter l'empire.
- Pour LE VIN ET LA COQUETTE......... 98
- — L'INDÉPENDANT............ 103
- — LE TREMBLEUR............. 153
- — L'AGENT PROVOCATEUR.......... 176
- — LE CARDINAL ET LE CHANSONNIER. 263
- — DENYS MAITRE D'ÉCOLE.... 271

Je vais combattre, Agnès l'ordonne...... 18

Sous un curé patriote.
- Pour LE SÉNATEUR................ 3
- — LE BON FRANÇAIS............. 36
- — MONSIEUR JUDAS.............. 112
- — LE VENTRU DE 1818.... 128

Joyeux enfants, vous que Bacchus rassemble.................. 119 *bis.*

Juif errant (le). *Musique de M. Amédée de Beauplan.*..... 267

Jupiter un jour en fureur.............. 230

Lantara (air de). *par M. Doche*
- Pour LE PRINTEMPS ET L'AUTOMNE..... 10
- — QU'ELLE EST JOLIE !.............. 120

Légère (air de la)......... 131

Le Grillon. *Air nouveau de Frédéric Bérat.*.................... 316 *bis.*

Léonide (air de)..................... 244
Les Cloches du monastère............. 320
Le vois-tu bien là-bas, là-bas ?.......... 275
Lison dormait dans la prairie........... 213
Louis XI. *Musique de M. Amédée de Beauplan.*...................... 157 *bis*

TIMBRES.   N^{os}.

Ma belle est la belle des belles.......... 154
Ma commère, quand je danse........... 27
Madelon s'en fut à Rome, tonderontaine, tonderonton................ 345
Même air, avec accompagnement de piano à 2 et à 3 voix, page 278
Ma gaité. *Air nouveau de Fréd. Bérat.*..... 324
Ma lampe. *Musique de M. Guichard Printemps*.................. 149 *bis.*
Malgré la voix de la sagesse........... 41
Ma nacelle. *Musique de M. Panseron*... 111 *bis.*

Marmotte (la) a mal au pied.
- Pour UN TOUR DE MAROTTE........... 28
- — LES MARIONNETTES.............. 67

Martin est un fort beau garçon.......... 125
Ma tante Urlurette.................. 58
Maudit printemps. *Musique de M. Darondeau.*.................. 221 *bis.*
Mauvaises têtes (air des)....... 189
Méléagre champenois (air du).......... 250

Ménage du garçon (air du.)
- Pour LA MAISON DE SANTÉ....... 195
- — LE PROVERBE.................. 289

Mirliton (air du).................. 38
Monaco (air de la)........ 25
Mon amour était pour Marie........... 95
Mon carnaval. *Musique de M. J. Meissonnier.*.................. 77
Mon habit, *voyez* Décence (air de).
Mon habit, *musique de M. Gaubert.*.... 97 *bis.*
- Pour LA PAUVRE FEMME........... 312 *ter.*
Mon père était pot.... ... ... 92 *bis.*
Mon pèr' m'a donné un mari............ 251
Mon système est d'aimer le bon vin...... 60

Muse des bois et des accords champêtres.
- Pour LA BONNE VIEILLE........... 105 *bis.*
- — LE CINQ MAI............. 162
- — ADIEUX A LA CAMPAGNE.......... 172
- — LE MALADE...... . 192
- — LE VOYAGE IMAGINAIRE.......... 223
- — COUPLETS SUR LA JOURNÉE DE WATERLOO.................. 238
- — A MADEMOISELLE ***.......... 241

Ninon chez madame de Sévigné.
- Pour LE VILAIN.................. 82
- — L'ÉPITAPHE DE MA MUSE......... 179
- — LA MORT DU DIABLE............ 245
- — LE VIEUX CAPORAL........ 273

Nom d'un chien, j'veux t'être épicurien... 76

TIMBRES. NOS.

Octavie (air d').
    Voyez Comédiens (air des).
Oiseaux (les). *Musique de M. Maurice.* 84 *bis.*
On dit partout que je suis bête........ .. 186
Où s'en vont ces gais bergers?.......... 204

Pan, pan, pan..................... 46
Parny n'est plus. *Musique de B. Wilhem...* 7
Partage de la richesse (ce).
    Pour l'Anniversaire.................. 206
    — Cinquante ans................ 301
Partie carrée (air du vaudeville de la).
    Pour le Coin de l'amitié............. 22
    — Le Dieu des bonnes gens........ 143
Passez, jeunes filles *Musique de M. Ropic-*
    quet. 262
Passez votre chemin, beau sire......... 252
    (Voyez aussi no 252 *bis.*)
Pauvre femme (la). *Musique de M. Gau-*
    bert................ . . 312 *ter.*
Pêcheur (air du)................... 228
Pégase est un cheval qui porte......... 253
Pèlerinage (le) de Lisette. *Musique de*
    M. Doche........... .... 243 *bis.*
Petite Cendrillon (air de la)............ 51
Petite Gouvernante (air du vaudeville de
    la), *ou* air de la Robe et des Bottes
    et de la République.
    Pour ma République................ 90
    — mon Petit Coin................ 101
    — Les Cartes ou l'Horoscope..... 136
    — Le Censeur................ 185
    — La Déesse................ 191
    — Couplet écrit sur un recueil de
        chansons.................. 216
    — La Métempsycose............. 229
    — Bonsoir................. 236
    — La Nostalgie................ 282
    — A mes amis devenus ministres... 285
        (Voyez aussi no 285 *bis.*)
    — L'Écrivain public........... 293
    — Conseil aux Belges........... 295
Petit mot pour rire (le)... 146
Pierre le Grand (air de)........... 116 *bis.*
Pierrot sur le bord d'un ruisseau........ 160
Pipe de tabac (air de la).... 64
Plus on est de fous, plus on rit.......... 214
Premier (le) du mois de janvier..... ... 296
Première ronde du départ pour Saint-
    Malo (air de la)................. 20

TIMBRES. NOS.

Préville et Taconnet (air du vaudeville de).
    Pour la Préface.......... 169
    — Le Pigeon messager........... 182
    — Treize a table........ 219
    — Le Feu du prisonnier... 259
    — Les Dix mille francs........ 266 *bis.*
    — Le Vin de Chypre............. 310
Printemps et l'Automne (air du)........ 10
Prisonnière (la) et le Chevalier. *Musique*
    de Karr..................... 66

Quand des ans la fleur printanière........ 184
Quand les bœufs vont deux à deux........ 91
Quand on ne dort pas de la nuit........ 214
Quand un tendron vient en ces lieux..... 1
Qu'elle est jolie! *Musique de M. Guichard*
    Printemps....... .... 120 *bis.*
Que ne suis-je la fougère?............. 29
Qu'est-ce que ça m' fait à moi?
    Pour la Censure. 40
    — Le Voisin.......... 53

Rassurez-vous, ma mie................ 100
République (air de la). *Voyez* Petite Gou-
    vernante (vaudeville de la).
Retour (le) dans la patrie. *Musique de*
    M Laflèche............... . 127 *bis.*
Robe et des bottes (air de la). *Voyez* Petite
    Gouvernante (vaudeville de la).
Roi Dagobert (air du)................ 89
Roland (air de). *Musique de Méhul*...... 233
    (Voyez aussi no 233 *bis.*)
Romance de Bélisaire (air de la). 132
Romance de Joseph (air de la).......... 201
    (Voyez aussi no 201 *bis.*)
Ronde de la Ferme et le Château (air de
    la).................. 122
Ronde du camp de Grandpré (air de la)... 6
Roger Bontemps. *Musique de M. Amédée*
    de Beauplan................ 6 *bis.*
Rosette. *Musique de M. Amédée de Beau-*
    plan..................... 138
    — - - *M. Guichard Printemps.* 138 *bis.*
    — - - *M. Charles Maurice....* 138 *ter*
Rossignols (les). *Musique de M. Amédée*
    de Beauplan................ 142 *bis.*
Sabotière (air de la)................. 156
Sans un petit brin d'amour............. 157
    (Voyez aussi no 157 *bis,*)

TIMBRES.	Nᵒˢ.
Scythes et des Amazones (air du vaudeville des).	93
Pour mon Ame	93
— le Cordon, s'il vous plait	270
Sens devant derrière, sens dessus dessous.	71
Sentinelle (air de la).	178
Signora malade (la)	115
Si j'étais petit oiseau. *Musique de B. Wilhem*	118
Soir et matin sur la fougère	280
Sorcier (air du)	200
Souvenirs (les) du peuple	252 *bis*
Suzon sortant de son village	127

Taconnet (air de).	
Voyez Préville et Taconnet.	
Tendres échos errants dans ces vallons	300
T'en souviens-tu ?	
Voyez Dis-moi, soldat, t'en souviens-tu ?	
Tonton, tontaine, tonton.	
Pour la double Chasse	63
— la Chasse	174
Toto carabo	12
Tout ça passe en même temps.	64
Toutes les complaintes (air de)	163
Tout le long de la rivière.	
Pour l'Académie et le Caveau	4
— Deo gratias d'un Épicurien	16
— les Gourmands.	33
— le Bon Dieu	150
Tra la la la, l'Amour est là	15
Treille de sincérité (air de la).	
Pour les deux Soeurs de charité	85
— l'Enfant de bonne maison	144
— ma Guérison	175
— les Conseils de Lise	181
— le Poète de cour	215
Trois couleurs (air des).	
Pour Poniatowski	292
— Prédiction de Nostradamus	308
— le Déluge	322
Trois cousines (air des)	96
Trouverez-vous un parlement ?	268
Turenne (air du vaudeville de)	140

TIMBRES.	Nᵒˢ.
Un chanoine de l'Auxerrois	54
Une fille est un oiseau.	
Pour la Mère aveugle	11
— l'Hiver	88
Un soldat par un coup funeste	218
Un soir, après mainte folie	274

Vaudeville d'Arlequin cruello	65
Vaudeville de Décence.	
Voyez Décence.	
Vaudeville de la Garde nationale	141
Vaudeville de la Partie carrée.	
Voyez Partie carrée.	
Vaudeville de la petite Gouvernante.	
Voyez Petite Gouvernante.	
Vaudeville de Préville et Taconnet.	
Voyez Préville et Taconnet.	
Vaudeville des Chevilles de Maître-Adam.	31
Vaudeville des Scythes et des Amazones.	
Voyez Scythes et Amazones.	
Vaudeville des deux Edmond	44
Vaudeville de Turenne	140
Vendanges (les). *Musique de M****	160 *bis.*
Verdrillon, verdrillette	202
Vivandière (la). *Musique de B Wilhem*	106
Vive le vin de Ramponneau	37
Vous vieillirez, ô ma belle maitresse !	105
(Voyez aussi nᵒˢ 105 *bis* et *ter.*)	
Zon, ma Lisette, zon, ma Lison	102

Entrevue (air de l')	319
G' nia que Paris	323
Hirondelles (les). *Musique de Laurent de Rillé*	201 *ter.*
Juif errant (le). *Musique de Gounod*	267 *bis.*
Lantara (air de)	321
Orphéon (l'). *Musique de Laurent de Rillé.*	318
Servante justifiée (air du vaudeville de la).	
Pour les Échos	317

MUSIQUE

AVEC ACCOMPAGNEMENT DE PIANO.

Notre Coq, par *M. Halévy* . . . . . . Page 278

CHANSONS POSTHUMES.

TIMBRES.	NOS.
Adieu. *Musique d'Abadie*	416
(Voyez aussi, n° 199.)	
Agéline (air d')	
Pour La Dernière fée	190
Ah! ma mère, est-c' que j' sais ça?	
Pour Je suis ménétrier	274
Ainsi jadis un grand prophète	69
Pour les Chansonnettes	
— les Gages	
— mes Craintes	
— mon Carnaval	
— Plus d'oiseaux	
Amazones (air des)	93
Pour De Profundis	
— le Postillon	
Attendez-moi sous l'orme	
Pour l'Argent	81
Avec les jeux dans le village	352
Pour Une Idée	
— la Guerre	
Ballet des Pierrots (air du)	70
Pour la Leçon d'histoire	
— le Matelot breton	
— les Ailes	
— la Fille du Diable	
Ce magistrat irréprochable	49
Pour Avis	
— les Voyages	
— Enfer et Diable	
C'est à mon maître en l'art de plaire	142
Pour l'Ascension	
— la Rivière	
— l'Avenir des beaux esprits	
Charmant ruisseau, le gazon de tes rives.	409
Cheval arabe (le). *Musique d'Abadie*	336

TIMBRES.	NOS.
Dans les prisons de Nantes	407
Dis-moi donc, mon petit Hippolyte	
Pour Petit bonhomme	260
Do do, l'enfant do	
Pour l'Or	283
Dois-je encore chanter tes charmes	366
Douce amitié, sagesse aimable	405
Elle aime à rire, elle aime à boire	
Pour la Prisonnière	53
Entrevue (air de l')	
Pour un Ange	84
Faut d' la vertu, pas trop n'en faut	39
Pour les Défauts	
— les Tambours	
Il est certain qu'un jour de l'autre mois..	392
J'ai vu partout dans mes voyages	
Pour Dix-neuf aout	74
Je l'ai planté, je l'ai vu naître	335
Pour mon Jardin	
— la Paquerette et l'Étoile	
Je regardais Madelinette	
Pour l'Olympe ressuscité	197
J'étais bon chasseur autrefois	
Pour mon Ombre	107
Jeune Iris dans un bocage (la)	356
Jeunes beautés, vous à qui la nature	340
Lantara (air de)	
Pour les Bois	321
Légère (air de la)	
Pour Au galop	131

TIMBRES.	NOS.
Lison dormait dans un bocage...........	213
Pour LE SEPTUAGÉNAIRE..............	
— LA MAITRESSE DU ROI...........	
Mes chers enfants, point de louange.. ..	376
Muse des bois et des accords champêtres.	
Pour PLUS DE VERS.............	105 bis.
Ninon chez madame de Sévigné (air de)..	
Pour ADIEU PARIS...................	82
Nos plaisirs sont légers, mais ils sont sans	
alarmes................	361
O Fontenay, qu'embellissent les roses....	372
On dit partout que je suis bête..........	
Pour LE CHAPELET DU BONHOMME......	186
Partage de la richesse (air du).........	
Pour LE TAMBOUR MAJOR..............	206
Partie carrée (vaudeville de la).........	
Pour NOTRE GLOBE...............	22
Passez, jeunes filles, passez...........	
Pour DAME MÉTAPHYSIQUE.............	262
Petite Cendrillon (air de la)...........	
Pour LES FOURMIS...................	51

TIMBRES.	NOS.
Petite gouvernante (air de la).........	90
Pour SAINTE-HÉLÈNE.....	
— GUTENBERG...................	
— RETOUR A PARIS.............	
Pipe de tabac (air de la)..............	61
Pour L'OFFICIER....................	
— PANTHÉISME...................	
Que ne suis-je la fougère..............	
Pour LA PLUIE....................	29
Rosière de Salency (air de la)..........	402
Soir et matin sur la fougère..........	
Pour LE JONGLEUR..................	280
Tendres échos errants dans ces vallons...	300
Pour SAINT-NAPOLÉON.............	
— LES BÉNÉDICTIONS......	
T'en souviens-tu....................	
Pour ADIEU...	199
— — Musique d'Abadie.........	416
Toto Carabo....................	
Pour LE DIEU JEAN.................	12
Trois couleurs (air des).......	
Pour IL N'EST PAS MORT..............	292
Un petit capucin.....................	375

FIN DE LA TABLE.

PARIS. — IMPRIMERIE DE J. CLAYE, RUE SAINT-BENOIT, 7.

PARIS. — IMP. SIMON RAÇON ET COMP., RUE D'ERFURTH, 1.